薛涛解析管理之道与认知之得

薛涛◎著

中国城市出版社

图书在版编目（CIP）数据

薛涛解析管理之道与认知之得 / 薛涛著 . -- 北京 ：中国城市出版社，2024. 8. -- ISBN 978-7-5074-3725-6

Ⅰ. F272

中国国家版本馆 CIP 数据核字第 20243DA842 号

责任编辑：杜　洁　于　莉
责任校对：赵　力

薛涛解析管理之道与认知之得

薛涛　著

*

中国城市出版社出版、发行（北京海淀三里河路9号）
各地新华书店、建筑书店经销
北京光大印艺文化发展有限公司制版
建工社（河北）印刷有限公司印刷

*

开本：787毫米×1092毫米　1/16　印张：23　字数：370 千字
2024年7月第一版　　2024年7月第一次印刷
定价：99.00元

ISBN 978-7-5074-3725-6
（904737）

如有内容及印装质量问题，请与本社读者服务中心联系
电话：（010）58337283　QQ：2885381756
（地址：北京海淀三里河路9号中国建筑工业出版社604室　邮政编码：100037）

致家人

我唯一知道的就是我一无所知。

——苏格拉底

如果你顺其自然地生活，你就决不会贫穷；如果别人怎么说你怎么做，那你就永远不会变富。

——伊壁鸠鲁

人类的生命，不能以时间长短来衡量，心中充满爱时，刹那即为永恒！

——尼采

人书金字塔（教材公式表）

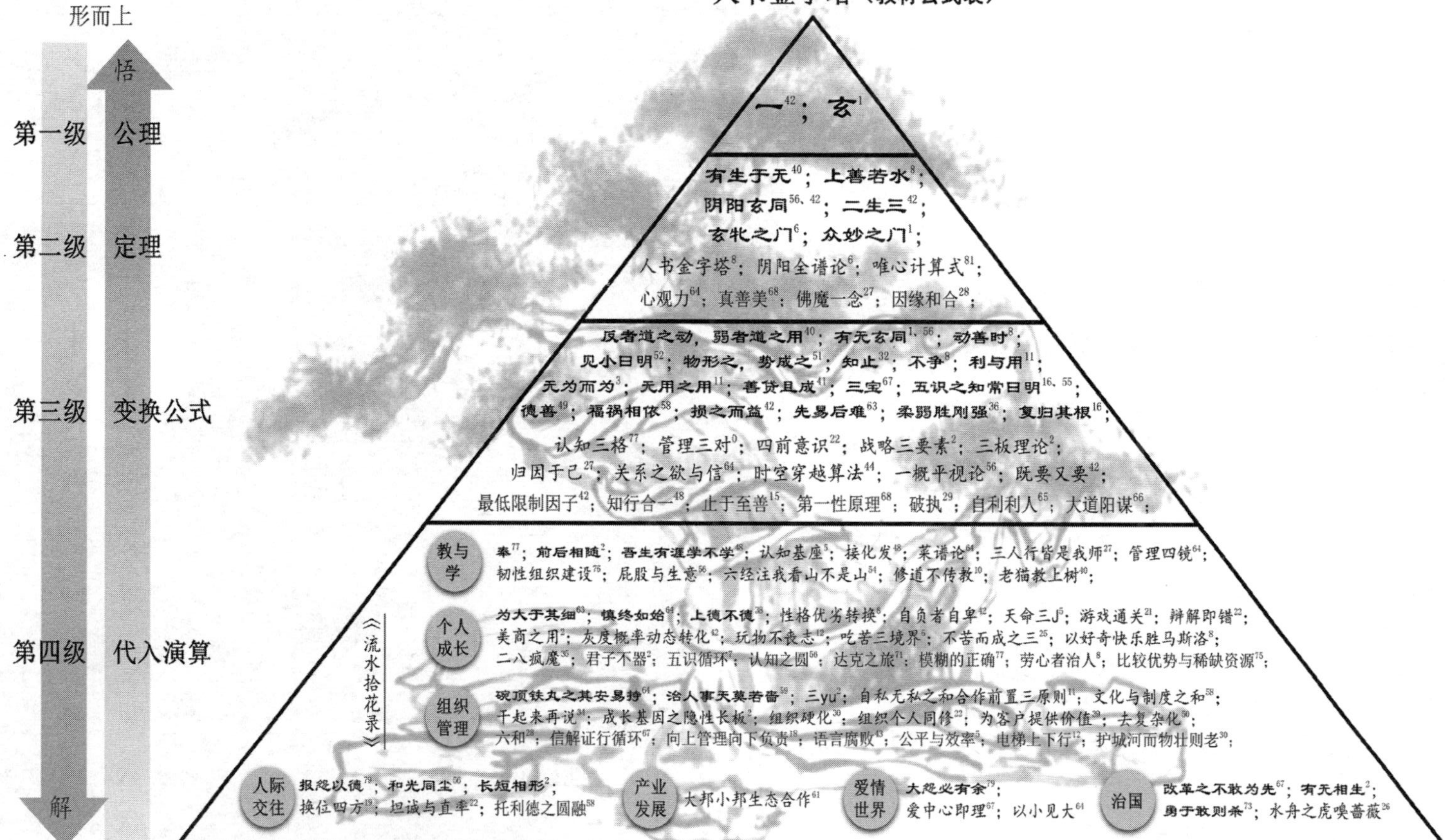

注：1. 不同字体代表三种来源，《道德经》原文（隶书字体），作者原创（楷体），其他学者（宋体）； 2. 图中上角标的序号是《道德经》中的章数；3. 《流水拾花录》是本书的**“五三教辅”**，详见本书后记；4. 实际应用于解决具体问题时，通常需要贯穿图中各个层级的不同要素进行系统组合。

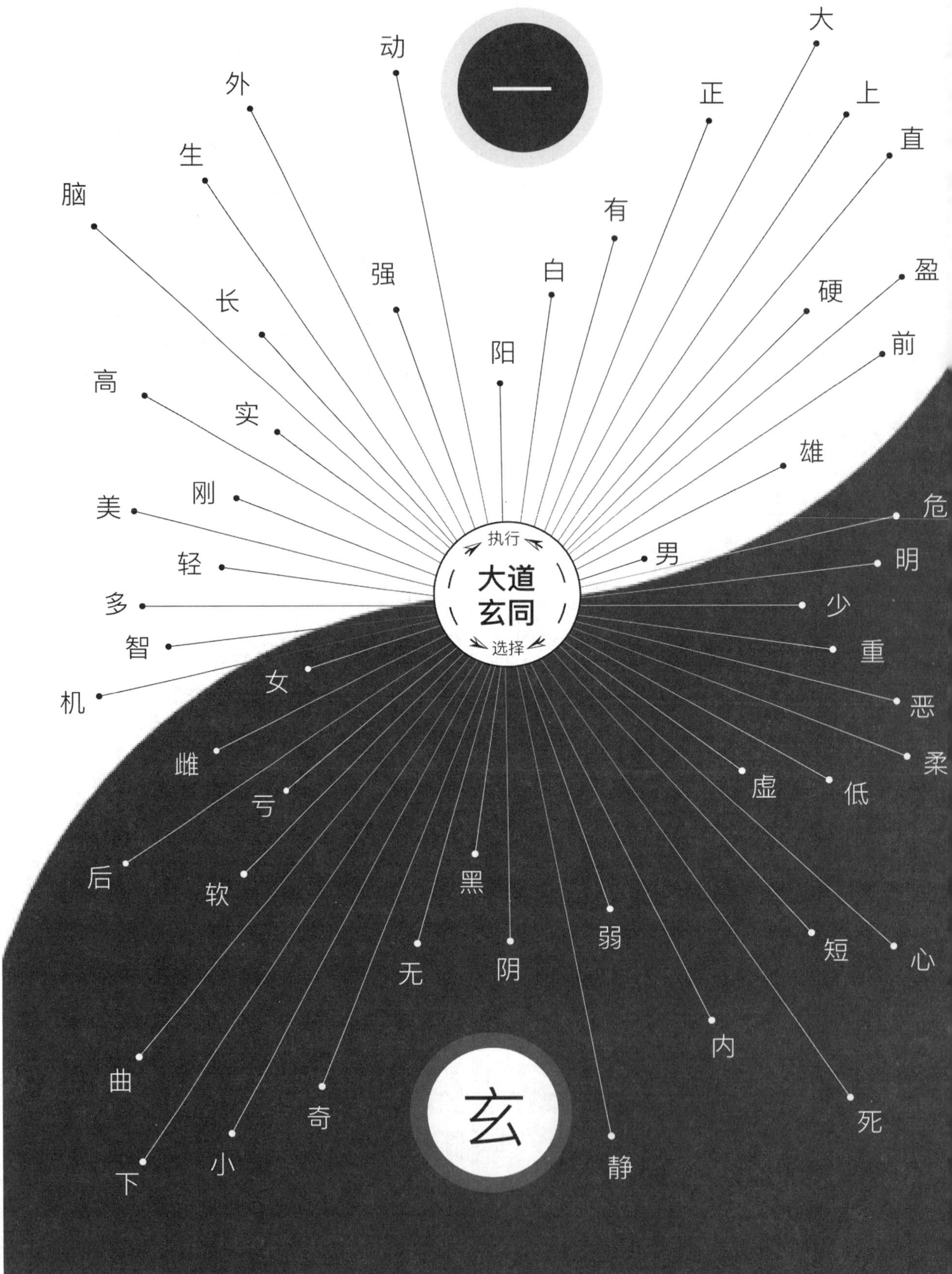
一
玄
执行
大道玄同
选择
动
外
生
脑
长
强
阳
白
有
正
大
上
直
硬
盈
前
高
实
雄
刚
美
危
男
轻
明
多
少
智
重
机
女
恶
雌
柔
亏
虚
低
后
软
黑
弱
短
心
无
阴
内
曲
奇
小
下
静
死

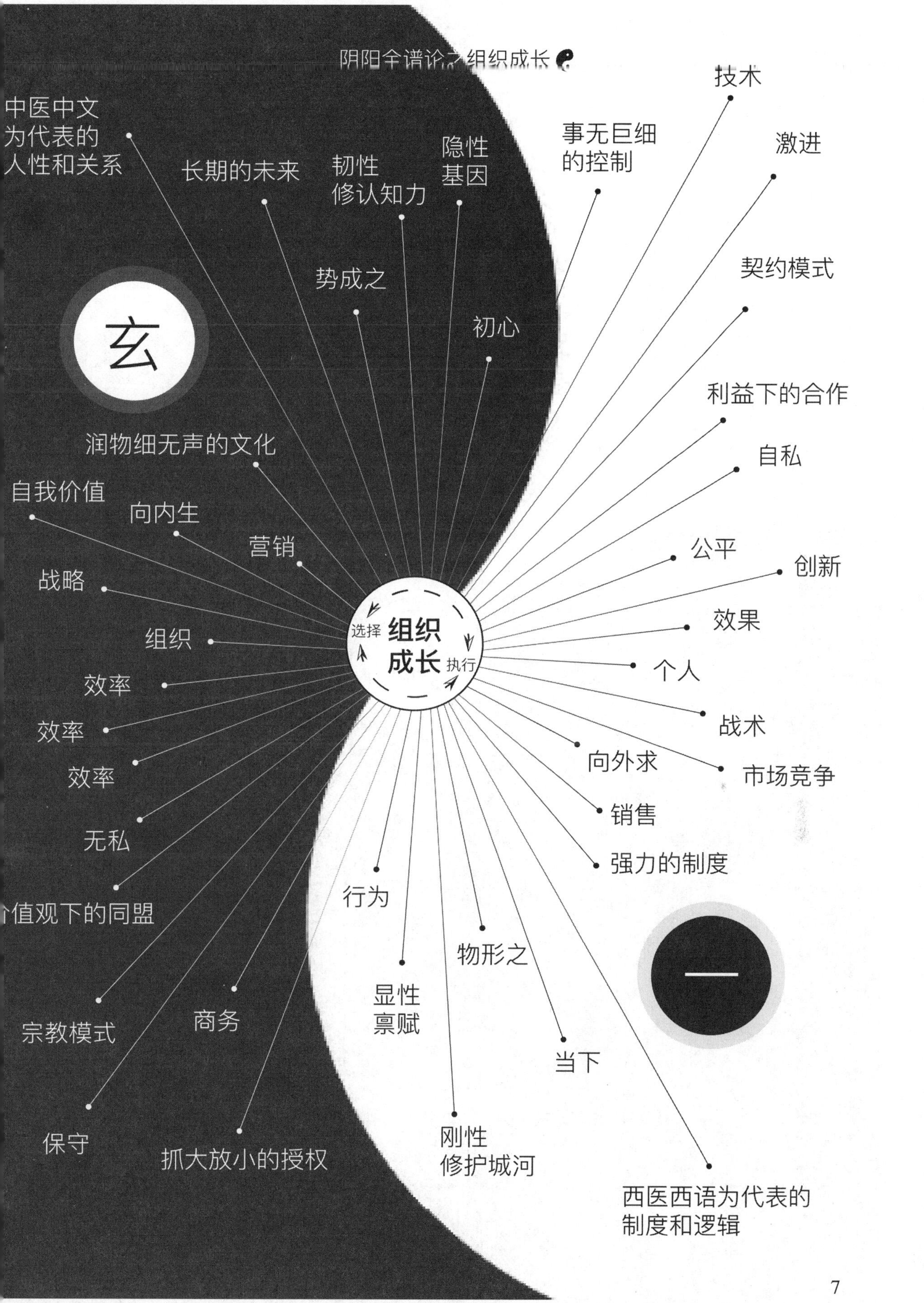

玄
一
组织成长
选择
执行
中医中文为代表的人性和关系
长期的未来
韧性修认知力
隐性基因
势成之
初心
润物细无声的文化
自我价值
向内生
营销
战略
组织
效率
效率
效率
无私
值观下的同盟
宗教模式
商务
保守
抓大放小的授权
行为
显性禀赋
物形之
刚性修护城河
当下
西医西语为代表的制度和逻辑
事无巨细的控制
技术
激进
契约模式
利益下的合作
自私
公平
创新
效果
个人
战术
向外求
市场竞争
销售
强力的制度

阴阳全谱论之人性玄同

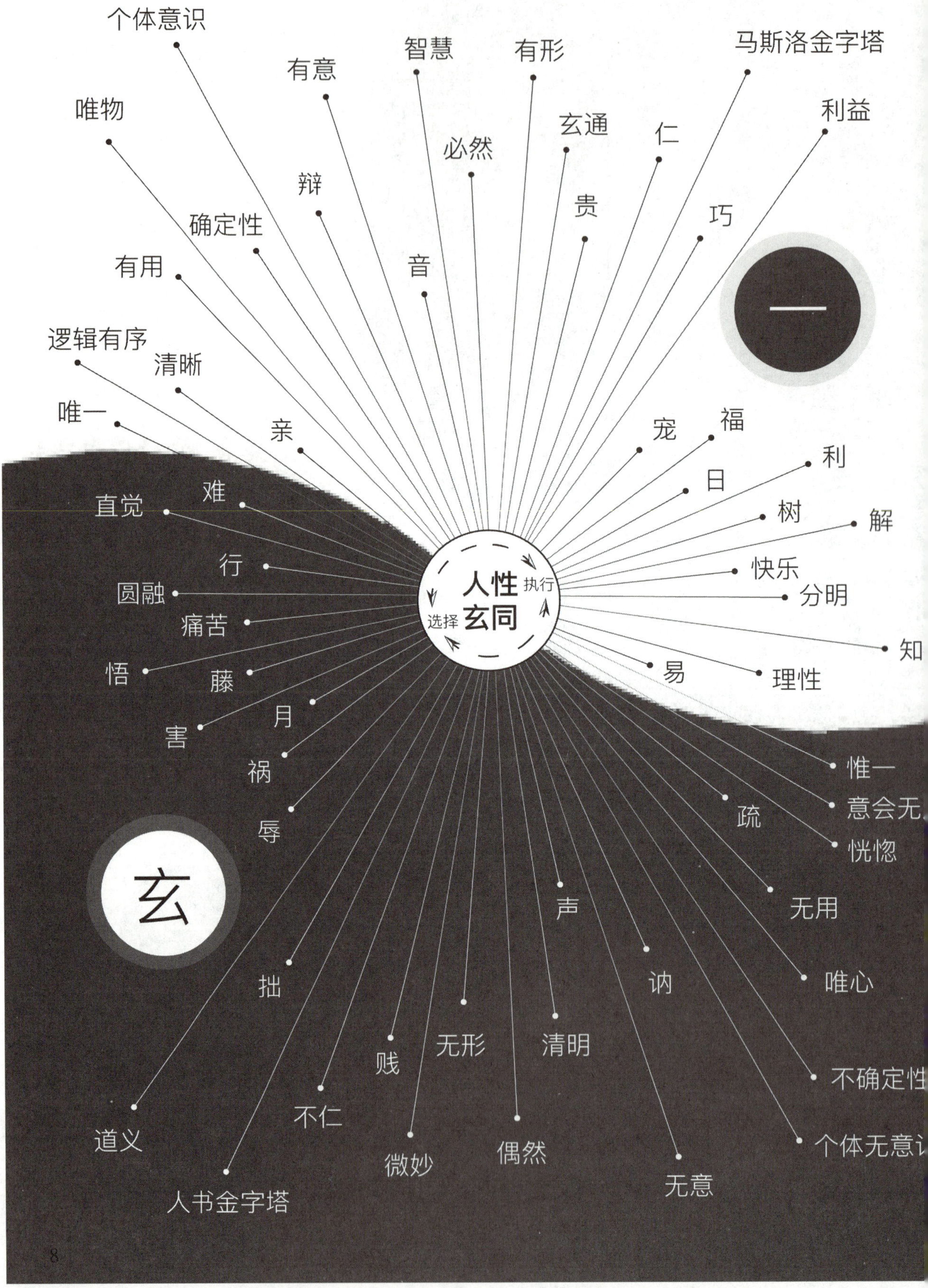
个体意识
有意
智慧
有形
马斯洛金字塔
唯物
玄通
仁
利益
必然
辩
贵
巧
确定性
有用
音
逻辑有序
清晰
唯一
亲
宠
福
利
难
日
直觉
树
解
行
快乐
人性
玄同
执行
选择
圆融
分明
痛苦
知
悟
藤
易
理性
月
害
祸
惟一
意会无
疏
辱
恍惚
玄
声
无用
拙
讷
唯心
无形
清明
贱
不确定性
道义
不仁
个体无意
微妙
偶然
无意
人书金字塔

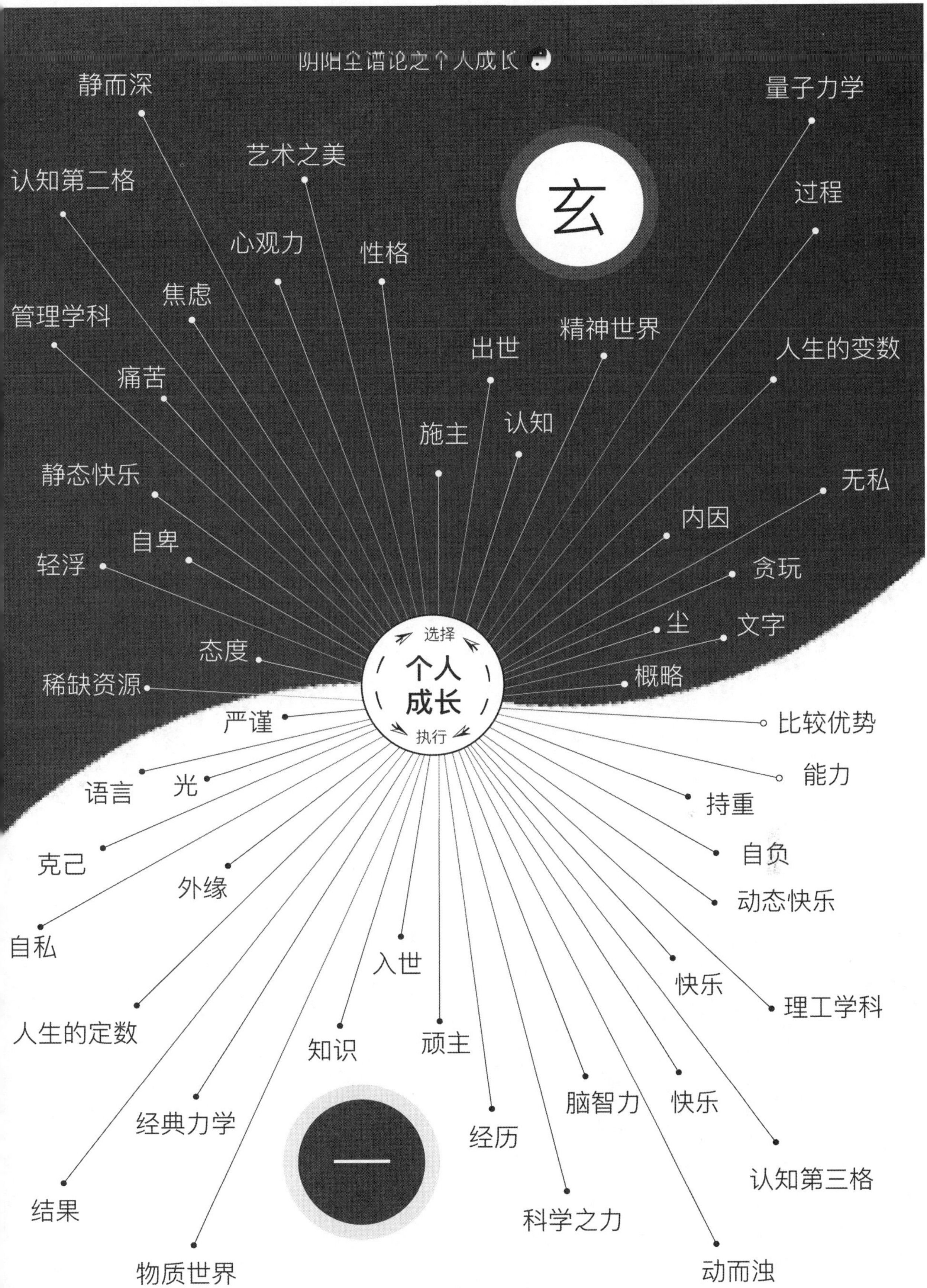
阴阳全谱论之个人成长
玄
静而深
量子力学
艺术之美
认知第二格
过程
心观力
性格
焦虑
管理学科
精神世界
出世
人生的变数
痛苦
施主
认知
静态快乐
无私
内因
自卑
轻浮
贪玩
尘
文字
态度
选择
个人
成长
执行
稀缺资源
概略
严谨
比较优势
能力
语言
光
持重
克己
自负
外缘
动态快乐
自私
入世
快乐
理工学科
人生的定数
知识
顽主
脑智力
快乐
经典力学
经历
认知第三格
结果
一
科学之力
物质世界
动而浊

序一

2023年的上半年，环保圈里比较压抑，利好的消息不多。但是有一件事比较热闹，就是E20环境平台的薛涛总以“直播”的方式，开“磕”《道德经》。刚看到这个消息的时候，心里一紧，替薛总捏了一把汗。等到一期一期地跟着薛总的“周播”下来，渐渐地越来越感到钦佩了，也间或跟薛总有些互动。

有一天，他突然邀请我来给他即将成书的这段“磕经”史写个序。我心里很是惶恐，替自己捏了把汗。虽然自己读过些书，但总觉得书的序言该由水平更高的行家或者这方面的专家来背注的。我们公司出了一本《得利满水处理手册》中文版，就请了与这本书渊源颇深的清华大学百岁寿星许保玖老先生作序。

对于《道德经》，虽然我也常常翻阅，也仅限于一本周生春先生注的《白话老子》。除此之外，我从来没有系统性地，辅以前人或当代大家的注经宏论学习过，说来极其肤浅。以此来为薛总的“磕经”体会写序焉能不汗颜。

静下心来读薛总的文章，他以“奉”的心态来分享自己的感悟和心路历程，是“奉”给谁？我想除了他对自己的交代，还应该是“奉”给大多数像我这样的，还想学习，还想进步，还想在更加不确定性的未来里寻找确定性的普通人。也许从这个角度去作这个序言，既是对薛总“奉”的感谢，也是从个人的角度来表达对这本书的学习体会，供大家参考。

“朝闻道，夕死可矣。”薛总在他自己的前言里开宗明义地讲，这是一本论管理的书，而非一本学术的释经书。人常说，一个企业的管理者是这个企业发展的天花板，而管理者认知的高度决定了天花板的高度。薛总这本书整篇都围绕着“认知”这个核心来反复研讨，是“以认知奉天下”。记得二三十年前，求一本好书是相当不容易的，那时感觉需要的是基于知识内容的信息。好像大家都在找信息，信息越多，越新鲜，越活跃，就感觉这本书越有价值。到当下的互联网时代，已经反过来了，是信息在找人了，每天都有无数的信息推送给你，而我们要在这信息之海里寻找自己。“为学日益，为道日损。”薛总分享了他在面对这样一个“不确定性”越来越“确定”的世界，他的成长史和心路历程。“格”出“认知”，格出在晦明中识别方向的能力。这样的论述，自第一章始至末章终，在注经的思辨中，以两难的“既要也要”和“二生三”反复研讨。当真是“如切如磋，如琢如磨”。如果说当下的情况真像行业专家们所说的“环保行业的黄金十年已经结束”，对于我们这样的环保行业里的技术、设备类企业，在未来的下行市场里该如何活下去？

“我注六经，六经注我。”书上说古人注经有两个流派：一个是力求释出经义本身立意的“我注六经”派，一个是随时代发展借古释今的“六经注我”派。我感觉薛涛总的“磕经”，既不是“我注六经”，也不是“六经注我”，而更像是“六经驻我”，是在《道德经》里印证自己，是在老子的世界和他自己的世界里反复拉扯，用老子的平台来打通自己的存在经验。所以忽尔老子，忽尔孔子，忽而佛家，忽而马斯洛，连伊壁鸠鲁也没放过。所以我觉得读薛总的这本书，不纠结于是否释出了《道德经》的精义，是否释出了前人未有的新义，而是以薛涛为自己，在跟薛涛的拉拉扯扯中印证自己。

《道德经》是根金丝线。年过五十，每个人都有自己的人生思考和感悟。有的人非常丰富，有的人非常深刻。薛总大概是属于既丰富又深刻的那类人吧！这些感悟大部分的时候都是在我们的思绪中闪烁而过，只有很少的人能用体系、逻辑把这些珍珠般的感悟穿起来，成为一串美轮美奂的项链。我感觉这次薛总找到了《道德经》这根金丝线。

岁月是把杀牛刀。网上说“岁月是把杀猪刀，紫了葡萄，黄了香蕉”。其实，岁月也是杀牛的刀。年轻的时候左支右绌般地砍，后来是费时费力地割，再后来就想能不能“以无厚入间，恢恢乎其于游刃必有余地矣”！薛总在书里和附录的文章里不厌其烦地阐述了从年轻到而今操刀的手法。及此书成，“提刀而立，为之四顾，为之踌躇满志！”

我和薛总的交往并不是很早，也不是很多，可能还说不上是生活中常所能称之为的“朋友”。而生活中我们每个人都是有朋友的。老话说，春香都有仨相好的。年青时常常聚在一起，吃饭、喝酒、论人生，还相互砥砺，说一些自己觉得对他有用，但对方听着不怎么中听的话。岁月渐长，过了天命，渐渐发现原来的朋友们聚的少了，一年有规律的那么几次，见面也客气了，温情多了，张力少了，连天气感觉也好了。子曰：“益者三友，友直，友谅，友多闻。”到了这个年纪，朋友们也悟到了孔子的另外一翻话：“与君数，斯疏矣；与友数，斯远矣”，好像再难得不厌其烦的“直”的朋友。这一次，我感觉有了这一册书在手，就有了薛涛这个朋友。

苏伊士环境科技总裁 张军

2023 年 9 月 17 日

于北京东三环泰康金融大厦

序二

在我看来，这更像一本哲学书，也可以看成一本自我觉醒之手记。对于我而言，这本书值得一刷再刷。

薛涛在这本书中，突破了以往依靠大脑建立的逻辑体系，回归初心，跟随心流，恣意流畅地在《道德经》《卓有成效的管理者》以及“马斯洛需求理论”等之间自由切换，自比弥勒佛，一脚踏在寺中（出世）享受其认知之乐；一脚留在人间，将其管理学认知“奉”给在经营管理中痛苦轮回的人们，希望使他们变得更加简单快乐和成功，从而实现他“和光同尘”的理想。

作为一个 MBTI 心理测试体系中 INTJ 型（设计师型，代表人物扎克伯格）的“管理者”，薛涛让我读他的书，并写读后感，我认为是作为 ENFJ 型（主人翁型，代表人物奥巴马、奥普拉）“领导者”的薛涛对我的启发和救赎。“领导者”和“管理者”其实有很大的区别，前者“驭心”，后者“驭人驭术”。前者更多需要自身的思考和影响力，以及利他的热情。

认识十多年来，他的成长肉眼可见。随着他在 E20 环境平台见证各类企业的兴衰，他的管理认知也从“儒学”上升到“哲学”阶段，从“驭术”到“驭心”，道行不知提升了多少倍。他以前写的“三 Yu”文章（浅谈环保人职业发展上下篇——《将、侠、王和因玩而坚韧》《管理三 yu 决与新三板》，见附录文章）一直是我和团队共同成长的基础课程。

依我看，他最大的特点是“敏于总结思考、善于兼收并蓄、乐于提升布道”，即他在本书中总结的“接化发”能力。他注重利己与利他的平衡，是这个时代环保行业不可多得“知行合一”的传播者。

作为一个 INTJ 型的完美主义者，工作中我总是扮演强悍的角色，独立性强，不屈从于权威；只对自认为有价值、感兴趣的事保持超常的激情和执着，同时对自己和团队成员都很苛刻，走的是薛涛在《浅谈环保人职业发展》中的“侠”道；而 ENFJ 型的薛涛是天生的领导者，充满激情、魅力四射，潜移默化地影响和团结他人提升自己和效能，并从中获得自豪和快乐，属于《浅谈环保人职业发展》中的“将”道。

他对繁忙工作的高度自洽、对团队的高度信任、对自我的高度自嗨对我产生了很多积极的影响。正如他在最后一章中说的，我对他辩经般的诘问，也解开了他的困惑，两种截然不同性格的朋友，无意中通过命运的“玄同”，“冲气以为和”打通了各自的任督二脉。

薛涛在十五年间做了一百多家企业的战略咨询和行业咨询后，凭借其惊人的“接化发”天赋，将各个企业共性的特点和问题打包，分析思考、归纳总结，继而上升到理论高度，成为“行业”的布道者。如果说，此前他享受更多的是站在 E20 环境平台聚光灯下对行业和企业指点江山的成就感，而这次偶然机缘促成的写书过程，却开启了他的“悟道之旅”，在“入世”和“出世”的边缘重新看“管理”、看“人心”、看“道心”，成就了他化茧成蝶、自我蜕变的经历。从某种意义说，我认为对他自己的利益甚至高于本书的价值。

我确实说过他“胆子太大”，倒不是说他不尊重先贤，而是认为对先贤们及其理论的理解和诠释应该建立在全面了解其思想体系的基础上，否则，仅凭对先贤个别名言的理解实现了自我的逻辑自洽，但有可能对其他人造成误导。但是，他认为把一个不完美的自己像剥皮的青蛙王子一样，“坦诚”地展现给读者，更有利于消除读者的认知和成长焦虑，从而开启人生快乐之谜的魔方。从这个意义上讲，他是对的。一千个人眼中有一千个哈姆雷特，没有是非对错，只有基于此时此刻作者视角和经历的认知。只要是基于“利他”的真诚分享，总会让与之同频的读者受益。

最后，书中薛涛虽然分享了很多观点和方法，然而，在组织和个人的成长之路上，修行以行制性，悟者以性施行，觉者由心生律，修者以律制心。“菩萨畏因、众生畏果”，相信当读者深刻理解了本书中“道”的核心，以“诚”“奉”之道对人对己，按照阳明先生所说的“事上磨、心中修、尘中炼”，知行合一，顺道而行，总会收获成长的硕果。

中国水网金牌专栏作家
北控水务集团有限公司西部大区高级总监
孙晓航

前言

我读书非常慢，经常停下，《道德经》读了两年，在朋友圈敢发感悟的，偶尔为之。读一本书，我觉得我能（敢）写点感悟的，才算是我真的读过，写不出来的就是我没读懂。相比别人，我对我自己读不 dong（动和懂）书，也曾经很自我怀疑——是不是我学习能力太差？好在朋友圈里的微信好友都很支持，给了些许安慰。

我也是不愿简单地套用别人的精彩见地拿出来发文章的，因为那不是我的。年过半百，渐渐悟到了很多东西其实是书里学不来的。什么是“我的”？必须是我将书里的内容，结合自己五年基层管理、十年中层管理和十年高层管理的经验，糅在一起，才能“化”出来和值得“奉”出来的。至于我没有经历到的领域或层次，往往就不能把书中的相关东西变成自己的东西。

所以我想，就我个人而言，读书学习和复盘，是强化了转化效率，但转化的基础还是来自我自己的经历。究其根本，可能是我的能力模型不配“书中自有黄金屋”的，我更应该追随阳明先生所说的，“事上磨、心中修、尘中炼”。既然是在练中炼，我写读《道德经》的感悟自然就不是正襟危坐从头讲至尾，其中有感悟即发，体会也就不按章节顺序来写了。

老子写《道德经》，解答如何成为有道者和圣人；我看《道德经》，却是在找如何做成功的自己和管理者。个人成长和组织成长、个人战略和组织战略、个人管理和组织管理，内在的道理都是相通的，这也是我读《道德经》感悟到的关键处。

学管理，以上都包括。此三组关系，我名之为“管理三对”，它们之间的关系，也许可以更生动地说明我对管理的理解。

在解读《道德经》[1]的过程中，部分文章同时在E20水网固废网的微信公众号上进行了发布。文章发布后，受到了不少企业家和管理者的认可，让我非常感动。也有一些读者反馈文章太艰深，看不太懂，个人觉得可能因为以下一些原因：

一是，看到古文就蒙住双眼。其实两千多年前那次人类文明东西方同步大爆发，留下的财富是真的不能错过的。而读遍各种解读《道德经》的书籍，我的解读恐怕是你能找到的更实用主义的、更切合谋生的入世修行需求的解读了。

二是，我曾有文章专门谈到环保人的职业发展。自身职业如果走的是“侠”道（尤其金融界、咨询界），不明白“将”道的管理体验和视角，这个真的没办法。

三是，年纪太轻，没有做过管理者（哪怕初级的），这些解读就真的不容易懂，这个只能留给时间，存下来，慢慢在你的生活工作中去思考、验证、同行。

南怀瑾老先生曾说儒家是粮店，我理解是出道时的必需品，当然也要伴一生；说道家是药店，我理解是中年为求“不惑”的解药；说佛家是百货店，各取所需。年少时我错过了《论语》，感觉至少多走了十年的弯路。现在正是读“老庄”的年纪，但我看到的常规解读，常常把“老庄”理解为躺平或出世的，不能提起我的兴趣，觉得没啥意义。而高人能在其中解出入世的妙处，往往认知难度会更高，却更加有益。世道愈艰，唯修行者可以穿越之，修“老庄”，不是为了遁世，而是为了获得韧性和更好的“认知”力。对于也许正处于逆境中的一些朋友，在此“奉”上我的分享，与各位共勉。

薛涛
2023年9月22日
写于北京玉泉慧谷

---

〔1〕此书所解之《道德经》原文采用的是陈鼓应2020年的中华书局版。

目录

下篇
松下无人一局残，空山松子落棋盘

上篇　入门穿靴一脚泥，亟今便要道士服

好为人师的对与错

《道德经》第七十七章

《道德经》第五章

原文

天之道，其犹张弓与？高者抑之，下者举之；有余者损之，不足者补之。
天之道，损有余而补不足。人之道，则不然，损不足以奉有余。
孰能有余以奉天下，唯有道者。
是以圣人为而不恃，功成而不处，其不欲见贤。

译文

自然的规律，不是很像张弓射箭吗？弦拉高了就把它压低一些，低了就把它抬高一些。有余的加以减少，不足的给予补充。自然的规律，是减少有余的补给不足的。社会的法则却不是这样，要减少不足的，来供给有余的人。那么，谁能够减少有余的，以补给天下不足的呢？只有有道的人才可以做到。因此，有道的圣人有所作为而不占有，有所成就而不居功，他不愿意显示自己的贤能。

至今，《道德经》此章是我读时感觉最有感慨和共鸣的。就我所需而视之，有始有终，浑然一体。

四十多年前，中国开始改革开放，很多人得以享受时代发展的红利。时至今日，社会更多内卷，也更加贴切此章前三分之一的内容。在此大背景下，个人如何成长，格局是隐藏不易见的天花板。追求前言所述的三对管理能力的提升，是显见的阶层攀登之径，其重要性与之前的时代相比，更加超过了某种客观的技能。

既然世道愈艰，为何更要做“有道者”？

我个人的理解是：一、从相对庸俗的欲求而言，只有做“有道者”，摸“圣人”途，才能全面提高“认知力”，提升自己待人接物的能力，也才能在逆风中逐渐改变自己的境遇，获得相对更大的成功。史铁生曾说，“有时候人与人的差别比人与猪还大”，话糙理不糙。二、即便个人境遇有所改善，工作和生活也会变得更加不易，太轻松获得完美日子的时代已经永远过去——其实从更高维度看，本来这种日子就不曾存在。如果不能要求自己尽力去追求“道”，在“格物致知”[1]中获得乐趣，

[1] 格物致知，出自《礼记·大学》，是中国传统文化中一个重要的认知理论，指穷究事物原理，从而获得知识。

人就会活得如同“刍狗”——为物欲情欲所驱使、为偶然得失所起伏，这样只会加重下一个时代的客观条件对自己的伤害。三、很多人不能理解巴菲特“开破车、住小房、吃麦当劳”的矫情，也不能理解北京大学青年才俊韦东奕的状态。如果曾经摸到过“道”，由此体验过打心底里喜悦的人，才能理解他们。

老子一再肯定“天之道”这种均衡的现象，在人类里面只有“有道者”可以做到，接着就直接说“圣人”如何了。我写本书，关心的是如何成为一个成功的管理者和成功的人，但入世修行如果想“顺便”“出人头地”，其实也需要有“有道者”的个人定位，背后的哲学级道理是相通的。

“孰能有余以奉天下，唯有道者”这句很好，我理解可以将“认知”作为“余”而分享：“奉”，是“恭敬地捧出”自己对世道的初步理解，却不是高高在上地强迫赐予，这一差别非常关键。此处多说一句，为何要“奉”？为何要做老子说的“有道者”？因为助人方能成就自己，无论组织内外都是如此，此是为人应“奉”之关键，也即为“善”，是成就一个人大格局的关键。而此处之“奉”，也与稻盛和夫所说的“善”〔1〕相合。

我曾在文章《从王凯军新书里学管理和看个人成长》（参见附录文章）中专门做过解析，清华大学环境学院教授王凯军之所以能有如今的行业成就和行业地位，就与他的“奉”以及“善”有很大的关联。

曾经有很多企业家找他帮企业解决问题，他去解决了问题，产生了商业利益，他不会说我的贡献有多大、我应该获得什么样的报酬。当然，他也得到了一定的回报，但并不是他可以最大化的利益。他研发出一个技术，就放手让企业去做市场，自己再研发下一个技术。他不想着抱着一个技术去做大，甚至上市。这也许不是他的长板，但显示了他的“奉”与“善”，突出了他的大格局。

所以，助人者，授人以鱼不如授之以渔，助人最佳处是助“认知”，无论组织内外都是如此，我写本书也是这个目的。

---

〔1〕善，是日本知名企业家和管理大师稻盛和夫管理思想的核心主张。他认为，人要心存善念、与人为善，利他、善良、认真、谦虚、努力、合作等都属于善念思维。心存善念，才可以改变自我认识、促进合作与创新，实现超越。

大家最近都在流行修“认知”。那么，这个“认知”本身该如何被认知？我冒昧在这里下个定义：认知三格＝价值观（格）＋思维能力（格）＋创新力（破格），认知就是“格”在人世间的反复过程。

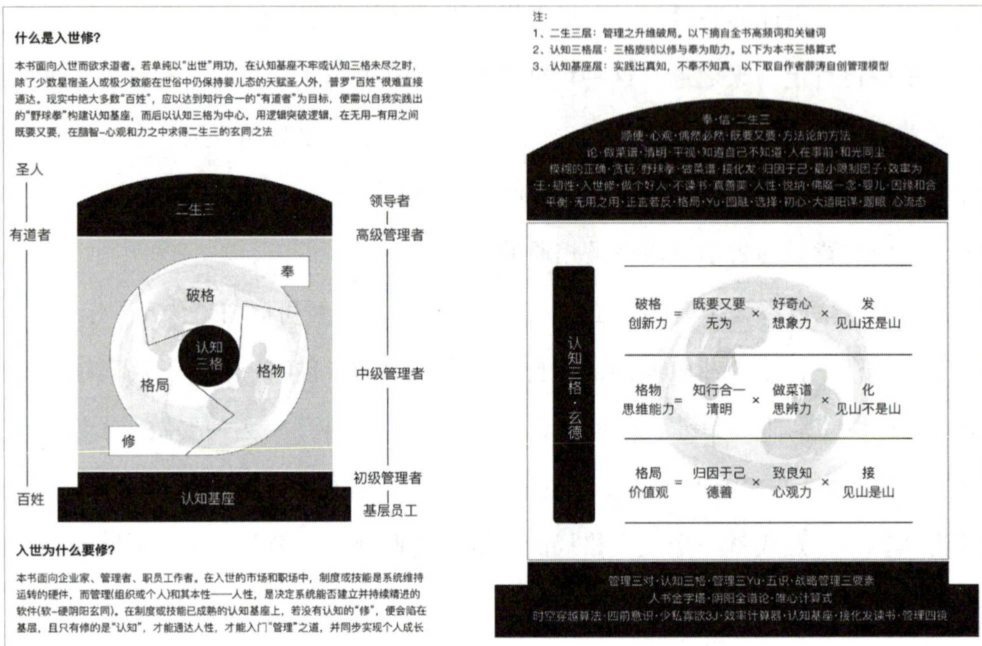

如有人趋近“有道者”，在当下社会，这样的人往往就是个优秀的领导者。

老子继续说了“为而不恃，功成而不处，其不欲见贤”，除了前述所说的要做到“以认知奉天下”，这三条也是一位卓越管理者的高阶境界。结合自己多年的组织管理经验，我曾为环保行业从业人员职业发展写了两篇专题文章（具体可参见后附文章《浅谈环保人职业发展（上）》和《浅谈环保人职业发展（下）》），对于老子的说法，我深以为然。

1. 管理者的能力在于定战略和带队伍，虽然特殊情况下也会有必须亲力亲为的场景，但绝不是简单的勤奋的亲力亲为。

2. 管理者将能力尽量传给下属，而由此获得的功劳也尽量归因于下属，是其成就卓越组织的关键，此为“功成而不处”。

3. 一个管理者其实是锋芒不显、大音希声的，此为“其不欲见贤”。

从管理学角度理解老子的“无为”，它绝不是俗世所理解的消极，而是体现了极高的管理水平和管理境界。此外，“无为”也不是“不作为”。如果管理者取巧照搬表面概念，在事的见解上无法超越下属，则不能定战略；自己亲自动手也比不过下属，只好故弄玄虚。这种，看似也是“无为而治”，其实就是东施效颦，是无能的表现。

《道德经》第五章

原 文

天地不仁，以万物为刍狗；圣人不仁，以百姓为刍狗。
天地之间，其犹橐（tuó）籥（yuè）乎？虚而不屈，动而愈出。
多言数穷，不如守中。

译 文

天地不情感用事，对万物一视同仁；圣人不情感用事，对百姓一视同仁。
天地之间，岂不像个风箱吗？空虚但不会穷竭，发动起来而生生不息。
政令烦苛容易加速败亡，不如持守虚静。

“仁”在这里应该理解为爱，爱即为私。没有爱就没有恨，没有私就没有偏。公平无私，统一标准，可运用于管理学的第一层意思，相对浅显，易于理解，此处也算点中要害。但更深入一层解析，管理者在做人事管理方面的决策时，一定要摒弃自己对被管理者的感情喜好，要还原到客观评价他人的能力，以及基于部门及公司整体的定位需求上来看。所以，于此处，管理者不可“仁”，这是第二层，超越了公平无私的问题，也超越了公平与效率的矛盾问题。大部分人对现代社会现象的偏激和短视，就是不能理解这对“阴阳”的对冲及“和”的关系。太公平则无效率，社会学角度是如此，管理学角度其实也是如此。

回到“仁”的问题，德鲁克曾在其《卓有成效的管理者》里提出过一个理念——对上管理、对下负责。按此，不就是要对下属“仁”吗？那么，该如何解决与老子说的“不仁”的矛盾呢？成为“有道者”的“既要又要”的挑战恰恰就在于此了。

《道德经》第四十二章中提到的“二生三”，是解决前述阴阳矛盾体的金钥匙：管理者必须在完成上述出于公司利益的思考之后，再次回到属于公司可造之材类的发展需求上来，为他做一些传授，乃至尝试思考创新以谋求一些组织变革，并由此实现个人与组织的共赢（此处依然是“不仁”的）。能做到这个的管理者，才完成了从优秀到卓越的进阶。

所以，做到第一层的管理者，仅仅是达到最低要求的基本合格的层次。到第二层的，是优秀的管理者。做到第三层的，才是卓越的“有道者”。此处，需要真切理解德鲁克之人性、稻盛和夫之韧性、老聃之仁性。这里也呼应了2019年我与陈春花教授曾经隔空辩论的一篇文章《要避免“二分思维”——评析北大教授的“管理不能大于经营”》。那时候陈教授声望依然处于巅峰，敢与她切磋，是因为我读陈教授的文章系统，能感知到学习、旁观和总结发挥是她的主战场。熟悉“金庸群侠传”游戏的人或许都知道，野球拳对阵各大武功秘籍的优势。我在央企亲自带兵十五年且不读书所练就的管理学“认知基座”（我的定义：一个人，通过与人相关工作地深度实践，摆脱书本知识而直接产生的认知力），也让我敢于在熟悉的地盘上与陈教授探讨。

管理者本身如何达到“有道者”的境界？“虚”则为其核心力量，就是在为公司或组织的战略思考和组织培养中先忘记自己。只有放空，才易得“心流态”与对应的大智慧。私利参与其中，必然扭曲，长期看貌似狡诈实则蠢笨。做到虚，“有道者”才敢于、愿意授权和传授（奉），而使得其本人可以有空间、时间，也必须兢兢业业地向上追求，才使得本人能够不断地突破天花板并给追随者更多的发展空间，卓越的个人和组织由此诞生。

“多言数穷，不如守中”，《道德经》中的这八个字，大部分人解读为“寡言”和“中庸”，简单明了，但我觉得不够好。现代社会很多工作都需要与人多沟通，会交流、会表达、会写作是重要的技能，如何能都去寡言？所以破题的关键，在于对“穷”字的理解。穷的意思是把话说“绝”，无论是表达对事物的判断或是给出绝对化的承诺，都是不智的，而“不如守中”。“中”应读为chong，解释为“冲”，意为保持“冲”的功能，不能解读为中庸之意，而是指保留余地和空的境界。如何做到？需要“无”的“少私寡欲”。私欲过强，则万事只从自己本位出发，判断事物自然就因自私自利而偏激，讲话的时候也会因为太想说服对方，容易把话说“绝”了。

而这种“少私寡欲”，也给我带来新的启发。对于年过半百的我来说，人生或更需做三“J”：减、戒、静。

减，即减掉无效的精力支出，包括慈悲。时间越来越珍贵，要多用在需要完成的俗世间的责任上面，以及从前述那三对管理实践中更多地摸索“道”，并学习王凯军老师，将更多的“奉”出来，这个是大慈悲。由此，一些小慈悲也就自然不做了。现在环保企业家想约我见我，比以前难了很多。见到我的，能沟通的时间也会短一些。

戒，即戒掉所有不利于健康的行为，诸如抽烟、喝酒。在此，我自己也是很有感悟。写本书不到两周，自己竟突然对抽烟这事一点都不想了，无所谓戒，但却自然就戒了。这个小体验，真和《道德经》里面的“道”一致。此外，在赶写本书的日子里，第一个月苦读苦写八十章，每天虽只睡四个小时，也却并不觉得有什么苦；后来大半个月突破第一章后对理论建构发起冲锋，每天只睡一小时，也不觉得苦，身心却几乎崩溃，以后再解释。在这个内卷的时代仅靠苦斗是不可能成功的。这种苦与乐的阴阳玄同，和我在“戒”里悟到的“道”是相通的。

静，指的是静下身心，多深思，找心流。“减”的目的一部分就是为了这个。当你偶尔能做到“物我两忘”，你就能理解巴菲特和韦东奕了。

为何必须既要又要

《道德经》第四十二章

《道德经》第十五章

薛涛解析管理之道与认知之得

ANALYSIS OF "TAO" IN MANAGEMENT AND "TE" IN COGNITION

原文

道生一，一生二，二生三，三生万物。万物负阴而抱阳，冲气以为和。人之所恶，唯孤、寡、不谷，而王公以为称。故物或损之而益，或益之而损。人之所教，我亦教之。强梁者不得其死，吾将以为教父。[1]

译文

道是独一无二的，包含阴阳二气，阴阳二气相交而形成一种适匀的状态，万物在这种状态中产生。万物背阴而向阳，阴阳二气互相激荡而生成新的和谐体。人们最厌恶的就是"孤""寡""不谷"，但王公却用这些字来称呼自己。所以一切事物，如果减损它却反而得到增加；如果增加它却反而得到减损。别人这样教导我，我也这样去教导别人。强暴的人死无其所。我把这句话当作施教的宗旨。

这是《道德经》最有名的一章，如何理解第四十二章中前三分之一里的"一生二，二生三，三生万物"？

从个人成长规律角度来看，以人逐渐认知社会的过程为例："一生二"是学会分对错、好坏，是幼儿开始建立人生观的第一步。随着社会经验的丰富，人逐步认识到世界是有灰度的，也是动态和相互作用的；没有简单的对错，也没有简单的好坏；逐渐明白了博弈论、辩证法和概率论，不再偏激，学会了独立判断，同时又能建立和坚守自己的价值观并做到和光同尘，至此，入世的门也算是渐渐打开了。

从管理学的角度看，在当下内卷严重的时代，无论个人发展还是组织发展，大家必然要面对大量的"既要又要"的问题，这个基本成为定局。既要又要，如何做到？关键处就在这个"二生三"里。做到"二生三"，对于管理者各方面的综合要求极高。它需要通人性、明战略、空己利，需要有创新力，即认知定义里的"破格"，还需要真正理解老子说的"仁"与"不仁"的阴阳关系。究其根本，这些要求其实都是分散于《道德经》各处的老子思想的基础，它们必须有机地合并迸发，形成一种升

[1] 按陈鼓应《老子今注今译》说，"人之所恶……吾将以为教父"疑为《道德经》第三十九章内容错入。

维的思路以及对应的解法，此时，就形成了破局。达到这种状态之时，恰恰就是文中所说的“冲气以为和”。

“损之而益，或益之而损”这句蛮好理解，塞翁失马就是典型的例子。但是大家工作和生活中还是经常会忘记这一点，面对偶发的外部悲喜乱了心性，使得自己陷入慌乱而降低了应对能力。企业管理中也是如此，过度关注外部条件中的负面因素，不知道坏事里面有好事：如果没有竞争，企业自身就会逐渐衰老而死亡；外部资源有缺，恰恰也会激励企业自强——发展出一种不依赖外部和不可控资源的内生力。

反之，好事里面必然有坏事，简单的例子就是自大，把用运气赚到的最后用实力赔掉；复杂的例子，生态学中有个“最小限制因子定律”[1]，就很适合做企业管理和战略管理时借鉴。但其实，更容易被忽视的，生态学中也提到了：有时候“最小限制因子”的最小不是太少，太多也是。很多企业家或管理者对此却无法理解并容易忽视。比如，建筑类央企谋求转型，但目前还很少有成功的。这除了有国资委考核模式的原因外，它们的某些资源过“多”，也是一个被忽视的因素。

回到本章正题，“损之而益”于做人也是一样的。居高位的用贬义词称呼自己，本身是一种自我提醒。反之，有些老板看似强大，内心其实是自卑的。判别方法是，看老板是否能或敢于自嘲。内心自卑的老板一般不能或不敢于自嘲，也不允许别人开自己的玩笑。“益之而损”的事更是多见。古人云：福无双至，祸不单行。后者是因为认知力不够，应对坏事过于慌乱，而前者则是因为被好事冲昏了头脑。所以，越是在顺境，越要谨慎、自省和虚心。我在公司2022年度年终的总结发言《个人与公司如何共发展》中，就把“益之而损”，用活生生的组织管理例子进行了诠释。

“人之所教，我亦教之”，这句话的意思很直白，但是其精彩处，在本书后面会提到。就个人来说，读透《道德经》很花费时间，因为其中的很多东西暗藏呼应。

〔1〕最小限制因子定律，也被称为“斯彭格尔－利比希最小因子定律”，指的是植物或作物的生长是由最稀缺的资源（限制因素）决定的。如果任何一种营养物质不足或受到限制，增加充足的营养物质的数量都不能促进植物的生长（不可替代性）。

世界从来都是充满苦难的，很幸运几千年来古今中外有那么多先贤以“奉”助我们度之。这些大小星宿都是文明和“认知”的丰盈者和传递者，度他人时也度了自己。生活中什么人是“圣人”，什么人是“有道者”？我个人以为，老子说的“圣人”，可以称之为“星宿”，至少是几十年一出的思想者，甚至千年一遇，比如老子为大星宿[1]，德鲁克则为小星宿。他们自身已经可以发出思想之光，著作出类似经文，传递着人生的智慧。“有道者”则如宇宙中的大小尘埃，已然能从尘世中浮起。他们折射的，是来自星宿的光芒；传递的，是先贤的智慧被他们继承与发扬的人生精华。

“强梁者”，有人将其译为强暴者，是表面粗浅的含义。从企业战略角度而言，企业家在初步冲撞上逆境的时候，往往会低估了这个逆境的时间长度，而会普遍选择“用强”闯之。大部分情况下，这样做反而使得事情变得更糟，最后不得不退下伏低而保生存。“强梁者”，就是占据势能却不修道的人，不能控制自己的心性，所以才会一味用强。此处用文语气很重——“不得其死”，却是大慈悲之心，希望传递人生的哲理，强调的还是做“有道者”的重要性。

原文

古之善为士者，微妙玄通，深不可识。夫唯不可识，故强为之容。

豫兮若冬涉川；犹兮若畏四邻；俨兮其若客；涣兮其若释；敦兮其若朴；旷兮其若谷；混兮其若浊。

孰能浊以静之徐清。孰能安以动之徐生。保此道者，不欲盈。夫唯不盈，故能蔽而新成。

[1] 我国古代天文学家将可见的星星分为28组，俗称二十八星宿。星宿概念在地理、占卜等方面被广泛应用。在道教中，二十八星宿分别由28位神君每天轮流掌管。后“星宿”便被喻指人间得道的高人，也有人认为人间有功名的人是天上的星宿降生的。

译文

古时候善于领着大家做事的人，微妙通达、深刻玄远，不是一般人可以理解的。因此，只能勉强地形容一下：小心谨慎，如履薄冰；警惕戒备，就像防备着邻国的进攻；恭敬郑重，就像到别人家做客一样；言行暖人，能使人心里的坚冰消融；纯朴厚道，就像那敦厚的原木一样；旷远豁达，虚怀若谷；浑厚宽容，如水能和光同尘。怎样能使浑浊停止，从而清澈清晰？怎样能安静久了又充满力量和生机？保持这个"道"的人不会自满。正因为他从不自满，所以能够去故更新。

本章鲜明地描绘了一个合格的总经理形象。但这个"士"未必能胜任董事长，还需要别的一些东西，比如胆识。对于绝大部分中小企业来说，这样的总经理可遇不可求。即便获得了，也需要找到相互成就的相处之道。

详细解读，"微妙""玄通"二词，前者在细处，后者在大处，本是两极，能够同时做到，其实也是一种"既要又要"，也是一种"二生三"。想要成为卓越的管理者，这个是基本要求。比如，他要用"微妙"洞察和体恤人性的细微，否则无法换位思考、准确捕捉组织内信息以及带领下属真心跟随。同时他又要通识大局，在事务的琐碎中看到顶层问题和方向。此处，可以归纳为高层管理者的两个基本任务：用"微妙"带队伍，用"玄通"定战略。能做到此的优秀管理者，还会在每个阶段后有大突破，自然大部分普通人就会惊叹其"深不可识"，由此更加坚定了下属们追随他的信念，甚至俘获了一些组织外认同者的叹服，助其升级到了"御"，即统御人的境界[1]。曹操《短歌行》里那句著名的"周公吐哺，天下归心"，讲的就是这个体验。

后面大段的描述，一个优秀管理者的生动形象跃然纸上。"孰能浊以静之徐清。孰能安以动之徐生"，按我的理解，这就是我在公司内一直强调的18小时工作制——

〔1〕御，作者重要的管理思想"三Yu"（遇、育、御）之一，具体可参见《浅谈环保人职业发展：管理三yu决与新三板》。

8 小时在公司内，动而浊；10 小时在公司外，静而深。公司很少安排加班，但据我观察，只有还在公司外学习和深思的人，才能跟上公司的步伐。能够深思而进入“心流态”的人是很幸福的，因为能感受到万物相通的大美，曾经体验到这种喜乐的人，就能够真的理解北京大学青年才俊韦东奕在数学之美中的沉迷。

最后，“保此道者，不欲盈。夫唯不盈，故能蔽而新成”，这句作为收尾，也是关键处。居于高位而自谦，就是“虚而不屈”。本质上而言，一个人如何能够始终自然地做到这个境界？即“为而不恃，功成而不处，其不欲见贤”。管理者自身的格局决定了一切，如果是个“修道者”，方能自然、持续地做到这一切。这也是王阳明和朱熹对“格物致知”认识上的重要分歧：朱熹认为“致知”来自“格物”，所以要认真探究事物来求得事物的原理；而王阳明则认为，“知”不是知识而是知善恶，“格物”是“止于至善”[1]之功。

〔1〕止于至善，语出《礼记·大学》，指达到极完美的境界。

无私奉献是错的

《道德经》第七章

《道德经》第二十七章

薛涛解析管理之道与认知之得

ANALYSIS OF "TAO" IN MANAGEMENT AND "TE" IN COGNITION

原文

天长地久。天地所以能长且久者，以其不自生，故能长生。

是以圣人后其身而身先，外其身而身存。非以其无私耶？故能成其私。

译文

天长地久。天地之所以长久的原因在于，它们不为了自己的生存，而是自然地运行着，所以更能长生。因此，有道的圣人遇事谦退无争，反而能在众人之中领先；将自己置之度外，反而能保全自身生存。这不正是因为他无私吗？所以能成就他的自身。

本章很简单，不必进行《说文解字》般拆解，但是真正理解又有一定难度，所以我选择从整体视角来解释它。老子在这里是讲如何做好人好事吗？当然不是。人“为何”为人和人“如何”为人，几千年来一直是哲学的本真问题。马克思说“人是一切社会关系的总和”。在更早的西方现代经济学经典著作《国富论》中，亚当·斯密最重要的立论基础就是人是自私的。这个观念可以说是构成西方“资本主义”（注意，请读者克制你的贬义心态）系统的原子。可见，作为社会学科末梢的管理学，人是自私的内在逻辑，几乎可以说是学习管理学这门语言的字母级基础。

我曾在国企工作过二十年，却是亚当·斯密的拥趸。我一直认为，在市场经济中，“无私”是种本质性的欺骗，“利他”的最终结果应该是“利己”。好的市场机制或者公司管理机制，就是要通过在“自私”这个出发点的基础上，构建规则系统完成对其缺点的修正，从而使每个个体利益的诉求获得最大利益。这个目标需要企业文化和管理制度一阴一阳的双重作用来达成。因此，直到今天，我也从来不期许下属们为公司长期“奉献”。如果要求员工为企业做出某种牺牲，“偶尔 + 短期 + 必须”或还可以接受；如长期作为企业发展的基本模式，在市场中是违反“天道”的，这样的企业必然是虚伪的，也应该走向崩塌的。

我的想法违背了老子的意思了吗？并没有。首先，角度就不同。《道德经》是希望“有道者”能够去私，而不是希望“有道者”要求他人必须是无私的。这就是对南宋大儒陈亮的"严于律己、宽以待人"的基本运用。即便儒家的这些基本原则，我观察生活中绝大部分人都做不到。其次，"圣人不仁，以百姓为刍狗"，百姓是"自私"的，而圣人是"不仁"的，即"无私"的。从管理学角度来看，为什么当一个人要成为一个优秀的管理者，就必须与基层员工有所区别？因为他们必须要从"刍狗"谋求升级为"有道者"，从拥有基本技术、技能，开始学管理，习"Yu"人之道，修"五识"[1]之阶。"有道者"要做到的，是"利他的结果是利己"，而不是"利他的目的是利己"，不能识别这个差别，就会走向歧路，即佛家常说的"佛魔一念"[2]。

美国著名管理学者罗伯特·卡茨提出的能力模型，包括专业能力线、人际能力线和概念能力线，更受认知水平和人的学问制约。管理者升阶，就需要逐渐退出一些自私，并多一些"虚而不屈"的"虚"，这样就能"动而愈出"，认知就开始提升，智慧开始逐渐转换为清明，职场修炼中的人生便开始进阶。"虚而不屈，动而愈出"，空虚但不会穷竭，发动起来而生生不息，就像《名侦探柯南》主题歌里唱的，命运之轮开始转动。自私和无私这一对矛盾体，两者能在一个"有道者"身上如何做到和谐共存，恰恰是我无师自通地从入职五六年后就自发修习的"管理学"流派的最大法门之一。我直到由此而得的"认知基座"打造完成，才看到德鲁克的书并为共识击节而赞，才意识到在组织管理中，蕴藏着最合理的和最深邃的处世哲学，需要达到"二生三"的境界才能触摸到。

《道德经》第二十七章

原文

善行无辙迹；善言无瑕谪；善数不用筹策；善闭无关楗而不可开；善结无绳约而不可解。

是以圣人常善救人，故无弃人；常善救物，故无弃物。是谓袭明。

---

〔1〕"五识"指"常识、知识、学识、见识、胆识"，化用于作家雾满拦江。具体可参见后附文章《再谈环保人职业发展：用三商五识作职场修道士》。

〔2〕"佛魔一念"为佛教用语，指的是人心中的善恶之念。这种善恶之念，往往在一瞬间转变：或成佛，或为魔，佛魔就在一念之间。此句旨在提醒人们要时刻观照内心，保持理智与情感，向善避恶。

故善人者，不善人之师；不善人者，善人之资。不贵其师，不爱其资，虽智大迷，是谓要妙。

译文

善于行走的人，不会留下痕迹；善于言谈的人，不会留下破绽；善于计数的人，不必使用筹码；善于封闭的人，不用门闩，别人也打不开；善于打结的人，不用绳索，别人也解不开。所以有道的人经常善于做到人尽其才，因而他眼里绝不会有无用的人；经常善于做到物尽其用，在他眼里绝不会有无用之物。这叫作内藏着聪明智慧。所以，善人可以作为不善人的老师，不善人可以作为善人的借鉴。如果不尊重善人的指导，不珍惜不善人的借鉴作用，即使自以为绝顶聪明，其实也是大糊涂。这实在是精深微妙的道理。

本章开篇的“五善”，可以理解为就是在讲技能的高阶，是一种武侠中“无招胜有招”的感觉。那么，其背后的原因，是“善者”学会了方法论，由此悟（认知）透了技能背后的规律，并体验到了类似自然的力量。这些顶级技能的升级，符合辩证循环螺旋上升的道理，从简单到复杂又回归高阶的简单。一个人在某个技能升级中能体验到这一点，那么在这方面他一定是卓越的。

由此引申，在工作和生活中能把繁杂的事情弄得很简单，让大家都看得懂，才是真正的高手；反之，把很简单的东西搞得很复杂，其实是一种低水平的掩饰。我们常说，“过度管理比没有管理更可怕”，就是后者的绝佳例子。这往往也是一些咨询公司为了生计而出的无奈诡计。

当我读到“是以圣人常善救人，故无弃人”，不由得拍案叫绝，又深刻自省。全文说的是，要有所作为，但要考虑到人的多样性，不能强制。从管理学角度来简单理解，就是识别每个人的长处，在管理中人尽其才地使用他们。当然，这个并不足够，因为组织结构的调整空间是有限的。毕竟，服务于公司的发展目标是第一任务，而不是随意因人设事。所以，虽然几十年来，我是一个希望自己做到“向下负责”的管理实践者，却发现不能照顾到每个人。我觉得还是我的水平不够，以及“育”的方式不对。想解决它，在思路上可分为两步：一是，归因于己。这主要包含两层意思：遇到问题先从自己身上找原因；如果有问题，肯定有基于自己的原因。这是管理者所应具备的自省精神和换位思考能力。二是，力求“认知”的第三点“破格”。这是个普适性的方法论，也是促进个人修行中实现“二生三”和自己能力升维的关键。

此处“破格”的具体解法是什么呢？具体而言，首先，方法要有所调整，选择以文“奉”，就能够更加突破自己精力的限制。其次，应选择特别“传授”几位善“奉”者，并要求他们继续“奉”之，以此传递并共同提高。“人之所教，我亦教之”，背后举一反三的深意——选择培养更多与我一起“奉”的“有道者”。突然决定写这本书，也是这个意图。最后，学无止境，突破自身修为的限制是核心。如果我能够通过提高自己的修为，将曾经以为不能教育的人也带起来，也会使我自己的认知水平实现大的提升。下一句“常善救物，故无弃物，是谓袭明”，是对称的，看译文即可，就不再详细解释了。

后面的“善人”的“善”，简单理解为“善于学习（修道）的”就可以了。老子特别强调，不善于学习的人也有他的价值，违背了也会有损，这个是否简单理解为孔子说的“三人行，必有我师”？不，这个还没有达到老子的更深的意图，老子说的是“三人行，皆是我师”。普通人，即“不善人”在生活中观察其他人的时候，我们自己的态度往往也都是宽以待己、严以律人的，这个是制约绝大部分普通人进阶的隐性天花板之一。此外，对于一些本身做得已经很不错的公众人物（从其能取得的成就来看，他们往往也算“善人”了），我们这些“不善人”偏向于选择更加苛求他，而不是学习他的优点，损失的是我们自己的机会，这就是“不善人”普遍的短板。对应而言，老子强调的是，即便是“不善人”，也都有值得“善人”借鉴和学习的地方。两相对比，这个差距，是多么的大？

人们容易把“善人”过度理想化，要求他们是完美的，这是“不善人”自己的错误。巴菲特的孩子遇到车祸，有人告诉他时，巴菲特头也没抬，第二天才有所反应。比尔·盖茨的婚姻晚节不保，华盛顿曾蓄黑奴等，这些成功的人在德行上确实不完美，但是有缺陷是生而为人的重要特征之一。对自己，我们当然是要谨言慎行，尽量修行，减少弱点，这就是严于律己。而对于我们看待其他人，无论是看待“善人”还是“不善人”，却要尽量发现和学习他们的优点，而不是死盯着找他们的缺点来使得自己心理平衡，并以此可以心安理得地继续沉沦。可见，宽以待人，并能够发现和学习“善人”和“不善人”的优点，本身也是一种修行，而由此获得的提升，就是对修行者最大的福报。可惜在生活中，“不善人”在这方面最容易犯错误，使得他们自己困在了自己作为“不善人”的“刍狗”格局之内。所以，老子在结尾写到，做不到这个境界，则是“虽智大迷”（看似绝顶聪明其实是个大糊涂）。反之，要做到宽以待人且“三人行皆是我师”，是谓“要妙”（是精深微妙的道理）！

用《接化发》来读书

《道德经》第十一章

《道德经》第四十八章

薛涛解析管理之道与认知之得

ANALYSIS OF "TAO" IN MANAGEMENT AND "TE" IN COGNITION

原文

三十辐，共一毂，当其无，有车之用。

埏埴以为器，当其无，有器之用。

凿户牖以为室，当其无，有室之用。

故有之以为利，无之以为用。

译文

三十根辐条汇集到毂的孔洞当中，有了车毂中空的地方，才有车的作用。

揉和陶土做成器皿，有了器具中空的地方，才有器皿的作用。

开凿门窗建造房屋，有了门窗四壁内的空虚部分，才有房屋的作用。

所以，“有”给人便利，“无”发挥了它的作用。

本章前面洋洋洒洒大部分都是在用形象的表达来描述抽象的“有”与“无”，不需要逐句解释。全章最重要的就是“有之以为利，无之以为用”，这就是现代汉语中“利用”一词的由来，而这个词也在合并后失去了其原有内涵。我们现在使用的文字和我们曾经故去的一个世纪一样，都在一定程度上切断了我们和古人的文化联系，令人遗憾。细节此处不表，各自体会。

那么，如何从管理学角度理解这句话呢？

在工作生活中，我们容易看到“有”的作用，而忘记“无”的功效。比如管理中，迷信制度的刚性，而忽略企业文化的软作用。一些可持续性强的企业（未必一定要大），我有意识地深入研究它，就会发现其软文化中迷人的部分，而这些往往被他人所忽视。我们更容易将一个企业的成功，归因于显性的战略定位、用人策略、组织结构、管理制度、商业模式和市场能力；却不知道着眼于长期主义的企业文化，如空气般充斥在企业内部，看似无可作为却又无所不在，往往它才是这个企业的某种被忽视的核心竞争力，也是区别于其他对手的最难复制的护城河之一。这也是为什么每次公司年会，我报告的主题都是放在提高员工“认知”这件事上的原因。

在企业发展战略中一味地四处做强，往往不智。留白对文艺作品、对个人和对企业都一样重要，有所为有所不为，企业在战略上需要“知止”的核心原因是企业家本人阶段性的能力瓶颈和精力限制，“强梁者不得其死”。强调“空”的作用，强调“虚”的力量，是《道德经》全文里相当普遍的存在。为何很多企业家不明白“知止”，缺乏理智并不是唯一的原因，不懂心的力量，不懂艺术和缺乏“文化”，也是如此。因为“美”有一种力量叫“克制”，所以美以其“知止”而通着“善”，“止于至善”的善由此和“致良知”的善合二为一。

我最爱的舒伯特和布鲁克纳的未完成的交响曲，以及维纳斯的雕像都在告诉我们，艺术中残缺就是一种美。短板在企业中也是有价值的，而不应该盲目地都去补齐。原因在于为了提高效率和错位竞争，需要长板永生。为了长板永生，就要聚焦核心能力培养。而企业的资源和能力是有限的，聚焦长板，短板自然也就无须也无法去补齐了。

以“有”“无”比拟，长板就是企业的“有”，而短板就是企业的“无”。短板一定是某个企业（也包括个人）的缺陷吗？实际上并不是。在这个时代中，单打独斗很难成就优秀企业，生态合作成为主流，而生态合作中，企业“无”的价值就凸显而出。在企业合作中，可以理解为长板（有）为企业自身被对方所需要的基础，而企业自身的短板（无）则恰恰是对方被你需要的理由，由此，双方可以实现短板的弥补和长板的对应。

以环保行业为例，在E20对环保企业的分类中，A类、B类为重资产投资运营企业，投资是其长板，技术为其短板，与C类、D类的技术企业进行生态合作应该是AB类企业不变的战略。如果AB类企业超越了集成应用的需要而硬去大量发展细节技术和装备，必然打破原有健康的生态并且把自己逼入低效率区间。这就是《道德经》第六十一章里提到“故大邦以下小邦，则取小邦”。又比如，由于E20在环保产业圈独一无二的入口作用，我们每天都会接到其他组织来找E20合作的邀约。为了提高效率、避免无谓的交谈，我总结了“合作前置三原则”做分选之用：核心利益是否冲突；彼此长短是否互补；可否创造增量供分享。这个也可以适用于其他企业对合作伙伴的选择，甚至个人生活中对朋友的选择。

《说文解字》中对“利”字的解释为：“利者，左禾右刃，用自身所长方得可收割之利。”这个也很重要，若自己无稳定的长板价值，合作目的自然也无法达成，于企业是合而无作（用），无意义；于个人，这种就是大家说的盲目攀附的无效社交。所以，我们做企业的不要因为你看到了什么商机就到处找人凑局、补齐能力想赚钱，这样往往是白花功夫。因为在内卷的时代，只比别人先看见一点点是没有意义的。想明白在这个商机里，自己有什么长板和优势不可替代，才是你去邀请其他伙伴来合作生财的基本出发点。这样，你也不会在后期的项目实施中被踢出去而妄自伤悲。同样，对于个人成长来说，一个人与其时时刻意维护人脉、攀附贵人，不如把精力更多用在做强自己，花香蝶自来。做强自己的各种路径中，提高自己的认知，并且将其不时“奉”出来，能非常有效让一个人聚集到既优秀又善意的人脉。这是我个人的体会，也是我反复强调《道德经》第七十七章是最容易带来价值、我也将其作为第一篇进行解读的原因。

《道德经》第四十八章

原文

为学日益，为道日损。损之又损，以至于无为。
无为而无不为。取天下常以无事，及其有事，不足以取天下。

译文

求学是知识一天比一天增加，求道则是欲念一天比一天减少。减少又减少，到最后以至于“无为”的境地。如果能够做到不妄为，任何事情就都可以有所作为。治理国家的人，要经常以不骚扰人民为治国之本。如果经常以繁苛之政扰害民众，那就不配治理国家了。

说到这段，首先我想起庄子在《养生主》中的一句名言，“吾生也有涯，而知也无涯，以有涯随无涯，殆已。”很多人解读出这段话表面的消极意思，“反正知识也学不完，何必呢？”然而，在我看来，庄子想说的是，知识是无限的，你以有限的生命去追逐知识本身，如果不能突破它而被知识所控制，是没有希望的。你必须掌握的应该是“认知”，而不是知识本身。

鲁迅曾说：“读书虽要读，但不能死读，为了书丧失生命，这样值得吗？”学习知识，只是你提高认知的一种手段，但是不要把手段当作目的，从而变成了知识的奴隶，被书奴隶成了“孔乙己”，尤其对于管理学这种与人相关的知识而言特别需要反思。

为了透析读书和认知之间的关系，本书中，我定义了“人书金字塔”的认知分析工具，对世界的认知分为公理、定理、变换公式、代入演算四阶，越高阶的知识价值越大，越需要通过知行合一来掌握并化为己有。限于篇幅，在对《道德经》第五十四章的解读里我会重点分析这个工具。

细细分析，学习是一个“接化发”[1]的过程，“接”书的量，最好要和“化”（结合实践经验的思辨）一致，否则就会产生积食，就是食古不化。而“发”，就是运用它。没有进一步地实践，“化”也是做不到的。所以，最终应该是以“发”定“化”，以“化”定“接”，才是“知行合一”的内在逻辑，就像我们环保圈说的“以水定城”，是一个道理。

解读完庄子的这一段话，再来看本章，老子的原意就很容易理解到了。“为学”如果只为求“知识”而不为求“认知”，就会有可能读过的书越来越多，掌握的知识也越来越多，但最后都是积压在脑子中。只有“求道”求认知的人，通过“接化发”，一方面把书越读越薄，避免了“为学日益”，一方面在正确的方向上“知行合一”，自己的欲望也越来越少，达到了无私，并摸到了“道”的境界，最终将自身修为达到“无为”的状态。

从老庄的两篇文章对比中可以看到，如果一个人学习不是以提高“认知”为目的，所学习的经验知识掌握的越多，除了前面所述的积食之弊，还有可能导致私欲妄见反而更会层出不穷。比如我们生活中就有这样的人，读了很多书，但都是自己被书里的见解所左右，满足于越看越厚（因为不去求真，就会是知识的堆砌），并且洋

---

〔1〕接化发，中国传统武术招式，原指“接招＋化解＋发功”，主要用于太极拳中，因被网络武术名人马保国提及而成为网络热梗，广为人知。这里被作者化用泛指读书学习的方法。

洋自得、居高临下地急于把这些别人的见解秀给大家，私心里是为了显摆自己的博学。战国时代的赵括和三国时代的马谡，也许就是这样一种人。这种人，就是高“认知”的穷人。原因在何处呢？

首先，看他们的过去，都缺乏知行合一中的一个以从无到有的实践行动而为其打造的“认知基座”。其次，他们读的书，或者于现在而言学习的大量网上的课程和大咖的研究，都不会针对他的具体情况，告诉他应该在什么场合做什么事。因为他们的商业模式，就是用几千元的门票或APP收费推出普适性的课程，所以他们没有时间去了解学员本身的内因和外势。

我在E20培训班课程上曾讲，我们只是催化师，而不是能直接给你答案的人。你如果学会思辨，就可以不相信我，也不需要相信我的书。我最近才知道，这种方式和苏格拉底是一样的。他的教学法，就是通过问答，让学生习惯于反复思辨，找到自己内心的答案和世界的真相，而不是听他本人说什么。然而，大部分拥趸却是死读书或者去追这些所谓的网红大咖，沉迷于一本本书或者一个个得到的知识，结果就成为高知识的穷人。因为他们没有以“接化发”来获得认知，只是在收藏知识。

当然更严重的是读书的初始目的就不端，仅为了求富贵而不是求善，书读得好危害反而更大。历代的奸臣无不是通过读书上来的，却恰恰成了更大的恶。可见，朱熹和王阳明的“格物”之争，王阳明更高明的原因就是如此。读书的第一目的，一定是为了求真、求善、求美。无它。

再来谈“三生万物”。“接化发”的三阶段，和“认知三格”的循环的同频，是知行合一的真谛。而“知行合一”“止于至善”和“致良知”[1]三者也是循环的密不可分，这就是王阳明心学的伟大之处。就如我的前言所说，书里本就没有黄金屋，书首先必须用“善”的立意去读，即致良知；其次书需要在运用中来读，在世事上磨，知行合一，方能把书读薄，去求得书背后揭示的大道至简的基本规律，两格相加，才能使得做事和思考都止于至善，即做到刚刚好的中庸；最后面对挑战

[1] 知行合一、致良知，是明朝思想家王守仁（号阳明）所创“阳明心学”的核心思想，即认识事物的道理与实行其事密不可分，凡事物均可致知。

通过“二生三”般的“破格”（创新），获得个人在方法论和认知上的大突破。这时候，你读到的书中之学已经转换为你心中之道，你体会到因私欲的减弱而逐渐触摸到“无为”境界的感觉，你的格局和认知力，使得你可以偶尔触摸到无所不为的“圣人”境界。王阳明先生已经用他传奇的一生证明了这一切。

“取天下常以无事，及其有事，不足以取天下”，说到了治理国家，在国家的发展过程中，不改革是不行的，但改革也会面临很多难题。特别是当权责分离时，就有人会慷他人之慨。所以改革并不是万能的，做改革必须要相当谨慎，做好相应的推演。

恰如我在自己的第一本书《涛似连山喷雪来——薛涛解析中国式环保 PPP》中引用印度社会学家巴苏在其著作《政策制定的艺术》的话，“政策制定者需要具有二阶思考能力”，即认真推演政策在市场中实际的各种可能结果后方能开始实施。

《道德经》第六十章的“治大国，若烹小鲜”，说的也是同样的道理。

二十年前一部简单的特许经营管理办法，使得环保行业的市场化欣欣向荣，并促成了环保产业二十年的大发展。对比特许经营的文件，文字量多十倍不止的 PPP 规章最终的实施效果，真是云泥之别。前后对比，这个对环保行业造成重大负面影响的鲜活例子，生动地说明了老子治国理念的科学性，以及“有”对智慧的压制甚至使得智慧成为为恶工具的可能，这都是老子反复强调无为治国的原因。当下，如何正确地发起改革，值得主政者反复思考。

不争的第一性原理

《道德经》第六十四章

《道德经》第六十八章

薛涛解析管理之道与认知之得

ANALYSIS OF "TAO" IN MANAGEMENT AND "TE" IN COGNITION

原文

其安易持，其未兆易谋。其脆易泮，其微易散。为之于未有，治之于未乱。
合抱之木，生于毫末；九层之台，起于累土；千里之行，始于足下。
为者败之，执者失之。是以圣人无为故无败，无执故无失。
民之从事，常于几成而败之。慎终如始，则无败事。
是以圣人欲不欲，不贵难得之货；学不学，复众人之所过，以辅万物之自然而不敢为。

译文

局面安定时容易保持和维护，事情没有出现迹象时容易图谋；事物脆弱时容易消解；事物细微时容易散失；做事情要在它尚未发生以前就处理妥当；治理国政，要在祸乱没有产生以前就早做准备。合抱的大树，生长于细小的萌芽；九层的高台，筑起于每一堆泥土；千里的远行，是从脚下第一步开始走出来的。强行妄为将会招致失败，有所执着的将会遭受损害。因此圣人不妄为所以也不会招致失败，无所执着所以也不遭受损害。人们做事情，总是在快要成功时失败。如果当事情快要完成的时候，也像开始时那样慎重，就没有办不成的事情。因此，有道的圣人追求人所不追求的，不稀罕难以得到的货物；学习别人所不学习的，补救众人犯的过错，以辅助万物的自然本性而不妄加干预。

本章是《道德经》中较为有名的一章，不少词句成为千古名言。总体含义清晰，可以缩写为“谨慎”二字。但想要挖掘更多、更深的含义，就需要一句句精读。

“其安易持”，局面安定的时候容易保持和维护，事物在处于平衡态的时候，只需要较小的力量就可以维持平衡，就像从物理学角度看圆弧顶的铁球，真是万法归一，大道相通，皆为大美。在个人生活和企业管理上，平时需要谨言慎行、防微杜渐，这样你反而可以较轻松地维持生活的平衡或企业的稳定，如果等到出了乱子才开始慌里慌张各种找补，只会更加费力，这也是大部分人感觉“福无双至、祸不单行”的原因——因为普通人容易在顺境中放纵轻浮，到了坏事临头又气急败坏，无法有效思考，处于低效的拆东补西的忙碌中，四处灭火，捉襟见肘。

在个人或企业处于顺境的时候，“有道者”不需要做太多具体的大动作，静下心在高处观察和反思自己或企业，才可能发现些许的、隐藏的危险并将之消灭于无形中，即为“其未兆易谋”。这种对平衡之美的精心维护，花费的力量是最小的，也是最和谐的。做个“有道者”修习“认知”，就能避免“福无双至，祸不单行”的情况发生，就像冥冥中改变了命运，所以，“报怨以德，安可以为善？”

“其脆易泮，其微易散”是对上两句进一步的解释。因为隐藏的、造成乱子的因子还没强大起来，在其脆弱细微的时候你可以轻易地消解它，所以要尽早地发现这样的风险并去除它，即为“为之于未有，治之于未乱”。

生活中一个简单的例子就是保护牙齿，我为此编了个顺口溜：“种不如冠，冠不如补，补不如洗，洗还要刷。”保护牙齿每个阶梯的成本和痛苦都是以十倍计的，也是这个“弱强转换”的变换公式级别的规律在生活中的体现。在组织管理中，更是如此，这时候需要管理者有放大镜，能够以小见大。根据“阴阳全谱论”（我的定义：生活中任何矛盾体皆可分阴阳，阴者往往不受重视，却有大益处），《道德经》里的小、无、弱、虚都是阴性的词汇。其中最难理解又最重要的是“小”，因为它是众眇之门：“朴虽小，天下不敢臣”“常无欲，可名于小”“见小曰明”。

管理有“四镜”：放大镜、望远镜、人像镜和反光镜。

放大镜，指的是靠管理者洞察人心和工作生活中一些琐碎细节中的暗号，才能防微杜渐，而且只有从人性入手辅以“做菜谱”的手段（即将问题的归因、流程和经验进行总结、整理和归纳），才能一针见血、药到病除，甚至还能够以小见远，此即为“眇”。

望远镜，就是确定和矫正战略目标的能力，是某种组合的放大镜，区别是望远镜看的是远处的众生相。战略分析准确不准确，不靠聪明的商学院毕业生，他们只能提供最基础的数据。高层管理者积淀的，是在跟对手无数的“有”和“无”的博弈中形成的如卫星图片模样的宏观感知，并做出“心观”[1]般的直觉判断。此，

[1] 心观，是佛教术语，指天台宗圆教的一心三观，即空、假、中三观融于一心，举一观而圆具三观。按佛教说法，肉眼的洞察，只能看到表皮，心观才能洞察真谛。

也是"眇"。

人像镜，则要管理者建立归因于己的习惯：逢难尽向内求，平视偶有自省。"自知者明"，才有可能做到稻盛和夫所言的持续"精进"[1]。

最后一个是反光镜。管理者不能只看前方，偶尔要学会回顾历史，在更长的时间变化中找到人性的规律。短的几十年从市场变幻和企业发展沿革中找规律，高手则可读千年古籍看恒古之律动。

本质上，"四镜"洞穿的都是人性，都是"微眇"之"小"：有的小，来自组织内的杂乱；有的小，来自对历史的回望；有的小，则是因为内观之难，需要抓住心灵的缝隙。仅有"眇"之小与"无"能写入《道德经》第一章，可知小的地位。因为这就是人性本身的特质，而管理的本质恰好就是人性之事。本章全文无处提小，却处处不是小事。做人也一样，那些举止中看似毫不起眼的琐碎，实则映射了你的处事态度；感情生活更是如此，都是以小见大，把小事不当回事，几乎是所有挫折的来源。

"合抱之木，生于毫末；九层之台，起于累土；千里之行，始于足下"，这几句本来是承接上文含义，还是在讲要将灾祸消弭于早期，但是现在我们却更多用来表示：要想成功，需要一个长期积累的过程。所以读到此处时，注意回归其本意。

下一句"为者败之，执者失之，是以圣人无为故无败，无执故无失"，就不太好懂了，此句也是本文最关键的转折之处，堪为题眼。我一直反复强调，将老子的本意解读为"躺平"，是俗世间的一种低级的误解，也是没有意义的一种解读。老子的"无为"思想贯穿在《道德经》各个角落，理解它不能仅停留在文字表面。所谓"为者败之"，前提是此"为"无"道"，为做而做，为欲而做，做得越多，败得越多。读懂了老子所说的"无为"，不是什么都不做，而是要做"无私"之为，做"大道至简"之为，做深思熟虑后的谨慎之为，是无"违"，要"为"但不可违

[1] "精进"是日本知名企业家稻盛和夫在管理方面的核心概念之一。他提出有"六项精进"是搞好企业经营所必需的最基本条件，也是我们度过美好人生必须遵守的最基本条件。这"六项精进"具体指：付出不亚于任何人的努力；要谦虚，不要骄傲；每天反省；活着，就要感谢；积善行，思利他；不要有感性的烦恼。

反“道”，做到这样的“无为”方能不败。

“执”在《道德经》中出现的次数不多，可以理解为佛教中的执念，梵语abhinives/a，指由虚妄分别之心，对事物或事理固执不舍，又称迷执、执着、计着、着，本质上“执”就是因“有”的自私而起。破“执”需要从“无”做起，做到“无我”，即“无私”，执念之困也就迎刃而解了。

2015年我在E20环境平台的员工讲话中曾分享过《因玩而坚韧》的主题，在那里谈到了如何破执。虽然当时还没有开始读《道德经》，现在看来思想完全暗合。自己野球拳练出来的个人和组织管理方法，和本书里体会到的“道”也是一样的。但是野球拳是自己不看书而练出来的，才感觉十分趁手。现在看这是误打误撞地打造了“认知基座”，对四十岁后才开始认真读书的我而言，效率极高。在上述分享中我还说：换位需要“无私”才能做到，破坚韧的玩心同样需要放下本我之急于求成之欲，保持好奇心并寻找做事的乐趣。在确定目标后不以迅速达到目标为要求，需要有更高的格局，学会放下得失心去享受过程，持续找到工作中的乐趣，就总会有机会体验破关的快感。急于追求财物则财物反而不易得，急于追求幸福则幸福反而抓不住，这就是过于在乎目标的尽快得到，而使得内心的欲之期望不可控产生过度焦虑，容易动作变形更易失败，所以“为者败之，执者失之”。现在看来，这里面有阳明心学，有我定义的“认知三格”，更有《道德经》里不少道理。生活中由于这种巧合反复出现，就会让自己出现对“道”产生了“信”[1]的状态。

读到“常以几成而败之”这句，再次对老祖宗的智慧惊为天人。之所以事情在接近成功时最容易失败，主要原因是我们开始傲慢大意了，所以必须“慎终如始”。但是，这种在全过程尤其是即将成功的最后时段需要刻意反复提醒自己的做法，其实还是一种较低阶的应对之法，本质上是自身修为还没有摆脱“刍狗”的水平——因欲而被趋，因外物而心乱。

老子紧接着说，真正的“有道者”，应该是“欲不欲，不贵难得之货；学不学，

[1]佛教非常强调“信”的重要性，成佛的首要前提就是要“信”。《华严经》里也说：“信为无上菩提本，长养一切诸善根。”

复众人之所过”。此句前半部分比较好理解，“欲不欲”，就是前面说的，不要把确定的目标变成自己的压力和焦虑，要忘记欲望，更不值得一提的是里面的物质（财）的价值，关注脚下的路途和个人的能力提升，才能度过相持阶段乃至个人成长的路途折磨。

后半部分是关键。“学不学”是什么意思？就是要用大家现在都还不习惯的修认知的方法学习，而不是简单学知识乃至读死书，这样才能“知行合一”，学到真认知，才能弥补大部分人的错误。

我个人的体会是，为了避免焦虑，我们年轻的时候多少都会有些休闲爱好，把这些爱好也用于修认知，这种学“不学”，也可以对自己的前途带来好处：比如顺便发现隐藏的长板，比如为某种自己不知道的机会做好了准备，玩物不丧志，也是“学不学”。无论读死书，还是真的玩物丧志、沉迷逃避，都是普通人常犯的错误。前者是态度有为但效果不理想，后者是真的无为，都是老子所不喜的。可见，无为之为，要的就是一种符合道而得高效之美的境界，就是上善若水的那种流动之美，大家也可以从太极拳的形态中感知到。

《道德经》第六十八章

原文

善为士者，不武；善战者，不怒；善胜敌者，不与；善用人者，为之下。是谓不争之德，是谓用人，是谓配天，古之极也。

译文

善于带兵打仗的将帅，不逞其勇武；善于打仗的人，不轻易动怒（或被激怒）；善于胜敌的人，不与敌人正面冲突；善于用人的人，对人谦下。这叫作不与人争的品德，这叫作运用别人的能力，这叫作符合自然的道理。

前三句的意思也很好理解，很多解读将其与《孙子兵法》做比较，其实低估了老子。老子关心的，是“有道者”个人成长修炼所需的品性。当然，这三句体现的定理级的阴阳玄同，确实在企业管理中可以有很多运用，比如最近流行的“第一性原理”。在马斯克看来，运用第一性原理，就要摆脱用比较思维去思考问题，“不要以类比方式来推理”，“追索到事情的本质，再从那里思考和判断下去”。为何现在强调第一性原理？因为百年来的科技发展导致专业化分工越来越深入，已经形成“隧道现象”，工科技术知识越来越精深，但视野越来越窄，打破一切专业“束缚”成为技术创新破格的关键。更重要的是，移动互联的 AI 推送模式，也越来越促进信息茧房的形成，让社会上众人的认知水平普遍越来越低。悟透了这一点，给了我们超越他人的机会，这就是《道德经》值得高级管理者深研的原因。

大家看到了马斯克的成就，为什么其他企业就做不到？马斯克曾说：“我个人积累财富的主要原因，是为开发火星旅行技术筹集资金。除为使人类成为多星球物种作出最大贡献外，我个人积累财富没有其他任何动机。”对比马斯克的“为人类”的企业定位，我们绝大部分人的企业定位里，都是过多的“有”，自然就蒙蔽了我们的心智，我们习惯于去争胜，导致迷失在术的诱惑里。德国哲学家叔本华曾说：“世界上最大的监狱，是人的思维意识。”给我们带来痛苦的，是对于过去的悔恨心、对于现世的比较心、对于未来的焦虑心。我们在生活中总是倾向于比较，别人已经做过或者正在做的事情我们也去强做，这样只能纠缠于内卷，不能降维打击。为何人会有那么强烈的比较心？为何大家容易嫉妒或者骄傲，并且由此掩慢自己的进步机会？背后都是来自“有”的虚荣心。由此可见，第一性原理就是用一种“不争”，来破心中之执，才可能在“既要又要”中实现“二生三”的升维。

第四句也很清晰，但是对于学习组织管理而言，十分重要，所以这里有必要专门分析一下它。

能不能用好比自己更强的人，是管理者最重要的考验之一，这个“强”仅仅是某种技能或者在某个具体项目中所需的能力。管理本身，由于管理者自身位置所拥有的视角（比如能参与更高层的会议带来的信息），以及他本应具有的更强的认知力——比如定战略的能力，几乎不存在下属比管理者在管理能力上更强的情况。如果存在，让贤恐怕是唯一正确的选择。这就是华为从 BLM 学到的四大原则之一：

战略是不能授权的[1]。把这个事情想清楚后，管理者就可以坦然地“为之下”了。做好了“为之下”，也就可以发挥下属的长板，做“有道者”级的管理者。

后面的所谓“不争之德”，就和“功成而不处”完全匹配上了。这样的人，才能做到善“用人”，如德鲁克所说的那样，激发团队的善意与潜能。

可见，成为优秀的管理者，首先就是要做到“无”的状态，这个是一种德行上的要求。德不配位，必然带来灾祸。所以我反复强调，格局是认知力的出发点，有道者首先在德行上有更高的追求。如果管理者在管理能力上（不是业务能力）弱于下属，就变成了典型的力不配位（力——认知力）。对此，我在文章《三个近义词还是三个反义词》中有详细拆解。在一个健康的组织中，这样的管理者是无法“合理”地保持自己的位置的。

经过这个解释，就可以明白，“是谓不争之德；是谓用人之力”，短短十二个字，完全浓缩了德鲁克的“知识管理学”系统的精华。值得一提的是，自然界中，也有着大量类似的现象，生态系统的基本特征之一，就是用“他人”之力的利他模式无处不在，也是一种“道法自然”，就是真善美。

可见，哲学、管理学、生态学、物理学、数学等所有人文科学和自然科学的尽头最高处的规律，都是完全一致的，符合道德经、佛经以及其他宗教的要义。“天得一则清，地得一则宁”，就是“万法归一”。那么“一”归何处？《道德经》里道生一，佛经里归于自性。牛顿和爱因斯坦都说“科学的尽头是神学”，说明他们在到达智慧的高点后感悟到的东西也都是一致的。每每体会到这个，我就不由得感受到了《道德经》第一章里“众妙之门”的含义，以及自己从信到不信再到信的隐隐地对“道”的一种心观体验。

---

[1] BLM是由IBM前CEO郭士纳召集IBM的高管、全球顶尖商学院的战略管理大师共同研发形成的战略管理工具包。BLM的四项基本原则为：战略是不能被授权的，战略不是战略部门的事，高层领导一定要参与战略的制定；差距决定了未来的方向，弥补差距，意味着朝着你的目标在迈进；战略与执行紧密整合，战略的制定必须重在结果；终年持续不断，组织学习是持续不断的过程。

《道德经》是老子的自传

《道德经》第二十章

《道德经》第五十八章

原文

绝学无忧。唯之与阿，相去几何？善之与恶，相去若何？人之所畏，不可不畏。荒兮，其未央哉！

众人熙熙，如享太牢，如春登台。

我独泊兮，其未兆，如婴儿之未孩。

儽儽兮，若无所归。

众人皆有余，而我独若遗。我愚人之心也哉，沌沌兮！

俗人昭昭，我独昏昏；俗人察察，我独闷闷。澹兮其若海，飂兮若无止。众人皆有以，而我独顽且鄙。

我独异于人，而贵食母。

译文

弃绝世俗之学可无搅扰。顺从和违拗，相差有多远？美好和丑恶，相差有多远？别人所畏惧的，自己也不可不畏惧。精神领域开阔，就好像没有尽头的样子。众人兴高采烈，就像参加盛大的宴会享受丰盛的筵席，又像风和日丽之时登上高台观赏美景。而我却独自淡泊宁静，不显行迹，有如初生的婴儿连笑也不会笑。疲倦闲散啊，或像长途跋涉的游子还没有归宿。众人的东西多得用不完，我却显得“不足”的样子。我真是愚人心肠啊，混沌无知。当别人都光耀自炫的时候，只有我昏昏昧昧；当别人都精明灵巧的时候，只有我无所识别。沉静的样子，就像大海一样；潇洒飘逸感觉没有止境。众人好像都很有作为，只有我显得愚昧笨拙。我和众人如此不同，因为我以守“道”为贵。

《道德经》中的文风，特别抽象的和特别形象的，各有一些。本章就是特别形象类的一种。更重要的是，本章是大量用“我”这个字来进行形象类描述的唯一一篇。这个就是理解本文的题眼。“我”是谁？还是全书中其他的“我”较常见的泛指圣人吗？对比《道德经》全书其他多处“我”的使用，明显感觉不对。把本文背在心里，用心体会，那个骑牛老子的形象跃然脑中，“西望瑶池降王母，东来紫气满函关”（杜甫《秋兴八首》），喔，原来这就是老子本人，他偷偷地，有点幽默调皮地在说自己，没正经、够自恋！我读到此处突发奇想，我这本书，是不是也可以和老子喜欢做的一样，找到某些角落偷偷大胆地说说自己。

“唯之与阿，相去几何？善之与恶，相去若何？人之所畏，不可不畏”可为第一组，前两对看似两端相反的事物，差别就在一线间。比如善恶，“佛魔一念”，初心的一点点不同，就可以使最终的行为在善恶上云泥两端。比如为人民的大善与为成就自己的大恶，本质上也可以十分接近，即无穷远处直线相交。这种看似两极的转化，类似阴阳的转换，无处不在。

在组织管理中，属下貌似顺从，实际上可能是违拗的，两者外表差别微小，管理者本身也不易察觉。在严格执行各项规章制度的背后，“摸鱼”的情况已经无处不在。管理者也许过度依赖了规章流程和其他形式主义管理的作用：出工不出勤，低效的大型会议，PPT 的各种表演，“我知道你知道我知道你在骗我”，这些现象已经充斥在组织内部的各个角落，体制内由于其特殊性更易出现这种现象。究其本质，是管理者对被管理者的人性的失控，是管理者失“道”的特征之一。

2019 年，俞敏洪曾经炮轰新东方的 PPT 文化，对此，我曾在《学习管理（学）容易忽略的三个常识》里提出了不同的意见：PPT 本身没有善恶，是使用它的人的初心出了问题。之所以被管理者的初心出了问题，根本原因是管理者本身的懒惰和傲慢所导致的——这也是《道德经》反复提醒，需要修道者摒弃的。如何找到根本的原因并针对性地解决它，企业家要具有基于对人性洞察的判断力。

但是三年后的今天，我觉得首先管理者应该能有“归因于己”的心态。俞敏洪首先要想到，凡是企业内部出现问题，大概率是他自己出了问题。有这样的出发点，“清明”也就自然跟随他左右了。一个万事都能首先归因于己，并由此做出积极思考和灵动改变的人，就是本章最后所说的那种“独异于人，而贵求食于母”的“有道者”。

《孟子·离娄上》：“行有不得者，皆反求诸己，其身正而天下归之。”归因于己，是一个人取得精进的最基本的条件，就是“见小曰明”。凡是严以待人，或者有事第一反应就强调客观原因和推脱责任的，基本都不是可造之材，很难成为管理者的培养对象。

归因于己，不但像我们通常想到的，既可以是向下负责模式的出发点，也可以是学会向上管理的重要入口。对于后者，以权谋之术谋求个人发展者，易将“忠诚”作为个人升迁的阶梯，但是忠，是建立在对人依附的逻辑上的，所以，老子说“国家昏乱，有忠臣”。

但优秀的管理者，恰恰应该回避下属对其个人的依附，因为那必然带来不公平和对更高层级不忠的风险，使得自己处于两难的境地。管理者应该对其下级，坚持“不仁”，面对下属过度的归属感而变成个人的忠诚依附，需要一种“既要又要”的升维能力来解决它。

作为习惯于“归因于己”方式的管理者，要走解铃还须系铃人的路子，将部门目标更精准地匹配公司的整体目标，将员工追求的具体工作目标匹配公司整体目标下的部门目标，将琐碎的物质欲望尽量地升级到格物致知的人生大满足，才能最终化解这个“忠”的危机。究其本质，都是在解决“有”“无”的失“和”问题。

有人说，如果上级管理者嫌弃其下一级管理者所带团队的忠诚度太高，是上级管理者的心胸狭窄。我的体会是一个人总是不该去要求别人（老子也是这个思维），解决方案永远在这位下级管理者自身的大道阳谋，和归因于己的事在人为。有道者可以成功的关键就是能够以其发心的善，有逻辑的智，换位的锐，对大势的明，来与上级沟通并促进上一级管理者的精进，优化自己上下左右四方的最佳微环境，这是向上管理的境界。德鲁克说的激发团队的善意，一般人都认为是激发下属的善意，却不知道其实是激发四方的善意。“善意”这个词换成“潜能”也是如此，换成“共成长”也是如此，只是难度更高，需要心智更清明。

所以，下级管理者首先要做到平视上级，不以上级为神，不以为上级知所有事，不以为上级能做所有事，不以为上级能宽恕所有事。能做到平视上级的基础，还是着力于其“认知三格”的第一格，初心是为了企业的整体利益。最终这样做的结果，一定是对四方和自己而言的相互成就，唯此，组织方能创造卓越。

“唯之与阿，相去几何？”可以理解为，领导和下属，能有什么区别？恰恰我们总是低看下属，仰视领导，才使得组织低效而不和。为求做到平视上下，就需要“反者道之动”的向上管理，对下负责。圣人常善救人，故无弃人，人之不善，何弃之有？

对于“人之所畏，不可不畏”，从字面理解，就是人生要有所敬畏，首先要敬畏百姓们都明白的生活中的各项常识和公序良俗。这句话的“论语”味道很足，放在这里转折得有些突然，其实也不尽然。虽然《道德经》和《论语》读起来截然不同，但是老子并不反对人生中那些基本的原则，所谓“一屋不扫何以扫天下”，连最基本的做人都做不好，还有什么资格来学习《道德经》？所以说《论语》是粮店，是必需。《道德经》里强调了这个基础。

当然，作为针对高级管理者的书，仅做到这些公序良俗是不够的。如果是虚伪地去做到的话，更是适得其反。

放到上下文中理解，此处背后的含义还有一层，是老子在提醒修道者要做到和光同尘，既要做到后文中内心的卓然不群，又要让身边的人并不感到别扭，忌讳的是处处要显示自己的高明和清高，甚至居高临下地布道，那只是对自己自私的潜在虚荣的满足，这是老子一直反感的。

这种细微的差别，也是前文“善之与恶，相去若何”所述的道理。这样文章上下就一致了。可见本章行文看似浅显，但要读透，也颇有挑战。

后面大段形象的描述，就比较好理解了：百姓（刍狗）们在物欲中享受着，放纵着自己的情绪，“有道者”的乐趣却并不在此。俗人们以自己世俗的成功（比如赚到很多钱）而认为自己明白了世间的各种道理并沾沾自喜，而“有道者”却明白“知道的越多，不明白的就更多”的哲理（认知之圆[1]，越大越空），谨小慎微地保持着一直思考的习惯。“有道者”不为外界的得失而迷失自我，力求保持内心求道的纯净，如婴儿般物我两忘。老子认为，一旦婴儿长大为孩童，很多从心而发的天然能力就失去了。结尾的总结，即便“有道者”不刻意去表现，但还是如此不同，因为他的格局是以守道为贵，并由此深知自身的渺小，是以可以一直保持着“虚”

---

〔1〕认知之圆，指如果把人的知识比喻为一个圆，圆圈外是未知的领域，圆圈内是已知的领域，一个人知道的越多，圆圈就会越大，与未知领域接触的空间也就越多，感受到的未知世界也越大。

的状态，从而不断“精进”。

《道德经》第五十八章

原文

其政闷闷，其民淳淳；其政察察，其民缺缺。
祸兮，福之所倚；福兮，祸之所伏。孰知其极？其无正。正复为奇，善复为妖。人之迷，其日固久。
是以圣人方而不割，廉而不刿，直而不肆，光而不耀。

译文

治理天下以宽大为怀，百姓就会忠厚淳朴；治理天下过于严酷，百姓就会狡诈。灾祸啊，幸福就倚傍在它里面；幸福啊，灾祸就暗藏在其中。这种得失祸福循环，谁能知道它们的究竟？它们并没有一个确定的标准。正忽然转变为邪，善忽然转变为恶。世人看不透这个道理，迷惑的时间已经太久了。因此，有道的人处事方正并不显得生硬，虽有棱角也不会伤人，直率但不放肆，明亮而不耀眼。

公司管理不能过于严苛，公司纪律应该有底线，但是如果我们的管理制度是以不信任员工为基础而制定的，那么就是在激发恶，就会让员工对工作和公司的态度不够积极，甚至使其忠诚度变成一种表演。

当然，万事有度，制度本身没有错，制度和文化的前阳后阴的玄同，是管理中一个重要的命题。德鲁克之所以横空出世，其知识管理理论就是在强调制度之外的人性作用，和老子的思想有相当的吻合之处。

福祸循环，类似“损之而益，或益之而损”，都是阴阳玄同定理之下的变换式。真正从“道”的角度理解，阴有阳而存，福因祸而生，福祸本就是一体，它们都是一体的两面，并无好坏之分，因为我们自己思考的本位而分离，并由此使得祸给我们带来了偏执和痛苦。这种情绪，恰恰影响了我们的智慧，使得我们更不易将祸转化为福。这就是“其无正也。正复为奇，善复为妖。人之迷，其日固久”所要表达的意思。

最后，老子说，圣人应该做到的是“方而不割，廉而不刿，直而不肆，光而不耀”，这几句写得太好了。虽然说作为凡夫俗子，做不到老子所言的圣人的境界，但是趋近这十六个字，却还是有机会的。首先做到是非分明，需要认知中有格局、有原则且有分辨力。

但是，当一个人同时能心怀慈悲并做到尽量地无私和谦逊，就具备了换位思考能力，他在心中是非分明的同时，外在方面也会表现出圆融。有些事看得真切他会选择不说，对更重要的一些事，更高级的做法则是换一种说法，因为他能体恤“百姓”和世间的各种不易。

法国人托利得有一个心理学定律：看一个人的智力是否优越，可以看他的大脑是否能够同时容纳两种相反的想法，而不妨碍他的行为。这种佛学里所称的“圆融”，往往可以使得他在自身“出淤泥而不染”的同时，激发周遭各种不同内心善恶比例的人对他都展示他们各自善意的一面，使得他身边的气场更加和谐顺畅。

所以，虽然其态度廉正，使得他人不敢轻视他（绝大部分人的“刍狗之人性”里隐藏之恶是希望别人一起堕落。就如竹笼里，想往外爬的螃蟹，总是被其他在笼里的螃蟹拉回去），但因其圆融无芒刺，却又不至于激发他人的恶意。

他与人交谈坦率自然，让他人如沐春风，背后的原因是他自己的格局和思维能力（认知水平）能让他在生活中看到和思考到更多有意义和有意思的东西。这样他的表达，也可以说是一种高水平的“奉”，有更多内涵，从而让身边的人收获颇多。这种秉性率真的感觉也会让他收到更多的友谊和善意，因为他关注更多的是更积极阳光和深刻的事物。同时，他的谦虚谨慎、对原则的尊重以及对他人的善意，使得他避免将直率演变成轻浮傲慢而做出放肆过分的行为。

所以这样的人出现在身边，你感觉他就像一盏罩着牛奶纸的明灯，智慧光明，却不炫耀。正像尼采所说：“是金子，就不会闪闪发光。只有这最高贵的金属，才具有柔和的光芒。”老子写这段那么生动，感觉他一定是在描述生活中的某个人，而我相信，那个人就是他自己。

有道德 无仁义

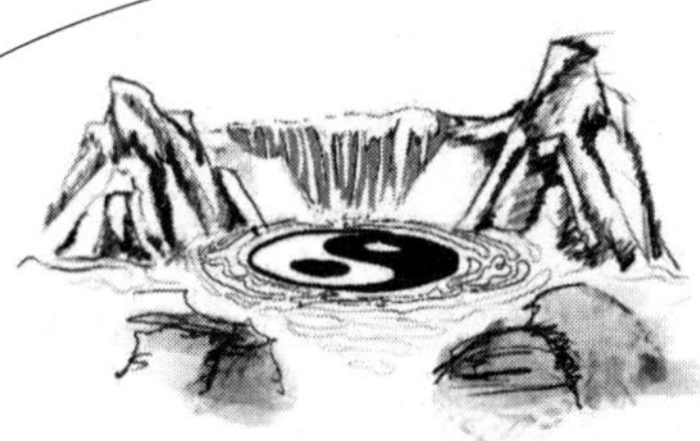

《道德经》第二十八章

《道德经》第三十八章

原文

知其雄，守其雌，为天下谿。为天下谿，常德不离，复归于婴儿。

知其白，守其黑，为天下式。为天下式，常德不忒，复归于无极。知其荣[1]，守其辱，为天下谷。为天下谷，常德乃足，复归于朴。

朴散则为器，圣人用之，则为官长。故大制不割。

译文

知道什么是雄强，却安于雌弱，甘愿做天下的溪涧。甘愿做天下的溪涧，永恒的德就不会流失，而回复到婴孩般的纯真柔和的境地。深知什么是明亮，却安守暗昧，甘愿成为天下的范式。甘愿做天下的范式，永恒的德就不会出差错，而回复到真朴的状态。深知什么是荣耀，却安守卑辱，甘愿做天下的川谷。甘愿做天下的川谷，永恒的德才能充足，而回复到自然本初的纯真状态。真朴的道分散成宇宙万物，有道的人沿用真朴，就会成为百官之长。所以，完善的政治制度是一个体系，不可分割。

解读《道德经》，讲了六集的“道”，这里第一次开始出现“德”，而整个《道德经》也就是从本章开始出现了“德”。合并的词一般都会混淆古意，比如“利用”。“道德”一词也是如此。从《道德经》来看，“德”是修道的过程和阶段，“道”是高于“德”的。求“道”，需要通过“德”的修行来逐步获得。因此，“道”是浑然一体，而“德”是可分的。而“可分可名”，是我们百姓生活与学习的必要基础。我们后人简单理解“德”为德行和社会公德，并合成了“道德”一词，偏离了老子的原意，这是后期儒家思想“教俗化”后的负作用。“道可道，非常道”，由于“道”无法描述，怎么来实践道呢？“德”，就是一种方法。换个角度，也可以把《道德经》里的“德”，理解为通假字“得”，讲如何“得”“道”，并可以名词化，表示“修道”中认知的不同阶段。

---

〔1〕据陈鼓应教授《老子今注今译》（中华书局2020年版）观点，“守其黑，为天下式。为天下式，常德不忒，复归于无极。知其荣”几句疑为后人所窜入。

文章并不难理解：强者不显强，示弱以求天下之道，为达此首先要求“无”去执，需知“知身从缘起，究竟无所著”[1]，由此“复归于朴”，就会保持修行而不迷失，心中如婴儿般纯净。

于管理者而言，什么是“为天下”？在企业整体对外而言就是为客户提供价值，甚至更高阶地为人类提供价值。而组织内部，管理者“为天下”的入口是服务于企业整体的战略目标（当然，也包括前面所述的企业对外的使命），而不是仅仅为其个人或者某个部门服务。组织内达成管理效率的基础，必须来自组织上下共同校准于企业目标而自发性地同步。只有定位于此并且与上下左右达成共识，实现“六和”（身同住，口无诤，意同悦，见同解，戒同修，利同均）[2]，管理者才有机会不用一味对外或对内用强而“守其雌”。对外，如创立 7-eleven 的铃木敏文所说，“我们的敌人不是同行，而是不断变化的客户需求”。此即“上善若水”“将欲取天下而为之，吾见其不得已”。对内，如王传福所说，“管理的极致是取消管理”。也如《道德经》所言，“为而不恃，功成而不处，其不欲见贤”“善为士者，微妙玄通”。

要深入理解知雄守雌背后的原因，可以参考佛学中所讲的“因缘和合”[3]。不同于一般的打工者，面对挑战，企业家往往是没有退路的，所以要无为而为地面对内因和外缘，不能回避。而社会运行单元的企业并不孤立存在，所以我们强调社会责任和商业道德，企业想要在竞争中得到可持续发展，就要实现内外之和。对内对外实际上又是互相关联转化的：比如要对内实现“六和”，并不仅仅靠管理者对内的修为，还需要企业对外竞争时，成功地践行价值观并获取利润（也是“既要又要”），不断取得成功而使得员工形成“信（文化使命）—解（任务分解）—行（战术执行）—证（市场业绩）”的四阶循环，这种动态往复向上的过程，就形成员工与企业的共同成长。对外的可持续成功，表象看要来自王传福所说的“核心技

[1] 此句出自《华严经》，指知道此身是因缘和合的产物，没有什么好执着贪取的。

[2] 此处的“六和”指佛教的“六和敬法则”，出自《华严经》，是佛教团体内部用以合作与管理的行为法则，以加强内部和谐共处。

[3] 因缘和合，为佛教术语。早期佛教认为世界万法都是因缘和合而成，均无其独立自性，因而是不真实的。

术、正确的战略方向、快速的决策机制”的三合一，详细分析，技术服务于战略，是次一等的要素，快速的决策机制就来自组织的六和，以及我在解读《道德经》第五十四章时强调的“无组织决策”的有效性，后者又离不开“道”的制约。

道的不可分割，带来了企业管理内外、文化与制度的整体性，这也是“大制不割”。管理中涉及的要素繁杂，伴随着西式管理科学研究的不断深入，咨询公司喜欢做出越来越复杂的逻辑图来分析它们的相互关系，有时候都能把人看晕了。为了避免迷失在细节里，回到原理上，想要抓住它们的运行轨迹，核心是理解“朴散则为器”。是什么底层的力在驱动这么多要素的互相影响呢？我认为就是人性，是不同而同的“有”和“无”共存驱动的一个个人的个体。虽然康德很早就提出“人就是人，而不是达到任何目的的工具”，但是并没有被践行。德鲁克晚年时候曾感慨，“我这辈子最大的贡献想是帮助过一些好人有效地做正确的事”。这样的感慨，难道不能让我们深思吗？

“知其白，守其黑”，可以把白简单理解为明白清晰，黑则为混沌。在组织内部沟通中，当仅仅涉及个体利益冲突的时候，成熟的职场人往往会选择揣着明白装糊涂，以达成最有益的共同目标为出发点而不是锱铢必究，也算一种“知其白，守其黑”的运用。此外，自负和自卑这样一对矛盾体，会同时存在于一个人身上。黑、白对立看似两极，有时会迅速失衡而发生转化。真正自信的人，才能既拥有“白”的认知和地位，又能谦卑地将自己的身份感（不是认知）留在“黑”的境界里。我们修“认知”是为了让自己明白世间的道理，不应该刻意提醒别人知道“只有我明白这些道理”，而应该做“虚而不屈”“方而不割，廉而不刿，直而不肆，光而不耀”，以免“满招损”。

“为天下式”一词不易理解，需要结合后面紧接着的“常德不忒，复归于无极”来捕捉老子的本意：学习“道”不是为了使得自己显得高人一等；保持敬畏心、平常心，将自己的心态留在“黑”的境界里，同时持续努力“知其白”，才能有资格做“有道者”以“奉”天下。甘愿做表率，明了这是一种责任而不是一种荣耀，也是一种很难拿捏的修行，是一种“德”。持续地做到“德”而不出差错，就能使得“有道者”去趋近“道”的高度。此处的“无极”，是《道德经》中唯一出现的一次。结合第四十章“有生于无”的解读来理解，“无极”就是宇宙最初始的状态，是“一”，是世界万物最本真的原理，是“道”。

详细解读完上面这句，后面的“荣辱”这句就很好理解了。荣辱于婴儿无区别，但“孩”化之后到成人，就有了很大的区别，有了荣辱观，是因为有了私，一瞬间就有了对“荣辱”的区分，由此自私地追求“荣”就会偏离“道”。做“有道者”，就是在自己已经可以分“荣辱”的情况下，让自己居于“辱”的低位，即虚怀若谷，也才是“难得糊涂”的本意。

习惯于“守其辱”，类似一种“弱”，本质就是一种“无”：在工作中，首先要避免倨傲张狂而招祸；在管理中要将功劳归于下属，自然而然地会得到拥戴；在攀登认知的漫长登山途中也就能始终保持谦逊和虚心，也就不易犯“不知道自己不知道”的错误。正像苏格拉底所说，始终自知自己无知。做到这个境界，依然是不分荣辱。“荣辱不惊”，看似回归了婴儿般的模样，却是一次辩证螺旋上升回归。之所以可以做到如此，是因为雌、黑、辱，根据我的“阴阳全谱论”，都是阴性，都易被忽视，都是发挥之则有大裨益。

朴，指未加工的原木，就是“无极”的一种物化的形象比喻，即无名之朴。无极生太极，“朴”也可以分散成为器具，无名之朴分散之后，就化育了万物（“一生二、二生三、三生万物”）。而圣人需要顺应着万物各自的本性去进行管理，于是他成为万物的领袖，成为理想中完美一体化的政治制度的中枢。引申到企业管理，就是我提出的“三 yu”的“御”的境界。

本章多次提到知和行，每个“知”都是容易的，但是能做到后面对应的“行”确实不易，这就是“知易行难”，这个词来自《尚书·说命中》，原文为：“非知之艰，行之惟艰”。“知易行难”指自己（以为）知道一个事情的道理相对容易，真正做起来会困难很多。它提醒了行动的艰难，强调了只有实践过后才会真知道。阳明先生则将知和行这一对矛盾体完全“和”了起来。他说“知、行”原是两个字说一个功夫，这一个功夫须着此两个字，方说得完全无弊病。“知”之真切笃实处，便是“行”；“行”之明觉精察处，便是“知”。“真知”即“所以为行”，“不行不足”谓之“知”。

原文

上德不德，是以有德；下德不失德，是以无德。
上德无为而无以为；下德无为而有以为。[1]
上仁为之而无以为。上义为之而有以为。
上礼为之而莫之应，则攘臂而扔之。
故失道而后德，失德而后仁，失仁而后义，失义而后礼。
夫礼者，忠信之薄，而乱之首。
前识者，道之华，而愚之始。是以大丈夫处其厚，不居其薄；处其实，不居其华。故去彼取此。

译文

上德的人不表现为形式上的德，因此实际上是有德的。下德的人表现为外在的不失德，实际上是没有达到德。上德的人顺应自然无心作为，下德的人顺应自然而有心作为。上仁的人有所作为出于无意，上义的人有所作为却出于

[1] 据陈鼓应《老子今注今译》（中华书局 2020 年版）观点，“下德无为而有以为”为后世衍文，可删，应为“上德、上仁、上义、上礼”四句相应。

有意。上礼的人有所施为而得不到回应，于是扬着胳膊，强迫别人跟随他去行动。从这个道理，我们可以知道，失去了道后才有德，失去德后才有仁，失去仁后才有义，失去义后才是礼。礼这个东西，是忠信不足的产物，是道、德、仁、义变得淡薄时才出现的，是社会动乱的祸首。所谓先知，不过是道的虚华表面，是愚昧的开始。因此，忠信守道的人，为人敦厚而不轻薄，实在而不虚华。所以，应当舍弃轻薄虚华而做到朴实敦厚。

不同于“道”，“德”是分层次的。“上德”之人，不注重形式，不需要刻意表现出来（否则就是图虚名），无心且无为（违）而为之，才符合“道”的要求。“下德”之人（可以理解为是百姓）有意去做到避免失德，却无心且无为（违）而为之，不违反道法自然，除了对外不刻意表现，对内也不刻意改变自己的性格。“下德”之人，有意去有心且无为（违）而为之，由于刻意，也就无法企及“上德”和“道”的境界，因为心里有了“私”。

老子并不完全赞同儒家的思想系统，比如在对待“仁义礼智信”上，老子与儒家的见解是大不相同的。“德之下”，文中又提到了仁、义、礼，但均只有上而无下，可以理解为“道”在“德”之上。“德”分上下，上仁、上义和上礼在上德之下，而下仁、下义和下礼就不值一提了。可见，仁高于义和礼，接近于德。“仁”，按《说文解字》，就是两个人之间的关系。只要有了仁，就有了区分，比如管理者有了偏爱或偏向的下属，就有了不公。所以，虽然不是刻意的（“无以为”），只要对下属有了区分之心，就都是有违“道”的。这一点从我的实操中来看有难度，虽然工作中可以做到不加私情，但是难免有爱才之心。我的粗浅理解是，有爱则必有不爱，小爱不如大爱，主动刻意提携，不如被动地使其从心灵中跟随我会更有效率，而公司提拔则当然必须按能力符合岗位要求为唯一出发点。

义字，按照《说文解字》，指羊在上、我在下，讲的是祭祀和牺牲自己，老子是极其不喜的。牺牲，要求对方“无”，常常是为了满足自己隐藏的“有”，是极大的“恶”。历史中有太多的例子。所以可知，忠、义俩字，对老子来说都是贬义词。礼，以玉器承谷物祭祀，后引申为行为准则和道德规范，教化的目的越来越重。老子认为这是虚伪的，因为很容易让行为者过度强迫别人且因得不到预期而激发其暴君行为，可见老子预判了几百年后政儒合一后出现的“礼教”。

此处对管理的启发是：不能完全依赖刚性制度，也不能以为靠人为的说教就可以得到文化建设的好处。企业文化的产生要从管理者的初心而发，需以上善若水般谨慎慢养，以自我带动，得以“和”“有无”。然而，我观察大部分企业对待文化或者十分草率，或者确实很努力做着企业文化，但不发自内心，忽略了“道”与“德”的精妙与坦诚，由此造成了大量“语言的腐败”，“有为”地引入了虚伪的基因。与其如此，还不如保持没有打造企业文化时的原生的“无为”之态。

“前识者，道之华，而愚之始”，这句容易令人费解，需要结合后文一起来看。在修道的过程中，由于认知的提高，会有一定的“心观力”和预判能力的提升。此处老子又在提醒：为了这些获得而沾沾自喜的时候，就不再“厚实”，这就是回归愚昧的开始，因为“虚”已丧失。

中篇　每过渡头应问法，无妨菩萨是船师

决裂的偶然与必然

《道德经》第二章

《道德经》第八十章

薛涛解析管理之道与认知之得

ANALYSIS OF "TAO" IN MANAGEMENT AND "TE" IN COGNITION

原文

天下皆知美之为美，斯恶已；皆知善之为善，斯不善已。

有无相生，难易相成，长短相形，高下相盈，音声相和，前后相随。

是以圣人处无为之事，行不言之教；万物作而不为始，生而不有，为而不恃，功成而弗居。夫惟弗居，是以不去。

译文

天下的人都知道美之所以为美，丑的观念也就出来了；都知道善之所以为善，恶的观念也就产生了。“有”和“无”互相对立而产生，困难和容易互相矛盾而促成，长和短互相比较才形成，高和下互相对照才有分别，音和声由于对立才显得和谐动听，前和后彼此排列才有顺序。因此，有道的人用“无为”的法则来对待世事，用“不言”的方式施行引领；让万物兴起而不加推动，生养万物而不据为己有；抚育万物但不自恃己能，立下了功勋而不自我夸耀。正因为他不居功，所以他的功绩就不会失去。

从中篇起，我们将更多地运用我在《道德经》里解读或建构的理论，文字也将逐渐艰深起来。本章就是“阴阳全谱论”的完美运用。在老子“道”的系统里，是没有真正区分好坏的，阴阳玄同，是定理级的存在。如果让我穿越过去见到老子，我会问他，既然一切都没有好坏，都是平等的二元存在，那么《道德经》里，为何总在推崇“无（私）”呢？他估计会答曰：“万物并作，吾以观复。夫物芸芸，各复归其根。归根曰静，静曰复命。”这段话讲的就是找到问题的根本情况然后再对症下药，回归其本来应该有的样子，二元阴阳的“配平”选择，即“动善时”，根据现实中每个人所处的情况而决定，这也是我强调读书“接化发”应有的方法。人类社会古往今来的“自私”太多，导致阴阳失衡，为了回归平衡，老子需要更多强调“无”。何况，趋近“无”，还可以得到最原生的“心观力”。“无”，之所以成为更高级的能力，是因为它是“天地之始”，是最原始的力量，人类已经在现实社会中沉溺于“有”之私而失去了与原生态的连接（各类宗教在这方面的认知也是类似的），所以才需要被点醒（拯救）。

有无相生，“有”也有“有”的价值。市场运行需要建立在受益者付费的基础上往往才是健康的，这就是“有”作为连接人类与万物和自身关系的底层力量的体现。好的技术就能获得好的收益，“有”带来了健康的竞争和产业链格局的发展基础。与之对比，环保市场是一个“污染者”被强迫付费的市场，各种扭曲现象的出现就是基于这个定理。从这个角度来说，在市场经济中，“无”不如“有”能够更高效地配置资源。所以，“有之以为利”。“有无相生”，阴阳相和，我们分析环保行业和其他行业的政策，需要秉持着类似的一种态度——尊重和“平视”人性中“私”的存在：无论是各级政府、企业，还是金融机构，都会从自身的利益出发去参与、执行和影响一项政策。只有将人性中“私”的力量充分考虑在内，研究者才能对政策影响下的市场趋势有准确的把握。

本章说到“美”，值得说一些关于美育的问题。我自己偶然选择了“玩在”武汉大学，由于数学能力的限制而对专业失去了兴趣。虽然大学之前的美育堪称零起步，大学期间百无聊赖恰好去恶补了各种古代文学和古典音乐，几十年后却越来越发现美育的重要意义。在古代教育中，书法诗文之美，已经在相当高的水准上完成了所有读书人的美的普及教育。然而在现代教育中，由于青少年的同质化选拔，已经普遍造成了器化的严重，造就了一大批工具人，越来越背离孔子说的“君子不器”[1]。在东亚文化体系下，教育竞争异常激烈。很多机构和家长都对孩子进行了提前教育，社会的普遍现状是：幼儿园里学小学内容，小学时上各种提升班，艰深的奥数班成为很多学校提前招生的平台。于是，艺术、文学、体育等看似无用之学遭遇更多忽视。这样的现状如不能改变，未来的孩子们只能是更加“不器”。古希腊哲学家泰勒斯曾说，“去找出唯一智慧的东西，去选择唯一美好的东西。”缺乏了美学教育，极容易带来孩子观察力、直觉、形象思维、想象力和心观力的缺失，也会缺乏韧性，缺乏情怀，因为人文的修养都是相通的，最终容易导致残暴刻薄。美育是典型的无用之用，古代并不突出，到现代却变成了一个严重的问题。

---

〔1〕君子不器，出自《论语·为政》，意思是君子不应拘泥于手段而不思考其背后的目的。对于器，《易经·系辞》相关解释为：“形而上者谓之道，形而下者谓之器。”

我有一个“三板”理论，主要讲个人基于长板发展的战略选择，以及公司基于员工长板、短板和死板特点，如何进行相应管理，具体可参见附录文章《浅谈环保人职业发展（下）：管理三 yu 决与新三板》。现在来看，长短板应分为显性长板和隐性长板，短板分为显性短板和衰败型短板，死板也可以分为确定性死板和顿悟解脱起死回生板，前者为阳后者为阴。在个人和企业战略分析里，我对三板的转化还没有找到规律，但是就我的一生，对于这种转换的风险我已经深有体会。话说回来，文史哲和美学教育的另一个好处是适合自学，而且本身就是种调适和放松，同时训练的对艺术之美的感受和欣赏的能力，也即美商，在精神世界中有着无上的价值。复旦大学中国哲学研究的代表人物王德峰教授曾说，音乐、诗歌和哲学，是人类精神活动三个最高的领域。我已经在 18 岁时无意中攀登了第一项和第二项，而 32 年后开始的十年甚至更长的时间，第三项将是我的主要任务，这将是非常快乐的任务。对比王教授，缺乏哲学训练是我的短板，但是理工科背景、管理实践和商学经验则是我的长板，音乐、诗歌算是隐藏的小技能，这些大杂烩里，我应该能找到攻克第三本哲学级书籍的机会。用我摸索出的“战略三要素”，即“目标、资源有限性、效率为王”来规划：目的已经确定，时间资源有限，必须重视效率，由此各种明暗长板的组合是关键。

本章点出的六对矛盾，老子用了六种动词，前者皆为阳，后者皆为阴，这是六组阴阳玄同定理下的“变换公式”，也是阴阳全谱论的一次典型运用。《道德经》第一章里讲过“此两者，同出而异名”，有无同生于无，所以此处有无相“生”。

难易用的“成”字，用得极好：先易后难的本质，是先启动的易，使得后面的难变成了易。我们太多时候过度关注阳性的难，踌躇不前，就是没有掌握阴阳转换的道理。

“长短相形”，可以理解为长处与短处互相比照，也可以从“物形之”的形来理解，是形成的意思。长板和短板都是构成一个个体的重要部分。“有之以为利，无之以为用”，长板有用为之利，短板也是无用之用。没有短板，就无可合作。自己本身盲目补板造成资源的分配不当，整体效率是不优的，所以“夫两者各得所欲，大者宜为下”。个人性格中以为的“优劣”也是一样：内向以为是缺点，却适合需要专注的岗位；我从小毛糙的缺点，后来发现适合抓大放小看宏观，所以只有体会到一个人所谓的性格优缺点都是平等的阴阳，而且会相互转化，才能更好地平视自己和他人。

“高下相盈”，盈字如何解是关键。我初期解为对立而存在。对此，陈鼓应评注为互为显现，或互为依存，解读为老子的政治观，是一种平视。既然是高层与百姓相盈，就是平等，就不是仁和忠的关系，只是分工不同，社会才能健康发展，在社会极度发达的北欧可以看到类似的场景。我个人在第二次修订文稿时，总觉得对立存在之解体现不出“高下”矛盾体的特点，因为所有阴阳体都是相互对立依存，所以又到《说文解字》里去查。盈是会意字，皿上有夃（gǔ），可能是盛了满满的货物或指的是人之沐浴而盆溢，都导向了充满的“丰盈”之意。如果上下级能够彼此丰盈，相互激发，当然是组织管理中的太上之境，在 E20 的工作中，我经常对此有所体验。

“音声相和”，不是音色相和，内为声，为阴，即心灵对外来音乐的响应，而外为阳，是音乐。沉迷音乐的知道，人都有内心同步与音乐共鸣的能力，乃至“恍兮惚兮”。此时人可以以非逻辑之径接触到“心观”之境，所以“意”来自音加心，即美商的重要，“道之为物，惟恍惟惚”。

至于“前后相随”，我们都以为只有后随前。从实现前随后的难度而言，最常见的是学校的教学相长；时而见到的是良好的家庭，在教育孩子的时候能明显感觉到被孩子教育；一个人一生的成功，往往不是去成为父亲想要他成为的人，而是去成为他希望他的孩子成为的人；更稀有的是在卓越的公司，员工以强“无”之中的潜能爆发，管理者被震惊和被带动，这就是互相成就。我们以为管理的宗旨都是把风险消灭在襁褓里，于是理解为利用各种制度把一切控制前置，预防所有问题的出现。但是人不是机器，管理学不是自然科学，组织管理不是计算机系统，如果敢于放手让团队犯点错误，才有益于他们的成长。而伴随着他们的成长，你敢于让他们犯错误的胆子也就更大了，授权实际上是授予犯错误的权力。对待孩子的教育也是一样。看到这里，后面接着的“行不言之教”就完全可理解了。而后续的“万物作而不为始……”，也是完全顺畅的，就不用我再解释了。

矛盾体的阴阳“玄同”，如何运用？以管理学为例，公司的驱动因素分为技术驱动和商务驱动这样一对阴阳。观察每个企业，确实两者能力配比不同，会带来企业发展轨迹的巨大区别。我们做战略规划，要客观地对待企业不同的特质，不能盲目贬损其中一种，这两者作用的发挥，和企业所处外部条件的客观变化以及内部能力的逐渐演进都有关系，即所谓“因缘和合”，战略规划或组织变革要充分地认识到内外资源的动态变化，并分析内外、技术商务两对阴阳之间及其内在的勾连和转化关系，至少要画出一个二维矩阵。

从个人成长和企业管理的角度看偶然和必然，二者也是非常重要的一对阴阳矛盾体，一般是偶然为阴。人类从自身利益的趋利避害的自私本能出发，会更加喜欢必然，比如大部分家长会希望甚至引导、强迫孩子一直读到博士，而忽略孩子可能擅长的东西并不在此。我们过度偏爱了确定性，希望获得更多的必然而可以回避偶然，有时候未必明智，因为这种做法忘记了这些选择是否适合孩子的喜好和所长。

从企业战略分析角度看，我们做战略规划是为了战胜不确定性，获得更多的必然性，然而这就需要找到企业最独特的优势作为胜出对手的保障，尤其找到自己隐性而不易见的长板，因为这样的长板一定是最难模仿的。用这样的长板匹配我们的战略选择，才能保证竞争者相对不易模仿和追逐。而这些隐性长板，往往就藏在企业过去成长的一系列偶然性内涵的基因中。赫拉克利特说过，人无法踏入同一条河流。偶然性的不易复制，使得它们的累积，就成为企业最深的护城河。

从这些偶然性中，我们还需要分析出一些必然性。去看企业面对过去一系列无法预料的风险或者机会时所做的决策，回到过去看过去，挖掘出共性部分就是企业的基因，也就是企业在面对偶然中不变的必然。历史中的偶然给了企业一些不可复制的优势沉积，而我们做的决策不能粗暴地违反企业的基因，因为它是企业文化中最稳定的核心。由此可见，战略规划是想克服未来的偶然，却发现凭借的恰是过去的偶然所锤炼的一些核心能力，以及对未来提示的必然。这对阴阳玄同如此交融在企业的生命之树中，对比我们个人的成长，也是同样。偶然和必然的玄同，与“有、无”一样，是阴阳玄同的定理下的变换公式。

苏格拉底之后，柏拉图完成了整个西方哲学体系的奠基，这是理解西方行为模式的入口。柏拉图的核心观点是理念论，即外部世界因人的需要而存在，其推论是世界应该被无限改造，是对世界的超“强”态度。所以，西方社会就有了文艺复兴和科技爆炸，有了十字军东征，也有了八国联军、捐助清华和教育、知识启蒙。他们看这些并不觉得矛盾，这都是他们笃信的“正义”，是传教士情结背后的文化之基，是我们不理解他们，才会觉得这些行为之间存在矛盾。而曾经信奉“道法自然”的我们，习惯于尊重外部世界“弱”的“上善若水”。

与西方文化的二分性和强逻辑相反，我们的文化是“二生三”，且“非逻辑”占比更大。被科学教育后的我们以为有逻辑就是对的。现在理解到这个，对于一直强调强化逻辑能力重要性的我，也是多么真切的“反者道之动”[1]的感受。

处于这个变局时代，对于个人或企业战略而言，需要的是客观冷静预览经济形势和设计好自己度过冬季的姿势。情绪不能帮助你做任何判断，真正洞察东西方的矛盾的根源。

《道德经》第八十章

原文

小国寡民。使有什伯人之器而不用；使民重死而不远徙；虽有舟舆，无所乘之；虽有甲兵，无所陈之。使民复结绳而用之。

甘美食，美其服，安其居，乐其俗；邻国相望，鸡犬之声相闻，民至老死，不相往来。

译文

使国家变小，使人民稀少。即使有相当于十倍百倍人力的器具也并不使用，使人民重视死亡而不向远方迁徙。虽然有船只车辆，却没有必要去乘坐；虽

[1] 反者道之动，是作者解读《道德经》的主要分析工具。原句见于《道德经》第四十章，是老子哲学的主要辩证法观点，指矛盾的双方可以相互转化。

然有武器装备，却没有机会去布阵打仗；使人民再回到远古结绳记事的自然状态中去。使人民有香甜美味的饮食，漂亮华丽的衣服，安适稳定的住所，欢乐的风俗。国与国之间互相望得见，鸡犬的叫声都可以听得见，但人民从生到死，也不互相往来。

在管理学中，中小企业就是老子说的“小国寡民”。对于小国寡民，我们的第一反应是贬义词，可是确实是这样吗？如果企业家的道行不够，生硬地一定要把规模做上去，结果是不佳的，例子太多了。中小企业也可以做强，大往往也可能是弱，这里面充满了管理学的学问，匹配是基本原则，不只是匹配企业的人财物，以及市场战略和战术，更重要的是匹配企业家的能力边界，甚至是企业家的“心”。更多分析，我们会在对《道德经》第六十一章的解读中详细阐述。

铁杵成针的谎言

《道德经》第五十一章

《道德经》第十八章

《道德经》第二十四章

原文

道生之，德畜之，物形之，势成之。

是以万物莫不尊道而贵德。

道之尊，德之贵，夫莫之命而常自然。

故道生之；德畜之；长之育之；亭之毒之；养之覆之。生而不有，为而不恃，长而不宰，是谓玄德。

译文

道生成了万物，德养育了万物，万物呈现出各种各样的形态，环境使万物生长起来。因此，万物没有不尊敬道而重视德的。道之所以受到尊敬，德之所以受到重视，就在于它不加干涉而顺其自然。所以，道生成了万物，德养育了万物；使万物生长发育，使万物安宁心性，使万物得到抚养和保护。（它）产生了万物却不据为己有，养育了万物却不自恃其功，导引了万物而不做万物的主宰。这才是极大极深远的“德”啊。

“道生之，德蓄之”，“道”是高挂天顶的最高法则，但是入世修行的台阶还是“德”。“道”无处不在，但“非常道”，对应人世间可以描述的则是“德”，然修“德”之时，依然要符合“道”的原则，且为而不恃，才能成为“玄德”。

关于势，古字作“埶”，字形从“坴”从“丸”，“埶”为高土墩，“丸”为圆球，字面意象是圆球处于土墩的斜面即将滚落的情形，是一个非常重要的字，令人想起“其安易持，其未兆易谋；其脆易泮，其微易散”。

“物形之”和“势成之”，类似因缘和合，或者简单说是谋事在人，成事在天。对应内外一组矛盾体。就企业的组织管理角度深入下去，一个人在学校里时，比拼的是共性，同质优者胜，目的在于选拔；但是到了工作中，则必然改为以异质稀缺者胜，以服务于企业（和个人共同）发展，这是人力资源的市场经济配置逻辑。“物形之”应用在管理学中，是提醒管理者充分考虑人的多样性，每个人都有自己的特质和长短板，在符合“道”的总原则下，管理者需要考虑每个被管理者不同的特点，在组织中尽量找到与其匹配的位置。由于每个人的特质差异很大，参考自然界的生物多样性，一个管理得当且具备创造力的组织必然是一种具有多样性的组织，开发更多的隐性技能，才能爆发出常人不易理解的潜力。依赖刚性制度、整体层面强调军事化管理的同一性并不适用于现代企业的竞争。追求人才多样性不是完全自由自在的，还需要考虑外部环境的限制条件（这些限制往往也可以成为企业的某种机遇，此可谓“少即是多”）对每个个体的不同作用，此处即为“势成之”。在以适应外部条件的变化和制约为前提的基础上，人力资源管理必须围绕着企业的核心目标和战略，依靠内部的有限资源的高效组合并兼顾生态多样性而进行，这个与自然中的生态规律十分吻合，“万物莫不尊道而贵德”。

在组织内，管理者之于被管理者的最佳关系，需要符合“长之育之，亭之毒之，养之覆之”的描述，就是“三 Yu”。要做到这方面，就需要符合“道”和“德”所启示的自然之规律，比如无、虚、弱等阴性要素。管理者按照“道”获得了所谓成功，他已经接近成为一个“有道者”，自然会做到“生而不有，为而不恃，长而不宰”，否则成功还会离他而去，因为这样的成功因他的“有为（违）”而不符合真正的“道”。

“玄德”二字的重要性，在《道德经》中有凸显的特征。第六十五章还说到，“常知稽式，是谓玄德。玄德深矣，远矣，与物反矣，然后乃至大顺。”理解玄德，首先要从第一章去理解玄，玄和一是最基本的公理，一动一静，就是道，前者为阳后者为阴，玄也来自一。玄同是道所展示的各种阴阳相合的状态，就是一生二后的道的境界，是玄的双股丝线转动的样子。而一生二之前呢？天地间则叫浑同。理解了玄的定语类的运用，就可以理解玄德了。玄德，就是在“有”和“无”玄同下的德，是大德。比如“圣人不仁，以百姓为刍狗”中，圣人对百姓的“有”的体谅，和以自己的无激发百姓的有的做法。浑同，是一种平等，而玄德，追求的则是公正。如何理解二者的区别，可以参考下页的漫画。对于自然界里，道法自然的一，一视同仁。我们看待自然界，往往就是浑同的样子，容易做到。而对于吃了智慧果的人类，失去了精神乐园，要想理解这样的百姓并且更好地管理他们，就需要理解其有无的玄同规律。圣人以慈悲的不仁去对待他们，其德的实现变得复杂，需要结合人性中的无和有、初心和行为、态度与能力、未来与现状等各种阴阳玄同的因素，追求的最高效率的公正，能够做到，则为玄德，运用于企业管理上是一样的道理。

原文

大道废，有仁义；智慧出，有大伪[1]；六亲不和，有孝慈；国家昏乱，有忠臣。

译文

大道被抛弃了，才彰显出仁义。智巧出现了，才会产生虚伪狡诈。父子、兄弟、夫妻不和的时候，才会显出孝慈；国家昏乱的时候，才会出现忠臣。

我们都知道老子对儒家的仁义、忠孝等都是不认同的，所以理解本章并不难，直接以组织管理中的现象做例子：因为团队对公司的战略已经失去了信仰，于是管理层开始更多地采用浮华的辞藻包装自己的使命和价值观，虚伪开始腐败公司的文化。因为部门和个人间纷纷把“小聪明”用在自己人身上，去算计和计较对方，看似是智巧之术，却导致公司内部合作摩擦不断，争权夺利和尔虞我诈开始充斥在组织内部。本质上，这些都不是因为思维能力差而带来的问题，反而人越聪明越有害，因为这是个人（包括组织）的格局出了问题，这也是我在“认知”的定义里将“格局”

〔1〕据陈鼓应《老子今注今译》（中华书局2020年版）观点，本章以三句对文，主要讲“仁、慈、忠”，“智慧出，有大伪”一句疑为后人衍文。

列为第一位的原因。

那么，如何避免企业陷入这种困境？本质上，问题不在下属，而在最高管理者自身。最高管理者导致的“大道废”，是他本人出了问题。在这个基础上，再好的管理能力，再有为的团队，都无法避免上述现象的发生。而在上述组织的剧烈熵增[1]中，恰恰就容易出现“忠臣”。在企业中出现“忠臣”本身就不值得提倡。管理者不应该将忠诚作为强制标准（类似仁义）来要求下属。管理者向下要求出来的，往往是虚伪的。有忠诚就有不忠，就说明管理有过多的死角、组织有广泛的腐败处。

如果管理者符合“道”的要求，向上管理、向下负责，将下属的个人发展和企业的发展有机地平衡统一，理应不必有“忠”。“忠”不值得提倡的更根本原因是，它的出发点依然是管理者的“自私”，自下而上去做难免是个人的投机，从上而下则是组织甚至个人要求的下属的牺牲（类似“义”和“礼”），而不是企业与个人实现共赢中激发的团队的自觉。这个共赢中一起赢取的不仅是物质和荣誉，主要是认知的提升和由此得到的满足。所以，追求忠诚，就不会有“三 Yu”的“御”的状态。因为真正的“御”，不是管理者的“御”，而是“道”在“御”，这就是“生而不有，为而不恃，长而不宰，是谓玄德”。

这里就“格局”在“认知”中被列为第一位再做一些详细解释：世间万物（包括个人和企业能否成功）一切都是在概率的基础上运行的，虽然计算出概率并不能决定一切，但尽力依据概率做出选择是“谋事在人”的运行逻辑，剩下就交给“成事在天”的命运了，这是个人和企业始终需要努力做选择（即定战略）的原因。这也就是“铁杵成针”之所以是谎言的原因。在逐渐内卷的时代中，在错误方向上努力，成功的概率太低了，即使不断投入努力的总量，但乘以成功概率后，成功性依然太低，毕竟“吾生也有涯”。所以现如今，努力虽然仍然是成功的必要条件，但远不是充要条件。“选择决定人生”的真理（变换公式级别）由此而来。当然，即便有正确的战略（甚至战术），做选择做对了，努力也足够，也不一定能成功。

---

[1] 熵增的概念来源于物理学，熵增过程是一个自发的由有序向无序发展的过程。后被常用在社会学领域，熵增大意是指组织、体系等的混乱度增大，熵减则指某种状态变好，混乱程度下降。

那么，一个人（包括企业）如何能在这样内卷的世界里做正确的选择，并坚持去做“正确”的事，然后将成功作为“顺便”的成果而耐心等待呢？在我看来，信念是重要的支撑。格局是支撑企业和个人做正确选择的信念基础，也是制约一个人的认知或企业发展的天花板。这也正是本书第一篇“认知”构成三要素中，我将“格局”排在第一位的原因。

以上关系层层递进，类似之前解读的“道”与“德”之间的关系。“道”可以对应一个组织的格局，是一个整体，不能也不需要把它层层分解。从企业管理的角度，可以把“道”看作企业的整体定位和价值观，企业和其组成个人的主体文化构成它的一部分，浑然一体，不能分割。“德”是具体修“道”的下一层级的路径，可以看作企业的具体战略以及下一层级的细分战略。“德”可以分解，它是“道”能够实现的基础。

那么，这个浑然一体的“道”到底是什么？怎么描述它？分析它，它就很容易被破碎了。“天下皆谓我道大，似不肖。夫唯大，故似不肖。若肖，久矣其细也夫。”除了“真善美”，我目前还没有找到更合适的能形象地描述“道”的词语。老子在本篇再次强调了，智慧并不是“道”的构成。虽然我们以为“修认知”就是修智慧，更把目的设置为让自己在人世间过得更好，但这个“好”的定义是从“私”出发的，已经背离了老子所说的“道”，除非我们自己回到“真善美”去感悟“道”。

个人和企业的内部，如果失去了“真”，就会出现本章中所描述的“智慧”。智慧在《道德经》中，是与明（清明）对应的一组矛盾体，前者偏用脑，后者偏用心，前者为阳，后者为阴。可见，清明与佛学中的智慧对应。E20 环境平台首席合伙人傅涛博士曾解读了何为“明”，他认为，日月同辉为明，指的是每天早晚的那一瞬间，阴阳取和，通透自然，如人之顿悟。而《道德经》的智慧则只能对应我们民间爱说的“小聪明”。失去了真，企业内就充满了心机，“仁义礼智信”的规范便会成为管理者拿来约束员工的工具，这样企业的运转就会变成阳奉阴违的虚伪，“真”就彻底丢失了。

韦尔奇在《赢》里曾说，“做到坦诚，让我们任何时候都能立于不败。”“真”

一旦失去，“善”就迷失了，各种心中的恶就会开始在个人和组织内部躲躲藏藏，依赖管理制度的强化又进一步激发了组织内的恶，于是，一切就不再和谐顺畅，不再如自然之美了，道不能法自然，也就迷失了。如果失去了“道”，多少的“仁义礼智信”，包括用法家的东西，都无法弥补。这就是老子把“道”描述成无上尊崇地位的原因，也是王阳明高明于程朱理学并成就了“阳明心学”的原因。虽然后者受到了朝廷的推崇而居于正位。当然，我不该简单地在不同时代的星宿们之间分出高下，因为对世界的一些细节的思考各有不同，可能是基于各自所处的势的不同。而能成为星宿，其与“道”接通的那个层级的感悟方式都是一致的。说到此处，我不由得又开始仰视起老子来。

《道德经》第二十四章

原文

跂者不立；跨者不行；自见者不明；自是者不彰；自伐者无功；自矜者不长。其在道也，曰：余食赘形。物或恶之，故有道者不处。

译文

踮起脚跟用脚尖站立，是站不牢的；脚步跨得太大，是走不了太远的；自逞己见的，反而得不到彰明；自以为是的，反而得不到显昭；自我夸耀的，反而建立不了功勋；自高自大的，反而不可能长久。能从“道”的角度衡量，以上这些急躁炫耀的行为，可以说都是剩饭赘瘤，惹人厌恶。所以懂得“道”的规律的人是不会这样做的。

《道德经》这一章比较容易理解。在一个健康的组织中，个人谋求职位的提升，要与自身的能力和口碑的提升相一致。如果太急功近利，就是“跂者不立，跨者不行”的状态，就是我曾说的力不配位，结果反而得不到或者保不住职位，也严重地打击了人生的幸福感。然而，我们要明白，无论职位升迁，还是幸福感提升，都是人成长的顺便的果。

当然，不少所谓职场诡道讲的，恰恰与我说的相反，有些人却由此获得了成功。

作为个人该怎么看呢？一个人在“认知”第一个格的“格局”上走了歪路，变得重视利益乃至为此不择手段，当然不是“有道者”的修行路径。虽然健康的组织未必是完美的，但一个组织如果容忍这种诡道可以获得升迁和利益的概率大到一定程度，这个组织的病变程度就是显而易见的。而一个靠盘剥组织的健康获得成功的诡道者，你认为这种成功能持续多久？这种基于恶的成功能获得幸福和平视世界的丰盈和坦然吗？

回到本章，随后的四个“自”一气呵成、简单明快，说的也是十分浅显的论语般的道理。老子自己也曾说，“人之所畏，不可不畏”。《道德经》里偶尔有一些很基础的人生准则，只是出现得较少，且行文极其简洁。这些特别基础的道理在《道德经》中，有时候也会暗藏机关，如果找出来，都有大裨益。比如此处用“余食赘形”来形容前五种因急于求成和自负自大而有为（违）“道”的人，就是暗指自己的“有”太多，把自己塞得满满的，恰是对应“虚而不屈，动而愈出”的反例，读懂此深意，再次感觉《道德经》的浑然一体，精妙无比。

凡事真先搞起来？

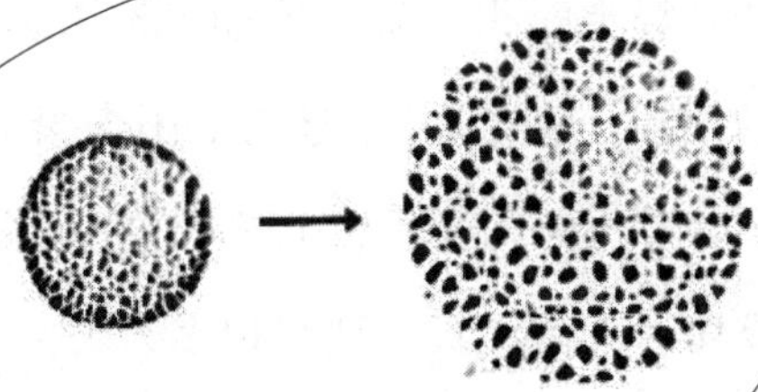

《道德经》第九章

《道德经》第六十三章

薛涛解析管理之道与认知之得

ANALYSIS OF "TAO" IN MANAGEMENT AND "TE" IN COGNITION

原文

持而盈之，不如其已；揣而锐之，不可长保；
金玉满堂，莫之能守；富贵而骄，自遗其咎。
功遂身退，天之道也。

译文

保持着盈满的状态，不如适可而止。捶打得既尖又利，就不能长久保持。纵然金玉堆满房屋，谁也不能长久守住。富贵而又骄纵，定会给自己带来祸害。功成名就之时，要含藏收敛、急流勇退，这才符合自然运行的规律。

本章的大意和儒家的几篇典籍很一致，比如《论语》里的“过犹不及”，比如《尚书·大禹谟》里的“满招损，谦受益”，还有三国李康《运命论》中所表达的“木秀于林，风必摧之”等。参考历史人物看，范蠡[1]的急流勇退，历史长河两千年，问几人能做到？俗世的成功，大富大贵，使得很多人失去了平常心。

一个人的格局，一定要和他自身的外在地位相匹配。在一个人成就还不够高的时候，匹配相对较高的格局没有问题。我对企业和个人发展战略思考都秉持“目标性、限制性、有效性”三大思考原则。较高的长期目标是一个人建立格局的基础，这个目标往往不是具体的职位等外在可衡量的实体，而是一种精神的追求。具体的阶段性目标，也可以略高，但是要考虑到自身资源和能力的限制，循序渐进、先易后难地逐步达到它，这个时候就需要坚持具体实施路径的有效性。这个有效性，包括效果和效率的玄同。

伴随着一个人逐渐在外在可衡量的成功，格局如果不能随之增长，其“认知三格”之间，不能发生循环递进的反向促进，即认知（格物）的自我提升，以及创新突破（破格）下认知有了大提升，如果不能反向促格局进一步提升，去匹配他社会地位的提升，则会最终导致在个人的成功中即便是曾经的“有道者”，也会失道而迷失自我，

〔1〕范蠡，春秋时知名政治家，曾为越国大夫，辅佐越王勾践“卧薪尝胆”复国灭吴。后急流勇退，弃官经商，自号“陶朱公”，成为当时巨贾，被后世尊为“商圣”。

所谓德不配位，往往发生在这个时候，福祸转化就在一瞬间。

认知三要素的循环，有点类似我曾在文章里写的“五识循环”（具体可见附录文章《再谈环保人职业发展：用三商五识作职场修道士》）。格局，就是构成我们常识的基座，破格往往就是胆识的突围。修道是一个循环递进的过程，不是一蹴而就，伴随着年龄增长，还会不断地有所突破。

以我国环保产业为例，第一代环保企业家都出生在贫穷的时代，他们创业大多数是为了与命运抗争、摆脱贫困，少数真的是无路可走被逼无奈。所以，他们的马斯洛需求的低阶欲望一般都较为强烈，认知解困难度较大。而下一代企业家成长于中国的富裕时代，他们在具有独生子女缺点的同时，也因其原有见识局限的减少，马斯洛需求在相对高阶上起步，在创业和管理上应该会有更好的起点。他们大多不忘初心，并经过“深思熟虑”，他们的选择也并非偶然，而是“有觉悟”的创业者。这个，也让我对他们心存期待。

另一边，时间回拨到 2015 年，各种管理学新思想层出不穷，有几位大咖的年底演讲火爆异常，新词汇和煽情并茂，成功学与案例齐飞。结果，想做时间的朋友的人却自己都没有经得住时间的考验。回到常识，变成了现在大家的共识。常识是什么？是无论你眼看到的外部环境如何变化，心能看到内在不变的东西，就是对“道”的认知。现在大家开始明白，活得长比活得大更重要，想要活得长，“韧”是一字诀——选择自己有效率的领域，保证外部的执行效果和内部的运行效率，守住自己的生态位并在各处留有余地，并图谋某种“二生三”的升维破局。“揣而锐之，不可长保；金玉满堂，莫之能守。”如果穿越回 2015 年，猪飞满天，富贵而骄，太多违背常识和商业逻辑的事现在看荒诞不经，但站在现在看过去做判断并不高明，站在过去看过去，并能站在未来看现在，由此领悟到“道”，才是未来唯一的渡劫之舟。

原文

为无为，事无事，味无味。

大小多少，以怨报德[1]。图难于其易，为大于其细；天下难事，必作于易；天下大事，必作于细。是以圣人终不为大，故能成其大。

夫轻诺必寡信，多易必多难。是以圣人犹难之，故终无难矣。

译文

以“无为”的态度去有所作为，以不搅扰的方法去处理事物，以恬淡无味当作有味。大生于小，多起于少；用恩德仁慈去回报所怨恨的人和事。处理问题要从容易的入手，实现远大要从细微的入手。天下的难事，一定从容易的做起；天下的大事，必定从细微的做起。因此，有道的人始终不自以为大，所以才能做成大事。那些轻易许诺的人，很少有能够兑现的，必然会失去信用。把事情看得太容易的人，势必会遭受很多困难。因此，有道的人遇到事情总是把它看得很难，所以反而没有困难了。

精神世界中，小即是大，小事才是要害。这一章对企业管理也非常有指导意义。毛主席曾说“战略上藐视敌人，战术上重视敌人”，针对的是当时敌强我弱的局面，要补五识之胆识，所以提出要战略上藐视。老子说的是人之平常，修道者面对大事心如止水的平静，面对所有事情也都有平常心，一视同仁，面对小事也会认真。“为无为，事无事，味无味”，并不容易，如果不能从琐碎事物的细微变化中发现做方法论的乐趣而“见小曰明”，则并不易于坚持。

所以，“天下大事，必作于细”，绝非让管理者沉迷于执行细节，而是培养其以管窥豹的能力。在我的工作经验里，观察每个企业的细节，即便是很成功高效的企业，也都有不同程度的溃散，大到门口的接待，小到图书角的使用。这种外在的溃散，是部分员工内心出现衰败的一种体现，即组织管理上所谓的“熵增”。虽说完美的企业就像圣人，很难见到，但作为管理者如何抵抗熵增，是时时要放在心中

[1] 据陈鼓应《老子今注今译》（中华书局 2020 年版）观点，“以怨报德”应为《道德经》第七十九章错误移入。

的头等大事之一，时时要与之战斗，而不是聚焦于那些业务的具体细节。

管理的难度就在这里了：发现这些熵增的溃散，是管理者兢兢业业的本分；时时与这些细节战斗，也是管理者必须的任务。但是在具体路径上，如果是长期通过高压手段，则一定让管理者疲惫不堪，也违背了《道德经》第五十九章里的“治人事天，莫若啬”。被管理者会产生更多的抵触情绪和阳奉阴违，这些熵增表面上消失了，却像癌细胞一样被压制潜伏下来，将来会酿造出更大的风波。此处，让我想起一个中西医治病的段子：西医治病，讲究针对性的去除，而中医则希望因势利导（调和平衡并利用自然的力量）。有句俗话，西医让所有人明明白白地死，中医让部分人稀里糊涂地活。中医的模式，就是前面讲的“无为”。如果我们仅仅凭借制度和高压管理来减少熵增，就会头疼医头、脚疼医脚，副作用和成本都会非常大。如果中西医结合，要紧处使用硬手段，更多的则是借势而为，“无为（违）而为”，才可能平复如旧。

理解在管理中如何“无为而为”，首先还是要归因于己。出现这些溃散，管理者自身必然有些问题，自己任何的不检点，下面都是成倍的放大。其次管理者要理解上善若水，水流而下总难免泥沙俱下。如果一直盯着个人身外的问题，就是严以律人、宽以待己，很多问题是为了解决问题而自己制造的问题，因为自己的品性表率力和认知力不够。孟子曰“源泉混混，盈科而后进”，就是说“必作于细”，并不是管理中都盯着去发现手下的问题直接去解决它，关键还是要不断修认知和提升自己。

基于我的工作责任，二十年来我近距离观察比较和分析了一些领先的环保国企，在它们成立和高速发展的前十几年，往往都有一个强有力的 IP 化的创业一把手，甚至其本人有“一言堂”的风范才能在高速和高度竞争中克制体制的惰性、突破制约，抓住机遇迅速发展。可以说这个阶段的国企具有民企的优点，体现了准混合所有制的各取所长的优势。从外部环境来看，那一段时期，来自上述公司上级的干扰也相对较少，这个有部分原因来自管理者自己的向上管理的有所作为，也是机缘所成。

从现在国资管理的惯例而言，权力集中是大忌，是权宜之计。不集中不能成事，集中了，也有可能成大坏事。而这几家企业的一把手，必须做到“处其厚，不居其薄；处其实，不居其华”，才能成就一番事业。他们自身在涉及各类决策和相关利益上的“无私”和谨言慎行，是其最显著的共同特点，因为在国资管理中，保证有效迅捷的决策效率所需的集权，其对应带来的害处就是使得领导者处于敏感、危险和充满诱惑的境地。因此，必须以“厚、实”与其本人在向上和向下的管理强势相对应，如阴阳两面般平衡，这个对于管理者是很不容易做到的。可见，有意无意地做了“有道者”，才是他们的共性所在。他们需要通过以身作则和奉，逐渐形成正向的企业文化、“三 Yu”的氛围和健康的内部结构，才能在管理中达成类似中医“无为而为”的治疗效果——健康的生态系统中，熵增被合理地控制着、循环着、美丽着。在这个“奉”和“Yu”的系统中，“人之所教，亦我而教人”的状态也就随之出现了。熵减的力量逐步传送到每个细节、角落。

日本企业曾经并不依靠奖惩制度，而以“三铁”，即铁交椅（论资排辈）、铁饭碗（终身雇用）、铁工资（年功序列）的特殊方法，实现了自立于世界先进企业之林。类似的，回顾我在央企二十年的从基层到中层的管理实践，外部条件与“三铁”十分类似，只好自己摸索出了“奉”和“Yu”的管理方法论，看上去是一种“为无为，事无事，味无味”的样子，实际效果却是微妙玄通，这种管理方式需要有很强的心力，且其微易散，需要管理者时时“作于细”。

“天下难事，必作于易”，就是“先易后难”，这可以作为一种具有普遍性的变换公式来使用。先易后难，首先就是要知行合一，避免精神内耗，要先干起来，并边复盘边改进，避免成为理论的巨人、行动的矮子。一个健康的组织在成长中，每个人的能力也都是慢慢成长的。所以，组织管理中“三 Yu”的达成和升级是慢慢蓄力、慢慢实现的。包括授权深度逐步提升，也是“先易后难”。德鲁克曾说，充分发挥人的长处，让平凡人做不平凡的事，是组织存在的唯一目的。对应“先易后难”的运用，就是不要求平凡人迅速不平凡，即“先易”。通过管理者领导力的释放、组织结构的微调和以达成任务为目标的协作创新，使得团队与组织实现共同成长，并逐渐使得平凡人不平凡。管理者多年后回顾就会发现，原来我的团队最终能做到这么难的事，这就是“后难”。

掌握了老子的思辨习惯后，其实也可以对“先易后难”有进一步的代入场景的演算。除了组织管理，“先易后难”还有更多的应用场景，比如创立公司，先从简单处着手，逐步积攒势能扩大优势。我们常说，高效能人士三原则：先易后难、要事第一、合作共生。老子在两千多年前就悟到了。当然，易难之间也是阴阳，不掌握其转换规律也会出现意外，并不是从容易处开始就能一切顺利。我观察一些人谋求创业中，片面理解了先易后难，以为就是大家说的那个“先搞起来，就成功了一半”，就真的去先搞起来了……没有想明白怎么赚到钱，就开始鲁莽地行动，先做最简单的部分，聚拢客源，并沉醉于此，很快花费完了自己的有限资源。这说明任何选择都要明白福祸相依的道理去做充分的对冲准备。也可见，找到了先“易”的部分，但这个“易”就是真的能当容易事去轻松地做吗？难易相成这个易，只是因为相对便于开展行动而称之为“易”，而不能简单理解为是容易的“易”。如果真的以为它是简单的，而用对待简单事物的心态对待它，那就是必败无疑了。这就是“多易必多难”和“犹难之，故终无难矣”的意思：在每一个大小行动前，都要用认知力做好计划，然后才能在计划时间内及时开始行动。计划中至少有两点必须要在限定时间内按最大能力明确：一是目标，二是限制条件。做这个计划，就可以用到我的“战略三要素”迅速地统筹规划：“先搞起来”，就是想明白整个机会中最难的部分，以及如何分步去实现，而不是在难中一直筹划而不能行动；同时，也不是在“易”中莽撞行事，耗尽资源、自我麻醉而一事无成。所以，老子又提醒，多易必多难，“是以圣人犹难之，故终无难矣”（见《道德经》第六十三章）。可见，本章中每句话好像都不多余，互相还有照应，八十一章的《道德经》整体也是如此，读来想去，让人不禁赞叹：老子从来不做懒惰的勤奋，他的《道德经》里充满了“既要又要”的学问。

智慧不过是计算机

《道德经》第五十四章

《道德经》第二十一章

薛涛解析管理之道与认知之得

ANALYSIS OF "TAO" IN MANAGEMENT AND "TE" IN COGNITION

原文

善建者不拔，善抱者不脱，子孙以祭祀不辍。

修之于身，其德乃真；修之于家，其德乃余；修之于乡，其德乃长；修之于邦，其德乃丰；修之于天下，其德乃普。

故以身观身，以家观家，以乡观乡，以邦观邦，以天下观天下。吾何以知天下然哉？以此。

译文

善于建树的人一旦有所建树就不可拔除，善于抱持的人一旦有所抱持就不会脱掉。如果子子孙孙都能遵守“善建”“善抱”的道理，后代的烟火就不会断绝。把这个道理贯彻付诸到自身，他的德就是真实纯正的；把这个道理贯彻付诸到一家，他的德就是丰盈有余的；把这个道理贯彻付诸到一乡，他的德就会受到尊崇；把这个道理贯彻付诸到一国，他的德就会丰盛硕大；把这个道理贯彻付诸到天下，他的德就会无限普及。所以，以自身的修身之道来观察他人，以自家观察他家，以自乡观察他乡，以自己的国家观察其他的国家，以自己的天下观察别人的天下。我凭借什么知道天下的情况呢？就是用的这种方法。

本章第一句中，“建”“抱”的是什么？看后文，当然指的是“德”，而不是某种具体的世俗功业。“道”一直在那里，不可言传，我们去修道的过程，就是自己建德、抱德的过程。世间的功业可以有得有失，而修道者则追求的是有德无失，这个就是本章的文意。

在当前的历史节点，回头看过去五年环保界乃至整个商业界发生的故事，波澜起伏的历史潮流中，看到的芸芸众生，不过尔尔。当然，真正要扪心自问的是：站在过去看过去，我们自己能有几人清醒？为何我们这些凡夫俗子都是这样随波逐流？就是因为没有建德、抱德以修道，导致认知能力不足。既然不能站在过去看清过去，自然也不能学会站在现在来看清现在，更谈不上站在未来看清现在。

九年前，稻盛和夫的思想对我产生影响，我开始和员工们一直讲，工作即修行，我们更早地为现在的困难做好了团队的思想建设。工作是一个人要花一半人生的地方，充满了“有”和“无”的冲突，有各种挑战作为修炼场，“顺便”可以解决基本生活条件的经费来源。以工作中的烦琐或困难为机会，在立德之下，知行合一，逢两难之境而创新，可得认知。认知提升，就会提升自己各方面的能力，获得更好的工作状态和眼力，而且也会反哺员工自己的生活，获得更和谐的家庭和更平视而达观的世界观。

美国社会心理学家亚伯拉罕·马斯洛有知名的需求层次的五级金字塔，本章对应的也有修之于身、家、乡、邦和天下，仿佛类似。然而，前者是一种欲望的升级，上下存在替代关系；后者是一种认知的升级，上下可以并行存在，两者大不同。我将在后面的章节里详细分析马斯洛金字塔的陷阱。而认知之乐，不同于欲望之乐，恰恰是一个各层级可以同时并存、互相启发的快乐之源，所以我特别在本书里提出了“人书金字塔”。

一个“有道者”，站在过去看过去，应该可以识破当年那些企业家们的演讲，应该能预知到违背常理下的这些企业的结局。这些企业家都是人杰，他们当时的演讲也充满了智慧。可见面对命运，你只用智慧去克，未必能胜。修认知，并不就是修《道德经》中所说的智慧，“智慧出，有大伪”。智慧只是认知的第二格中的一部分因素，要想做到预知未来、跨越风险，恰恰在于“有道者”心中的“无”，使得他的“清明”可以轻易胜得了智慧。这个“清明”，就是平常心下一种基于常识的直觉，也是我们回答别人“明”白了和知道了的区别。

不同于“出世修”的高位横切，直接用心观得道的方式；入世修行的方法，还是要通过智慧的阶梯逐渐触摸清明的境界，虽然大费周章，但好处是可以时刻运用于工作生活中。我们通过逻辑思辨力的反复锤炼，用苏格拉底提倡的“十万个为什么”式的向上追问，实现向上攀登“人书金字塔”的悟的过程。在这个思辨过程中，需要结合知行合一，在自己原有实践经验所打造的“认知基座”的基础上，对新知识与之前的旧经验和知识记忆熔炼化解，将理解力和思辨力深度融合，形成自己总结出来的（而不是书上告诉你的）具有普遍性意义的演算、变换公式甚至定理，并时时还原成可以指导行为的方法论（即可直接调用的电脑程序包）。为达此目的，在看到一个外部给予的（包括书上）的因果推论后，先以开放性的平和心态接纳这些推导，以掌握所有的细节，然后再启动思辨，分析因与因果间勾连的各自的可信之处，再代入自己的立场或角度（即其“有”），甚至分析自己的本位（尝试让自己“无”）有可能对此发生的影响，短短的几十分钟甚至几分钟的上述过程，都需要自己在心流态中做大量“有”和“无”之间的转换。当这种思辨锤炼达到了一定的积累，认知三格的循环越来越通畅的时候，就会有质变到“心观”力的直觉体验，也可以理解为就是无数程序包嵌套的光速计算。

类似的，应用于管理中，因为管理者时间有限，不能靠频繁检查来保证不出错误，以上方法论模式，俗称勤修菜谱也是一种关键的管理对策。一旦将制作方法论模式培养成属下的工作习惯，那么事半功倍的效果也就出现了。这个原因，可以用计算机模拟人的决策过程来打个不够恰当的比方：用方法论，相当于调用已有程序包，大幅节省算力和时间，所以聪明的工作方式，就是磨刀不误砍柴工，把更多的时间花在编制程序包上，当然效率会高于每件事都重新编程。

然而，智慧不解决所有问题，“清明”更重要。现在火爆的人工智能，也就是一种利用极大算力的模拟而已，还不是真正的人类智力，而清明，更是AI永远无法替代的人类能力。我们大脑中的智慧计算机，由于无法获得所有数据，它经常不知道它没有获得所有数据，所以，决策中的靠智慧包括程序包的计算远远不够。由于人生经历结合认知升级，许多次的偶然中，人终于“心领”了其背后的必然。

《道德经》强调凡人做到“无”，就可得“清明”，就是告诉大家如果能建立对道的“信”，就能获得“心观”之力。而心观之力的意义，就在于在算力不够或数据不齐备的情况下，帮助人靠直觉做正确的选择。不但个人，大到一个企业，也会有大量无组织的决策，发生在无意识之间。小事用脑，大事随心。一个有“道”和心观力的人，一个有“道”和大格局的企业，自然就会凸显其卓越。所以，智慧和“清明”的关系，就像计算机和人的关系一样，前者是术，后者是“道”，前者本质上应该为后者服务，虽然我们往往在年少时候只注重训练和依仗前者而渐渐失去了后者，人类由此堕入了失乐园。修认知，就是在前者的无数常规的与非门[1]的搭接[2]中最终实现来自量子纠缠一样的直觉能力。

说回提升智慧本身，建立方法论（做菜谱、编制程序包）的习惯一旦养成，额外的好处是会形成一种顶层思维习惯——看事物都会思考其缘起和走势，看待工作业务的任何事情都会习惯训练自己更快制作方法论的能力，面对所有问题都会回归第一性原理，看山不是山，乐趣多多，能力大涨，生活工作也会变得略微轻松了；玩物竟然也可以不丧志，这也许是道在后面发挥的作用，就是"以身观身，以家观家，以乡观乡，以邦观邦，以天下观天下"。

大家都说爱好变成工作就毁掉了爱好，原因在于或许本质上不擅长，或许重复性的工作磨损了爱好。高手却不会如此，他们甚至把工作改造成爱好，形成了极好的职业宽容度，并且有极高的工作效率，秘方就在上述的以"认知三格"为驱动的工作方式中。认知高，除了太"器"的少数纯技术性工作外，大部分工作都能变得擅长，在工作细节中发现更多的创新机会，更早地发现人的重要性。这些都会让他把工作升华为爱好和擅长，并由此找到了职场的快乐。可见，我们都以为要在爱好和工作中做二选一，但是卓越者则必须"既要又要"，"二生三"的方法就是以认知之力将工作和爱好升维到成为擅长的境界。只有做到如此，才能"三生万物"而超越众生。

企业管理理论中关于企业存在的目的的讨论中，也体现了这样的过程。企业发展和个人成长一样，都依赖于一系列的决策。为股东创造价值，是企业决策的第一个计算准则。然而通过百年来市场上的博弈，大家认识到追逐短期利益不能长久，于是改为追逐长期利益。最终，喜欢总结方法论的程序员（管理学家）把这种逻辑固化成程序包，就称为"商业道德"。这是企业家们在长期的市场实践中，在与竞争者和客户的长期博弈中，为追寻自身利益的可持续的最大化，所能采取的最佳策略而达成的共识。正像亚当·斯密所揭示的，驱动市场高效运转的底层逻辑就是"自

[1] 与非门，计算机科学术语，指与门和非门的结合，先进行与运算，再进行非运算。

[2] 搭接，本意指在混凝土结构构件中，钢筋长度不够时，按一定要求将两根钢筋互相叠合而形成的连接。也可指两个连接件的端部部分重叠以进行连接。

私”，“圣人不仁，以百姓为刍狗”，指的是尊重这个自私存在的合理性。我们俗称的商业“道德”对企业管理中的选择有所约束，是直接调用程序包来为决策设置强制性的边界条件。德鲁克分析企业存在目的的时候，说明了要实现长期利益，则企业需要持续为客户提供价值，企业（个人也一样）需要为了长期发展而放弃短期利益，为了隐性利益放弃显性利益。

历史上人类屡屡出现短见的原因，是人类以为自己的计算可以绕过规则，却最终因为无法包揽所有现实中未见的数据而出错。可见，在我们后天开发的各种程序包之上，还有一个更原始也更高的 DOS 系统被忘记了——这个 DOS 系统凌驾于所有程序包之上，它就是《道德经》里的“道”。“道”“德”二字的合并，使得人们忘了它们的区别，我们才误入了各种歧途。忘记我们以为知道的“道德”，先从“道”，再立“德”，才是正途。

《道德经》第二十一章

原文

孔德之容，惟道是从。

道之为物，惟恍惟惚。惚兮恍兮，其中有象；恍兮惚兮，其中有物；窈兮冥兮，其中有精。其精甚真，其中有信。

自古及今，其名不去，以阅众甫。吾何以知众甫之状哉？以此。

译文

大德的形态，是随着“道”转移的。道这个东西，是恍恍惚惚的。那样的惚惚恍恍，其中却有形象。那样的惚惚恍恍，其中却有实物。它是那样的深远暗昧，其中却有精质。这精质是非常实在的，其中有信验可凭。从现在上溯到远古，它的名字永远不会消失，依据它才能观察认识万物的起始。我怎么知道万物起始的情形呢？是从“道”开始认识的。

《道德经》第一章就说“道可道，非常道”，就是说能用语言描述的道，都不是“道”，因为“道”是要用“心观”去看的。不能说“道”，只能说“德”，“德”和“道”是什么关系呢？本章开篇两句就说明白了——“孔德之容，惟道是从”，意思就是“德”是由“道”来决定的。后面讲的是，“道”是无法描述的。所以，我们只能通过描述和修“德”来修“道”。

把“道”和“德”的关系讲明白了，这个时候再从“认知三格”来看：

第一个“格”，就是用心观的“道”，部分可化为可见可修的一层层的“德”，俗话称之为“格局”。这里，有必要用类比法去解释一下“用心观”是什么意思：爱人是要用心的，你用脑（智慧）是不能爱人的。当你失去爱的时候，不仅是脑子疼，肉体之心也真的会疼。理解爱里的那个心，就能理解观“道”的那个心了。

第二个“格”，是思辨力。看似智慧，但有不同，我把它定义为“格物”的“格”，是在“人书金字塔”的阶梯运动中，读高等级书时的向下解析，和处事中的向上开悟，以及两者相结合的知行合一中的复盘、归纳和总结。这个思辨力，目标是为了去理解“道”而提升能力以执行“德”，而不仅是为了求智慧。不求智慧，智慧也就伴在自己左右。

第三个“格”是“破格”，本质上是知行合一的落脚点。工作生活中必然面对各种困难，我们求道修德，需要在“事上磨、心中修、尘中炼”。简单应付日间琐碎的平常是不会有什么突破机会的，恰恰是在工作生活的两难中，需要完成“既要又要”的破解之时，才能达到破关而升维，这也算一种福祸相依，危中有机。同时，往往还需要在每次破关之际，感悟到第一个“格”的存在，才能不走火入魔。

一个人在工作中的进步，很像打游戏：大部分时间很简单，也很熬人，到了一个关键点，则变得非常困难，需要个人百分之一百二地投入，这就是到了游戏的关底。一旦破关，就会功力大涨。这个就是“破格”的过程。找不到破格的入口，就是一直在吃无谓的低级苦，提高认知和胆识，就更容易找到那个隐秘的山洞，钻进去，偶然拼一次命，面对“二生三”创了新、破了格，打掉老怪，又提升了认知，人生就升了级，常常因此改了命，此时吃的苦自然就“不觉其苦”。不觉其苦的本质，是前章所述的，以修认知为目的将工作变为爱好并擅长，由此获得了对工作的热爱，获得了面对困难时能够坚持不懈和聚焦精神的力量，并因认知提升了成功率，体会到成功是成功之母的真谛，识破了失败是成功之母的谎言。达到了这种境界，如“上善若水”，进退有据，静如处子、动如猛虎，在外人看来，就是一种逍遥。

“其精甚真，其中有信。自古及今，其名不去，以阅众甫”，由于老子说了，“道”无法描述，所以写了一大堆，还是模模糊糊，干脆就说，“道”就是存在的，虽然你用眼睛看不到，用智慧理解不了，但是用心你就能看到它，这个是可以用“信”验的。这个信，和佛学中的“信”十分接近：从现在一直看到远古，“道”就在那里。从你个人的阅历，和你通过阅读看到的历史里，都可以用心看到“道”。对历史理解越深，就会发现当下很多事件都会与之有所对应，也就更容易理解和看到未来的趋势，这就是学会了站在未来看现在。这其中，也是“道”在发挥作用。一个人跨越时间维度的能力越强，就越会从重复的偶然中看到必然，越有可能实现升维的思考，就越能看穿事件本身背后的规律。“有道”的人，是在第四维的时空看世界。圣人看百姓，类似我们看二维白纸上爬行的蚂蚁。

“道”，非常道，总是那样“窈兮冥兮”，拿着《道德经》在管理中反复实践，偶尔就会体悟到“其中有精”，而且越来越“其精甚真”，你在偶然中发现的必然越来越多，你就会真正地去“信”道。为什么必须“信”道？因为伴随着企业成长、规模增长、硬化加速、熵增的渐强，言传身教和制度化管理都不够了。松下幸之助说，“带领十几人的团队，言传身教就够了；带领几千人的团队，用管理就够了；而带领四五万人的团队，就要用思想去感化他们”，讲的就是这个道理。

精神高利贷是善举

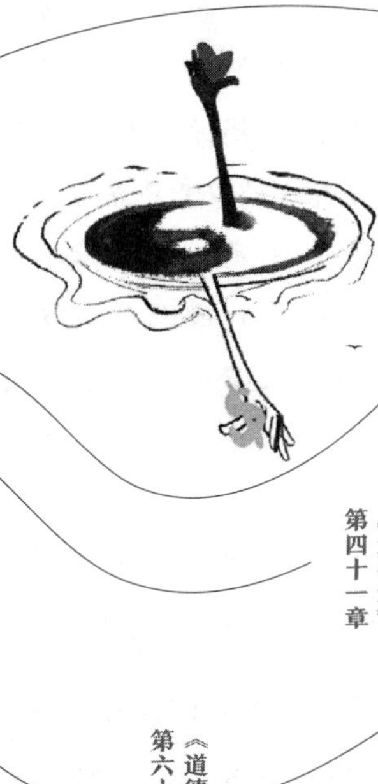

《道德经》第四十一章

《道德经》第六十五章

薛涛解析管理之道与认知之得

ANALYSIS OF "TAO" IN MANAGEMENT AND "TE" IN COGNITION

原文

上士闻道，勤而行之；中士闻道，若存若亡；下士闻道，大笑之。不笑不足以为道。故建言有之：

明道若昧；进道若退；夷道若纇；上德若谷；大白若辱；广德若不足；建德若偷；质真若渝；大方无隅；大器晚成；大音希声；大象无形；道隐无名。夫唯道，善贷且成。

译文

上士闻道后，必定勤奋地去践行；中士闻道后，则将信将疑、犹豫不定；下士闻道后，则会哈哈大笑。如果不被嘲笑，道也就不足以成为道了。所以古时候立言的人说过这样的话：光明的道看似暗昧；前进的道好似在后退；平坦的道好似凹凸不平；崇高的德好似低下的川谷；洁白无瑕的东西好似含污纳垢了一般；广大的德好似有不足之处；修炼德行要偷偷的，不能声张；质朴真纯，反而像是变易不定；最方正的东西好似没有棱角；最珍贵的器物总在最后制成；最大的乐声反而听来没有声音；最大的形象反而看不见它的形状。道幽隐无声，无名无状。也只有道，它善于给予万物并且辅助万物生长。

老子知道，虽然自己很努力，却面临“道可道，非常道”的难题，但是又还要把 “道”用文字来描述，用逻辑来理解，难度太大，所以他写了这一章，对道之公理进行了侧面描述。本章我翻译过来的白话意思就是：我知道你们看不懂，但是你看还是有少数人看得懂的。《道德经》啊，不管你看懂看不懂，它就是好呀就是好，看不懂也要继续看。

不能直接描述“道”，于是老子选择描述面对“道”的不同层次人的不同表现，以“建言有之”地描述，让我们通过这样的倒影来理解它。后面一系列典型的“反者道之动”的文风：“明道若昧”，生活和工作中很多这样的情况，正确的道路常有不彰显的状况，反之亦然。“进道若退”，我们有时候就有这样的体会，度过容易的初级阶段后，到了非常难熬的攻坚阶段，你觉得自己甚至在退步，其实这正是质变并破关的前兆。“夷道若颣”，当你处于顺境的时候，要知道脚下隐藏了风险。“上德若谷”则更好理解，“为天下谷，常德乃足”。“大白若辱”，告诫在你功劳很大的时候一定要韬光养晦。历史中有不少的正例和反例，比如诺兰新片描写的奥本海默。“广德若不足”，很像我们说的认知之圆——半径越大，越觉得自己什么都不懂。“建德若偷”，修炼德行要默默地去做。“质真若渝”很好理解，老子希望“有道者”应该心性和婴儿一样质真，但是毕竟两者不一样，前者是后天习得，而后者得于初始失于孩化之时，“如婴儿之未孩”。“大方无隅”这四个字就太有意思了，字面意思是四方（比如桌面）大到一定程度你就会看不到四个角，可以比喻一个人很大方，也就变得圆通了。《道德经》常把生活中的自然现象类比到做人做事上来。“大器晚成；大音希声；大象无形”，这三个词现代生活中也常用到，就不解释了。“道隐无名”，即“道可道，非常道；名可名，非常名”。

结尾的“贷”字很有意思，“是以圣人执左契，而不责于人。有德司契，无德司彻”。《广雅》中说：“贷者，予也。”本义就是施予，是“奉”，后引申为有借需还。但对于“有道者”来说，贷就是予，无意于还。精神世界和物质世界是一对阴阳，两者的计算式并不相同。在精神世界中，我们给出去的越多，得到的就越多，非常像无心而为、无意而求，却实实在在的“高利贷”了。二者的区别在于，老子的“贷”是“健康”的高利贷，因为世间总财富因“奉”而变多了。精神世界中，越对外给予，自己越成几倍的丰盈，除即是乘。之所以如此，就是背后的“道”在发挥作用。

美国哈佛大学教授克里斯坦森曾提出三个问题：“如何做出完美的事业？如何拥有一个幸福的家庭？如何坚持原则正直一生或者说如何拥有善始善终的人生？”这个应该是绝大部分正常人所共同探寻的目标。而《道德经》用一个“夫唯道，善贷且成”，一次性解答了这三个问题。

原文

古之善为道者，非以明民，将以愚之。

民之难治，以其智多。故以智治国，国之贼；不以智治国，国之福。

知此两者亦稽式。常知稽式，是谓“玄德”。玄德深矣，远矣，与物反矣，然后乃至大顺。

译文

古代善于遵行“道”的人，不是教导人民知晓智巧伪诈，而是教导人民淳厚朴实。人民之所以难以治理，乃是因为他们使用太多的智巧心机。所以用智巧心机去治理国家，就会危害国家，成为国家的灾祸；不用智巧心机治理国家，才是国家的幸福。了解这两种方式的差别就知晓了治国之道。经常遵循这个法则，可称为“玄德”。玄德深不可测，远不可及，和万物一起复归到道的真朴，然后才能极大地顺乎自然，及于大治。

本章与《道德经》第十八章里的“智慧出，有大伪”和第五十八章的“其政闷闷，其民淳淳；其政察察，其民缺缺”互相映照，是老子典型的治国理念。老子本章反复强调了不可以智治国，之前的章节就此已经有了详细的说明，此处不再解释。

荀子说的“水能载舟，亦能覆舟”，大家想到的都是政治制度，而对应于企业管理，很少有人能将之和公司治理联系到一起，这里，却藏着理解本章的真谛。类似古代帝制里的官制，对于总经理及以下的各层级的管理者，他们的位置基本都不是由基层选举而来，而是由董事长、董事会及上级任命的。大家对政治制度如此安排可能会有意见，但对于公司里这样的模式却觉得理所当然。

管理者要思考的是，这些被任命的位置真的稳吗？我们常说“德不配位，必有灾殃”（出自《易传·系辞下》）。但首先是“力不配位，不能常侍”。在一个相对健康的组织里，管理能力才是决定管理者能否稳定在这个位置上的关键，而不是上级的任命。所以，眼睛只往上看的管理者，也只配在变异的僵化组织内生存，最终和这种组织一起堕落或者毁灭。在这个管理能力中，“德”和“力”就类似“认知”定义的三个格。如果管理者德不正，仅仅凭着智力在治理，最终的结果也是管理异化和熵增而殆。

从前面可以看到，总经理及以下的管理者，其权力看似来自上方授予，而实际上却如“水上舟”。那么董事长呢？皇帝也只能自称天子，不敢称己为天。作为公司拥有者的“天”，董事长就可以不尊“道”吗？遗憾的是，不能。一个最基本的原因是，除非是国授的独一垄断，所有的企业都要面对市场竞争。对于企业而言，市场如天地，企业如“刍狗”，市场竞争是公平的，落后的就要被淘汰。董事长的位置是不会被颠覆的，公司却时时会被颠覆，员工也可以用脚投票，船长与船共沉没，是狂妄的董事长的唯一结局。整体上而言，市场配置的“有、无”的博弈，显示了上善若水的流畅。换个视角来看，从个体到整体，美国哲学家杜兰特在《文明的故事》中将这个逻辑延伸到了包含政治制度在内的人类社会的全面思考，“文明不是被设计出来的，而是自然生长出来的”。开放、平等、自由，是一个社会持续进步的必然路径。

一个优秀的企业内部，整体来看必然也必须是“有无平衡”的。《道德经》里所描述的抱“有”负“无”的“和”，类似佛学里的圆融，如《无量寿经》里所言，“自利利人，人我兼利”。要落实到相对易行的企业管理中，背后具体而言是一系列系统性的做法，每一件都不容易。但就我的实际经验来看都有可能落实，包括但不限于：

①最高管理者为企业设置的合理定位和与之匹配的高远“无为”的愿景价值观；②越高级的管理者，个人越多的“无”；③精妙的内外生态化机制设计；④宽容的抓大放小使得制度保持合理弹性、见微知著的立体风险防控；⑤知识管理型的“三yu”、各级管理者的向上管理和向下负责；⑥普及做菜谱中享受格物的乐趣以使得更多的各级管理者享受工作变爱好的乐趣；⑦长板永生的人力安排来激发潜能；⑧中高层管理者各种归因于己的自我压迫获得业务乃至组织结构的微创新；⑨知行合一中积小胜成大胜的先易后难；⑩教学相长的“奉”之正向内循环；⑪有意为之有投入无虚假的学习型组织搭建形成的精进氛围；⑫宽以待人下的换位思考习惯的鼓励和普及（换位上级、下级、平级、客户、伙伴、竞争对手）；⑬品牌之“美”的传递与内外吻合；⑭管理层的和光同尘与“真”诚高效；⑮小“善”的鼓励；

⑯ 高级管理者对去复杂化的不懈努力……

有人说，发展企业就是靠管理，但靠管理不只是靠管理制度。在百年前兴许可以，现在则不行。西方的“科学管理学之父”，一位影响了人类工业化进程的人，弗雷德里克·温斯洛·泰勒[1]，他对管理学的核心贡献有两条：一个是让管理学告别经验主义，成为科学。二是创立了工业流水线及流程管理，管理制度时代也由此而生。然而，时代总是滚滚向前，卓别林的电影已经预示着这种模式的瓶颈：人性被忽视，个人的潜能也无从发挥。半个世纪后的德鲁克，成为管理学进入下一阶段的里程碑，就是因为他在管理中纳入了对人性的思考，成为划时代的大师。随后的日本制造，以戴明全面质量管理方法为基础（可见后文注释）又升级了泰勒的控制论方法[1]，实现了“反者道之动”的循环；再又到硅谷以人性化管理模式为核心的高科技公司引领了 30 年以上的美国的强盛。开启人性管理的“众眇之门”的德鲁克否定了企业存在的目的就是为股东赚钱这样一个显见的事实，而改为为客户提供价值和为员工提供成长空间，恰恰以关注员工的“有”，而吻合了《道德经》里的“有”“无”之和与佛经里的“利他”。唯此，才能抵抗组织的熵增和衰败，才能在内卷中成就卓越。

〔1〕弗雷德里克·温斯洛·泰勒，美国古典管理学家，科学管理理论的创始人及代表人物，被誉为“科学管理之父”。他深入工厂内部，提倡管理要科学化、标准化，坚持竞争和以人为本原则，主要著作有《科学管理》等。

凡人有屁股
每事是生意

《道德经》第十章

《道德经》第五十六章

原文

载营魄抱一，能无离乎？专气致柔，能如婴儿乎？涤除玄览，能无疵乎？爱民治国，能无为乎？天门开阖，能为雌乎？明白四达，能无知乎？[1]生之畜之。生而不有，为而不恃，长而不宰，是谓“玄德”。[2]

译文

灵魂与肉体融为一体，能永不分离吗？聚集精气达到柔和，能像初生的婴儿一样吗？洗尽思想上的尘垢，能让心地宽广得如一尘不染的明镜吗？热爱百姓，按照道的法则来治国，能保持“无为”的境地吗？口鼻自然地开闭，呼吸吐纳，能绵绵细静地雌守吗？通达四方，能不玩弄权术和心智吗？生养抚育了万物却并不据为己有，为世间立下了卓越功勋但并不自恃有功，滋养了万物但并不居于主宰地位，这就是最高深的“德”。

“天门开阖”，具体在对《道德经》第六章的解读里有专门分析。灵魂与肉体的关系，东方人说得不多，这里是《道德经》中仅此一例。《道德经》里提的更多的是“心”，直接提到过的有十次之多，间接提到的还多一倍。灵与肉，于管理角度，就是企业文化和实体管理的关系。“抱一”，“是以圣人抱一为天下式”，指的是圣人与道合体而不能分。这里是灵与肉的不能分，修道不是为了修而修，更多的还是要应用在自己的生活工作中，爱惜自己的本体，让这个本体多支持修道，而不是满足欲望，由此实现灵与肉的和谐统一。这是理解这句开篇的关键处。灵与肉，在婴儿时期是“抱一”的。随着进入少年时代，就开始更多的有“私”“欲”“假”“妒”等，灵与肉就分开了。修道的目的，就是重新将灵与肉合为一体，回归婴儿态。“反者道之动”，则是在比婴儿态更高的维度和水平上。

婴儿的柔，是很有意思的现象。随着年龄增长，逐渐硬起来，到了死亡的时候，

---

〔1〕据陈鼓应在《老子今注今译》（中华书局2020年版）介绍，按照老子“修之于身”“修之于天”的文例推测，第十章前六句或顺序错乱，正确顺序应该为：载营魄抱一，能无离乎？涤除玄览，能无疵乎？专气致柔，能如婴儿乎？天门开阖，能为雌乎？明白四达，能无知乎？爱民治国，能无为乎？

〔2〕按陈鼓应《老子今注今译》（中华书局2020年版）说明，“生之畜之。生而不有，为而不恃，长而不宰，是谓玄德”，此句重见于《道德经》第五十一章，疑为错置。

剧烈的熵增，尸体就僵了，一切彻底结束。企业也是一样，初生的企业可塑性极强，创业团队内心纯净，是一种极柔软的状况，企业的规模伴随着能力增长，必然带来资产的增加和组织的硬化，就像随着机体渐渐高大起来，匹配的应是作为骨骼的资产的增大增长、作为血液的现金流奔流不息、作为肌肉的利润充斥在骨骼间。在这一切强壮的背后“多即是少”“物壮则老”，这样的大型企业也就容易失去百变的调节能力。越大的企业面对转型、创新和调整就越吃力，就和成年人再也做不了孩子的柔术动作一样。克莱顿·克里斯坦森所著的《创新的窘境》，是理论性分析这种困局的极好的书籍。

最近几十年，管理界大谈“内部创新”“柔性组织”“自我颠覆”，也都是想克服企业规模化后的这个“硬化”过程。依赖制度管理带来的副作用，就是企业硬化后使原有人治中的优点淡出。重新柔化的核心，是让魂回归肉身，让企业在婴儿时期曾经拥有的积极向上、上下同心的企业文化重新主宰一个机体。知易行难，具体方法在本章里不可一言概之，而本书全部涉及组织管理的内容，都是在为企业找到柔化之路，核心是管理层能否达到“玄德”。这个玄德，不是仅靠智慧可以达成的，必须首先选择“信”，因为灵就附着在信上。婴儿因为信任母体，才能专气致柔；“道”不可描述，所以需要先“信其在”而修德；修德中，企业内、团队内彼此的“信”也由此增加（或者说回归），于是，柔才慢慢回归了。这个过程中“信”的作用，类似认知中的第一个“格”。佛学的基础，就是要由“信”开始，才能学会用“心”观，这也是佛学是儒释道中最难入门的原因。一般人听佛学，每个字都懂，但却不能领会。心观力和信的缺乏，是其中一个关键的原因。

这个“信”不是仁义礼智信的信。按照咨询公司的建议，发动一场伟大的文化的革命去克制硬化，大概率白花了咨询费。原因未必仅是咨询公司的低能，而是重建本身的刻意。儒教为修复社会，想强行建立“礼”，结果却背道而驰，就是因为初心迷失和灵肉分离。虽然企业的灵与肉的再统一是一个漫长的战斗，企业家和高管们这方面的再统一，是其先决条件和相对容易启动的先易后难的易。

原文

知者不言，言者不知。

塞其兑，闭其门，挫其锐，解其纷，和其光，同其尘，是谓玄同。故不可得而亲，不可得而疏；不可得而利，不可得而害；不可得而贵，不可得而贱。故为天下贵。

译文

“有道者”不多言说，爱多说的不是“有道者”。如闭眼塞耳，关闭嗜欲的孔隙与入口；不显露锋芒，解除俗事的纷扰，收敛他们的光耀，混同入尘世，这就是玄妙齐同的境界。达到“玄同”境界，人就不分亲，不分疏；不分利，不分害；不分贵，不分贱。所以为天下人所尊重。

《道德经》第七十七章，突出介绍了“奉”的重要性，和本章的前八个字看似直接冲突了。“知者不言，言者不知”，如何理解？老子从来不是个遁世消极的人，《道德经》看似的矛盾中，隐藏的都是题眼。我的理解是，这里有三层含义：

第一层，知而言，关键在于自以为知，并以此觉得自己高人一等，自上而下去布道，这是老子最反感的，这样的言者，开口就已经不知（道）了。第二层，“圣人不仁，以百姓为刍狗”“处无为之事，行不言之教”。于不想修道的人，特别刻意地强迫他们和你同频，本质上是施加道德绑架，违反了“和”及“不为”的原则。所以，见到不同类型的人，从对方的角度出发自然地聊天，既不失掉你的自我和原则，又不刻意通过拉开差距而抬高自己，心里明白大家的一些不同，却只在合适的场合下用合适的方式与对方展开交流，才有可能适时提醒对方自己有一些不同的见解，这是一种耐心和无私的“弱”，也就是和光同尘，光而不耀。第三层，永远敬畏自己的“不知道”，就如面对冰山一角和“认知之圆”。后者越大，越觉得自己无知，怎么还敢以“知”的自信而言呢？

那么我们该如何“奉”呢？在《道德经》第五十四章里，老子连用了五个修字，却没有一个“传”字。《道德经》推崇的是修道士，而不是传教士。“有道者”是用自己的言行（注意：二者合一）在修行自己，验证自己，也影响着周遭的人，包括生活中的亲朋，当然也包括组织内的同事，共同摸索，一起“精进”。这个，才是老子说的“奉”的正确做法，恰恰不是那种居高临下、口若悬河、严以待人的“言”。对于管理者，不是说他要闭嘴不言、沉默寡言，这样还如何能够带队伍？关键还是在开口之外，他的初心如何、做得如何。

前两句解开，全文应该就一下子通畅了。“塞其兑，闭其门”，指闭起眼睛，用心去看，不要为“有”带来的欲望控制自己的心智，还要知道很多真相是用眼睛看不到的。我在工作中强调的八小时之外复盘的顶层思考中，时而就会有心流中悟到真相的一刻；此外要提防逞口舌之快对自己的侵扰，避免“不知而言”。“挫其锐”，就是使得自己外圆内方的圆润。和光同尘的本质即为玄同。玄者，深奥微妙，老子在第一章里就有了最深刻的揭示；同，就是聚集，合一。玄同，就是将不同的东西混在一起，但本质依然有区分，这是入世修行的最佳注脚。强思辨的《道德经》，是从入世中能够搭接到道的唯一经书，也是能够通东西方哲学的唯一经书，靠的就是玄同的辩证。

玄同的境界，到底是什么样子呢？最后三对词就很有高度了，亲疏、利害、贵贱，前阳后阴，对它们不分差别，是“不仁”，更是阴阳玄同定理下的变换式。

这个境界，生活中确实不容易做到，但是工作中能够克服私欲、不分亲疏远近地待人（只看人的德行能力，不看关系亲密），是一个合格管理者的必修课。利害利害，有利的必然有害的一面，能够认知到这个矛盾的统一性，明白福祸相依，能识别福祸各自的反面并发掘有利的要素，需要“不以物喜，不以己悲”的情绪，面对外部“势”的起伏，保持稳定的心态，这当然也是做一个合格管理者的基础。

这种平常心，可以用在自己的修为上，就是各种平视能力，平视贵贱祸福利害亲疏内外。普通人见到所谓俗世间地位高的人，就不由得仰视甚至巴结，人格不免被贬损，智商因此被压制，反而不能结交到值得结交的高人。修道的一个额外的好处就是让人能平视外部世界和平视自己，不卑不亢，反而更容易提升自己待人接物的水平，并积累有价值的人脉。当然，能做到平视贵人，自然也不俯视所谓的“贱人”，因为贵贱美丑、自负自卑，都是阴阳互转，前阳后阴。只有心中不对外分贵贱，也才能让自己不掉入自卑自负的矛盾冲突中，《道德经》揭示了大量类似的阴阳玄同。在这个境界里，一个人不追逐权贵，平常心看待悲喜，平等待人不分亲疏，自然能获得周遭的尊重，成为成功的管理者，成为生活中大家认可、主动结交和附以善意的贵人。这个，不就是最近大家常说的领导力嘛。

这几年领导力课程流行，大部分都是从德鲁克的书里可以推演出来，而老子的《道德经》活脱脱就是一本“领导力”养成指南，原理定理一应俱全。这也说明了商科不能成为一门科学，就像生化环材唯有环不是基础学科一样，就是因为其应用性太强，而系统性太弱。商科更适合在生活和工作中去学，甚至自学成才的价值远大于书本里的灌输和强行消化的成果。

咨询公司和教授们编制出了一个个课程和方案，各种 APP 和大咖演讲兜售着琳琅满目的新思想，这些至多是“人书金字塔”里最低层的代入演算的水平。层出不穷的新概念新词汇，令人目不暇接，反而造成了管理者的迷失——“接化发”接到和吃下去的都是人造食材，化成了结石，自以为是牛黄。学数学的人，变换公式都未必要记，谁还记忆那么多代入演算？这些以牟利为初心的速成班成了年轻人的彩票站。售卖的，是打着知识和技能外壳的希望。成功率，比中彩票更低。因为他们反向于苏格拉底教学法的真谛，牟利的初心使得发起者的智慧用于造自己的神，让更多的人去跪拜。而凡是对人间偶像的跪拜，就一定会使人变愚蠢。

面对这种现象，想让自己更善于思辨一点，既博采众长兼收并蓄，又不随便随大流，是非常容易的，我有两句口诀：“凡人需长屁股，每事可作生意”。世间凡是人都需要有“有”。人要生存，就有利益、偏向与个人喜好，所以言论就几乎不可能是“持中”的，都会有立场。作为听者，就怕盲从。大家都要生存，就会有各种买卖的可能。而信息和见解往往也是一种商品，就是“有”的状态而必然追求更多的“有”。明明是信息的买家甲方，却要过度迷恋和感谢乙方，就不太值当了。

辩解就是你错了

《道德经》第二十二章

《道德经》第三十九章

薛涛解析管理之道与认知之得

ANALYSIS OF "TAO" IN MANAGEMENT AND "TE" IN COGNITION

原文

曲则全，枉则直，洼则盈，敝则新，少则得，多则惑。

是以圣人执一为天下式。不自见，故明；不自是，故彰；不自伐，故有功；不自矜，故能长。夫唯不争，故天下莫能与之争。古之所谓“曲则全”者，岂虚言哉！诚全而归之。

译文

委曲反能得到保全，屈就反能得以伸展，低洼反能达到充盈，破旧反能生新，少取反能多得，贪多反而会产生迷惑。因此有道的人坚守这一原则作为治理天下的范式。不自我表扬，反而能自我显明；不自以为是，反而能是非彰明；不自吹自擂，反而能功勋卓著；不自高自大，反而能长久。正因为善于谦让，不与世人相争，所以天下反而没有谁能与之争。古人所说的“曲则全”等话，怎么会是空话呢？它是实实在在能够达到的。

又是“反者道之动”，也是一些阴性词汇，本章运用一下我的“阴阳全谱论”。

“曲则全”，放在几何中就很好理解，选择弯弯曲曲的路径，必然会产生最大的接触面，在待人接物中则会考虑到方方面面。“曲”的反义词是“直”。韦尔奇在《赢》里曾说，“做到坦诚，让我们任何时候都能立于不败”。如果按这个理解，那么，在组织内（也可以包括生活中），就应该尽情的“直”吗？实际上却并不如此。

我们需要坦诚，但却不能直率；后者，向下不能负责，向上不利管理，横向伤了协同。两者的差别仅在一线之间，主要就是看我们在表达前，内心的选择是为了自己的爽快，还是为了组织目标，同时兼顾他人感受。如果是前者，在这种基础上的直率，往往是鲁莽和极度自私的；而如果是后者，心力的消耗是很明显的，这样才能做到考虑了组织目标和他人感受后的真诚表达。即便是说出对方的不是，也可以让人感到阳光般温暖，就像上善若水的长江明明从西向东流过祖国大地，却会逢坚而绕行，虽有西楚霸王不肯过江东，但它定能抵达大海。曲与直、坦诚和直率，这两者的区别就在“佛魔一念”。

可见，老子提倡“曲”的关键，不是简单地学会说话拐弯抹角，因为那里有可能存在一种老子不提倡的“智”和“诡”。老子希望你的内心在这个事物的判断上（注意，不仅是表达方式上），从善起步，放空自己的同时，却考虑了别人的方方面面。流过草原的闪电河，并不急于达成自己的目的，而是不一味用强去抵抗草原土壤的不均。在组织内部交流中考虑到各种人的不同品性，这种上善“顺便”滋养了尽量多的草原。沟通中，小问题眼中看见了，心中不计较，交流中当然会放过。大问题却必须真诚表达，否则组织就要开始溃散了。我看过很多优秀的企业（也包括 E20），就如韦尔奇所说的，企业内部真诚简单，团队将心用在做事上，相互间单纯得有时候感觉像个学校，讨论其考题也是互不相让；而我也看过和经历过一些企业，复杂如机关，制度如细网，会议 PPT 精美，各个发言密不透风，却感受不到任何真诚。无论在会议上还是在平时业务中，员工真正花在事情上的有效精力占比很小，但是公司的管理制度倒是执行得严丝合缝，这样的官僚化企业也就是靠某种垄断属性才能生存了。

一个健康的组织，在其内部向上沟通的过程中，当领导确有不当的指示或者安排的时候，该如何处理呢？对于下属来说，首先是要能看出来问题所在。很多下属过度仰视领导，视其为万能者而蒙蔽了自己的双眼，当然也有其自身认知有限本不能发现问题，也就没什么要沟通的了。如果下属员工能看出问题，又有四种不同的实际情况：

在坦诚的组织内部，面对认知水平足够高的领导，直接提出并附带建议即可。即便错了，对其个人也是加分项。这种是最理想也是最高效的。如果领导水平不高，就需要一些技巧了，最下策是不说，因为你还得继续执行，耽误了时间还白辛苦，最后领导可能仍不满意。中策是尽量委婉说，只能说差强人意。上策是一种“既要又要”的水平了，既要让领导没感觉到自己被冒犯，又能体现你的水平。如果你能做到这一点，自然前途不可限量，这个就是“向上管理”的一种：做到无、平视、换位和高认知水平，是唯一的解法。以上策为标准要求自己，就能抓住认知大提升的机会。我的实践经验，如果足够用心是可以做到这个水平的。

对“曲则全”还有一种同理的运用，是如何看待战略选择中模糊的正确，具体可以参看我对王凯军教授一生职业选择的评价（参见后附文章《从王凯军新书里学管理和看个人成长》）。在当前竞争日益加剧的背景下，选择大于努力，竞争难度陡增，直线般的轨迹更加不可得，所以掌握“曲”的规律十分重要。面对不确定性（阴性词）越来越强的未来，无论是个人成长还是企业战略，都是越来越不易规划的，大概有一个正确的方向，然后勇敢去面对无数的无法预计的困难、选择、突破、成长的循环，顺势而为，并坚持聆听自己内心透射的原则。回头看绝大部分人的一生和企业的成长史，大都是上述那种弯弯曲曲的过程，好像有时候都偏离了主线，却又顽强地转了回来，这就是人生和企业发展历史的客观规律。理解到这个形态，就知道老子不喜欢“强”的原因。因为过“强”，就会像在草原上耕地种粮一样，妄图强行规划自己的一生，或强行设计企业的发展轨迹，人或者刻薄，或者痛苦，或者兼而有之，甚至少数人由此黑化，企业不自量力、捉襟见肘，草原则沙化废弃。

必然和偶然的永恒矛盾，在与人相关的世界里表现得最为充分。所以孔子说“君子不器”，可以理解为不要仅在与物质相关的技术里过度消耗自己（想起了码农），一定要关注人本身而持续提高认知，才是生活可以获得幸福的主要因素。一个人在组织内的成功，就是工作中与人相关的要素占比的提升，成功者往往是如下轨迹：工程师—管理者—领导者（内转外、机会寻找到创造）—社会领袖（输出文化和价值观）。

根据“阴阳全谱论”，自然科学里，进入原子内部的、借助仪器也不可观察的量子力学是阴性，原子结构以上到星系以内的可观察的经典力学为代表的常规科学则是阳性，因为西方科学体系依赖逻辑与智慧而建立，导致后者先于前者在科学意义上被“发现”，但前者包含了后者，前者才是本源，在那里无关于人类的“发现”而不增不减。我们学习的大部分知识都是可观测的，高确定性（阳性）和强因果（阳性），在少数基础学科高手升级到上帝掷骰子的学问之前，绝大部分理工生在学校学习和比拼的都是阳性的事物。结果，学习的内容是强因果，比拼绩点也是强因果，学生们认为社会就是强因果和即时报，就是一分努力一分收获，成功主要靠自己的努力，变成了典型的纯唯物主义者而忽略了建设精神世界的价值，这就是我们常见的精致的利己主义者的由来。他们对命运缺乏敬畏，相信只要努力就有回报，相信自己用自己看得见的智慧（阳性）就能解决所有问题，对偶然性（阴性）缺乏心理准备，在社会上面对挫折容易失控甚至黑化，对周围看得见和看不见的支持缺乏感恩，也不知道“有”会带来的负面的连锁反应。就算他们偶然成功，却因为笃信努力完成所有的“有”的满足就是成功的人生，自信地无限升级他的“有”变成了贪婪，最终大部分都会触发命运的报复。

与人相关（阴性）的知识和能力之所以有无上的价值，因为人类所拥有智慧（阳性）和“有”所影响下的欲，在社会中各种碰撞，就像量子力学（阴性）中大量粒子的无规则运动一般，带来了大量偶然和不可预期性（阴性）。这些偶然和必然的交织，在人性中的“有”和“无”的矛盾处于“和”的状态时，会通过人性的聚合，产生一种极具穿透力的美（阴性），这种美是可以直击心灵的，类似人类创作的音乐和绘画。宗教会与艺术结合，它们的美有助于帮助人类摆脱智慧的束缚，直接赋予搭接人类与宇宙真理之间的悟和心观力（阴性）。所以，学《道德经》、学管理、研究个人成长规律，都应该深刻感受到美，才能保证自己走在正确的道路上。如果让老子穿越到现在，看到现在年轻人的“美商”水平，他肯定会大叹：“天下皆不知美之为美，嗟乎！”

面对同一个“人”的主题，企业管理与个人管理两者最适合同修，它们之间的最大共同点，就是不像自然科学那样充满了即时因果和确定性，人性的存在，使得两者都是以大量不确定性来组成的，只有以“认知”同时为手段和目的的二合一模式，去做知行合一的“二合一”，才能更好破解这种挑战。我虽然有二十年没认真读书，却一直沉迷于管理实践中增加对人的理解和把控力，恰恰强修了阴性的认知基座，对于我“接化发”任何关于人的书籍，有巨大的功效。

这种充满不确定性的人性的规律，也是老子为什么说先易后难的原因。我们不是靠努力和因果就能获得某种欲望的满足，无论是对于个人还是企业。过多的规划都是空中楼阁，面对太多的外部形势的不确定性，我们能做的就是提升自己的能力。

所以，无论对企业管理还是个人管理，我觉得都要遵循“四前意识”，即：事在财前、人在事前；今在昨前，明在今前。事不重要，人才重要。人过去的能力水平不重要，人的进步可能才是最重要的。先干起来，而不是犹犹豫豫，就是希望在“知行合一”中提升能力，也就有可能在多变的地貌中把握自己的命运，才有可能先易后难地提升人的水平，才能真正走向他心中看似模糊实则是善的本能在指引的目标。于是，看似曲折，似乎是靠“命”协助的偶然走向了目标，背后是“道”给予的必然。一开始模糊的方向、边走边学的能力的提升、边走边调整的无数小选择和背后的大坚持，就是“上善若水”的水在草原中行进的轨迹，再想一下，这种认知与成长的螺旋上升的生命实现之弹簧，以一种“玄”的双绞线样子，被命运之光投射在墙壁上的时候，不也是一样的“曲则全”的轨迹吗？

对于“枉则直”，在夫妻之间和组织内部交流中，难免有被误解的时候，此为“枉”。很多时候并没有时间和必要去辩解，矛盾往往就在下一步化解了。每件事都要当场弄个清楚，而且不分场合，反而会把事情越弄越糟。本质上，这种做法是没有用“心”而只用了“智慧”的结果。老祖宗有言，“事缓则圆”，说的就是由于当期处理不合时宜，或者容易进一步激化，或者干脆还没想清楚咋回事，建议先放一放，就是类似的道理。另外，很多时候，你以为是“枉”，往往是你自己信息掌握得不充分，或者干脆就是“有”带来的私欲造成的心魔在给自己找理由。比如领导批评下属，有的下属第一反应就是着急辩解。这个结果可想而知，但此种现象却偏偏屡见不鲜。一个初入职场的人，如果在这个场合能克制自己不马上辩解，他就已经领先了同龄人半步。

“洼则盈”，类似《道德经》第五章里的“虚而不屈”；“敝则新”的一种场景是我们常说的“温故而知新”；“少则得，多则惑”，可以理解为物欲是否占住了身心，于学习而言则是不会“接化发”。这四个词相对简单。“抱一为天下式”，“一”就是“道”生的“一”，就是天地之始的“无”。

继续看“不自见，故明；不自是，故彰；不自伐，故有功；不自矜，故能长”这句，“见”，就是使得自己被看见（彰显），这个也是老子很不喜的。一串的“自”，讲的都是傲慢，表面看骄傲的人不容易接近。对于更有心思的人来言，骄傲的人更容易被人利用，也容易转瞬被控制跌入自卑。本质上，骄傲就是心中“有”太多而障目的原因，而这恰恰是傲慢在基督教中被称为七罪之首的原因。

国泰航空的“毛毯事件”[1]，说明了傲慢是一种何等危险的组织情绪。其危险性在于我们往往把它和企业荣誉感混淆，被鱼目混珠而能够像病毒一样隐藏起来，在关键的时候发作。国泰航空的外资背景曾给了其自信的资本，但是自信和傲慢就是一步之遥。高管来源相对封闭保持了血统的纯正，也带来了傲慢，和其内在文化过于单一导致的脆弱性，包括管理理念的传统保守和过于刚性。流程化的严谨逐渐演变成操作中仅仅考虑公司的服务标准而不是客户需求，将目的和手段进行了颠倒。危机出现的应激反应显示了企业内部文化的严重异化，最终使得企业祸不单行。坏事为何会越滚越大？就是“道”所驱动的命运在后面发挥了作用。

反之，一旦学会了“无”，就会得到一系列的好处，如“明、彰、功、长”。“无”具有十分强大的力量。我可以讲个小例子，比如如何放松地演讲，很多人都做不到，原因就是把注意力放在了自己身上。一旦不把自己当回事，就会突破这个瓶颈，再加上好的内容，就可以收放自如取得成功，也即所谓的“非以其无私邪，故能成其私”。既然达到了无私的境界，自然也就“夫唯不争”，别人就拿不到你的把柄，也就“天下莫能与你争”了。类似的，孔子也讲过“心之所欲不逾矩”，佛家里也认为“能选择自己的欲望”才是自由。之所以做不到，就是因为受本能欲望与情绪的摆布，就是“有”给的障碍和带来的苦，所以修“空”类似道家的“无”，都是通往自由之路的“修行”。

---

〔1〕国泰航空毛毯事件：2023 年 5 月，一位中国大陆乘客，在乘坐国泰航空时，用普通话申领毛毯，却因此遭遇空乘务人员歧视。空姐的言行被另一乘客发现并于媒体曝光，事件引发广泛关注和评论。

原文

昔之得一者：天得一以清；地得一以宁；神得一以灵；谷得一以盈；万物得一以生；侯王得一以为天下正。

其致之也，谓天无以清，将恐裂；地无以宁，将恐废；神无以灵，将恐歇；谷无以盈，将恐竭；万物无以生，将恐灭；侯王无以正，将恐蹶。

故贵以贱为本，高以下为基。是以侯王自称孤、寡、不谷。此其以贱为本邪？非乎？故至誉无誉。是故不欲琭琭如玉，珞珞如石。

译文

从来凡是得到“一”的：天得到一而清明；地得到一而安宁；神得到一而灵验有效；山谷得到一，充盈有生机；万物得到一，生长发育世世不绝；诸侯和君王得到一则天下安定。推究其理，假若天不能保持清明，恐怕就会崩裂；如果地不能保持安宁，恐怕就要塌陷；假若神不能保证灵验有效，恐怕就会消失；倘使山谷不能充盈有生机，恐怕就会枯竭；要是万物不能生长繁殖，恐怕就会灭绝；若是诸侯、君王无法保持清明恬静，恐怕就会被推翻。所以，尊贵是以卑贱为根本，高是以低下为基础的。因此，君王自称为“孤”“寡”“不谷”，这不正是把低贱当作根本吗？难道不是这样吗？所以最高的荣誉是无须去夸赞称誉的。所以有道的人君不应追求美玉般的尊贵华丽，而应像石头那样朴质坚忍、不张扬。

“一”这个字，在《道德经》里是高级别的存在。而本章，是“一”出现最多的地方。“道生一，一生二，二生三，三生万物。”所以，“道”是万物起源的地方，“一”来自“道”，是“道”的本源，得一就是得道。对比《易经》中所言：“无极生太极，太极生两仪，两仪生四象，四象生八卦，八卦化万物。”无极是混沌，一则为太极，是伏羲的一画开天。对应物理学中，这就是宇宙大爆炸之前的“奇点”。奇点是一个没有时间、没有空间的点，质量无限大，空间无限小，“可名于小”“可名为大”（《道德经》第三十四章）。

在组织管理中，可以理解为“一”是企业发起的地方，里面藏着企业的初心——使命和价值观，如果这个初心符合“道”，那么守住初心是企业生存的基础，也是建设韧性组织的基石。它使得管理者可以明是非、看趋势（“天得一以清”），可以安团队、平波折（“地得一以宁”），可以对冲外部条件的概率性波动（“神得一以灵”），可以使得企业的实力充盈而强韧，可以使组织内外各项要素循环流畅，可以让各级管理者成为模范而被追随（御）。“故至誉无誉”可以参考“圣人为而不恃，功成而不处，其不欲见贤”这三句的解读。只有管理者将荣誉视为平常，才能突破其个人“私”的禁锢，才有可能成就大我。

最后一句“是故不欲琭琭如玉，珞珞如石”，并不是特别好理解，但非常重要。我们总期待优秀的管理者可以不过度追求身外的物质，却忽视了过度追求荣誉是有违进步的。“不尚贤，使民不争”，这个要求适用于各级管理者。

“争”依赖所有外在的激励措施，这种方式本质上是有缺陷的。作为“争”的目标，荣誉并不比金钱更高级，副作用也会存在。真正能在根本上催人奋进的，还是要靠发掘各层管理者内心的善意和动能。原因在于，在马斯洛金字塔的驱动下，企业能给予的物质和荣誉都会迅速被厌倦，那时，个人“争”的激情应来自对个人价值实现的超越和对世界探索的无限好奇心，这些可以在求认知中无限满足，并使得个人顺便获得“道”的嘉奖和命运的偏爱。

回到企业管理，“为客户提供价值”[1]就是企业的初心，就是前文中企业要得的“一”；“对人才的发现和培养”是让团队真正能够归心和精进的动力本源。它不是物质奖励，也不是荣誉，而是员工与组织共同成长的机会。仔细想来，当下在组织内部唯有达成如此境界，韧性的个体和由其有机组合而成的韧性组织才能形成，各层管理者才能不断精进，企业才真正能走向卓越。每一位“有道者”才能“珞珞如石”，像石头那样朴质坚忍、不张扬。

---

〔1〕管理大师德鲁克认为常青企业的三大要素为：为客户提供价值；与时俱进的企业文化；对人才的发现和培养。

用孔子挑战下老子

《道德经》第十七章

《道德经》第四十九章

薛涛解析管理之道与认知之得

ANALYSIS OF "TAO" IN MANAGEMENT AND "TE" IN COGNITION

原文

太上，下知有之；其次，亲之誉之；其次，畏之；其次，侮之。信不足焉，有不信焉。悠兮其贵言。功成事遂，百姓皆谓："我自然。"

译文

圣人治民，人民感受不到他的存在；其次的统治者，人民亲近他、赞誉他；再次的统治者，人民畏惧他；更次的统治者，人民轻蔑他。统治者的威信不足，人民便不相信他。圣人施道，悠闲自在，少发号施令。事情办成功了，老百姓会认为："我们本来就是这样的。"

"太上"，这里指的就是最高的管理者。"下知有之"，即下面的（百姓）仅仅知道他存在，即对他没有感激或不满，这就是无为的境界，类似庄子的"相濡以沫，不如相忘于江湖"。"侮"，指心中轻视。老子在这里描述的是理想的政治制度的四个层次，而我却刚好看到了我平时亲自管理的、观察到的以及书中和心中构想的理想化的组织的四种管理水平，并为此拍案叫绝。

最好的公司，员工几乎感觉不到管理者的存在，只要按照这个轨迹继续发展，管理者离去也会有下级能替代他。管理者只有达到"无"的境界才会愿意置自己于这种境地。强大的"无私"，使得制度几乎不需要发挥作用。能达到"太上"境界的国家好像只有理想国，完全能达到"太上"境界的公司，我也只是在极少数企业家的回忆录中见过。但是回忆录，如同历史"本就是任人打扮的小姑娘"，即便作者刻意不想这么做，也不能全信，"有"的强大会使得回忆录的粉饰无法避免。尽管这样的理想国不可得，但是以此为镜，尽力而为，总会有所裨益。

好在可以"亲之誉之"，凡夫俗子和组织做到这个层级还是有机会的，这也是我个人实践中已经有所体验的。这个比较像儒家所推崇的境界：礼乐仁义在组织内自然地与制度相结合，刚柔并济，基本不需要高压强制，大家就会自觉遵守它。管理者具有极高的威信，如果失去他，公司将面临巨大的风险。他时而会出现以保证大局稳定，他不会纠缠于工作运行的细节，大家对他充满信任，并且不吝惜语言去表达对他的崇敬之情。管理者知道大家各自的局限，也不希求每个人达到“无私”的境界，但是依然努力地自作表率和“奉”，以求大家一起逐渐理解和接近它。已经有部分管理者能够找到“有道者”的“无”的感觉，忘记一部分的欲望，忘我地投入到工作中。公司的任务设计中也时常能考虑到员工的成长，部分员工在不少的时间里找到了与公司共赢的感觉，并为此而在某些场合（公司年会或总结会）由衷地表达出这种感激。当然，这样优秀的公司，员工收入的提高满足了他们的基本要求，同时名利结合的表彰也是需要的，这些“争”的手段在公司总体上是和谐的存在，公司管理中依然要有考勤和制度，但较有弹性。当然，一个组织内总存在一些需求仍未被满足，组织内依然略有熵增的点源存在，需要人去检查避免它们增加。

“畏之”一出现，大家就想到了“法家”，老子预判了秦朝“尊法而不寿”。法家主张以律法治人的出发点是人性本恶，法家相信通过外在的工具制度可以强制实现对人的约束（而不是人性的改造），这是对人性的复杂性缺乏认识，所以才有了秦的二世而亡。秦朝后期选择儒法结合，是因为本质上它们更有共通之处，都是统治者以自私为目的的器具而已。道家的“性本善”并不与儒法对应，仅仅说婴儿时期的清明，这是后人没有完全理解的。《道德经》对善恶的问题，用一个完全抽象的辩证原理来进行分析，使得其以隐学的方式直接高于显学。在哲学层面，对比同为显学的儒墨，法家更加功利，学术性不够完整，本质上也是一种低一等的显学。之所以如此，源头来自韩非子对老子学说的去德寻理。这个理，是规则，是理性，强调因果控制，最终被政教合一的作用演化为酷法。

那么，道家对人性本质的分析方法是什么？就是“有”和“无”的阴阳之和的关系。所以婴儿并不是善，而是善恶不分的“一”。人的成长，是起于可以容纳不同（即“有”“无”）的智慧，再到有无之“和”，以及智慧到清明的辩证循环的反者道之动。承认和正视百姓中自然生长的偏多的“有”，所以有道者的修养提倡更多的“无”，这样的一个在个人成长不同阶段和不同社会层级的有无的“玄”妙转换，就是《道德经》对应《大学》的“修身、齐家、治国、平天下”所提出的自己的基本原理。

分析到这里可以想见，如果看到后来出现的商鞅和法家，老子应该会觉得这就是在用“彰恶”之强，因为这是在激发人性之恶。所以，一个社会如果过度依赖外在的法治来治理，其激发人性之恶的结果可想而见。

西方缘起地中海的自由贸易最终停留在封建与个人主义，配以字母文字，更易于科学和法治的发展；东方缘起黄河的抗洪农耕最终停留在集权与集体主义，配以象形文字，却不利于科学，偏于人治；与道所推崇的大禹模式不同，法、儒都相当于偷了天帝的息壤来堵“水”的鲧与禹，法家以法来堵，儒家以仁义礼智信来堵。究其深处，法家尽以帝王之“有”为出发点，不考虑苍生的有无，本质上是“有”最失衡的一种学说。而早期的儒家和道家在志向境界、对人的基本尊重和追求世界的真善美方面，其实是一样的，只是方法论有所不同。但是当一种学派，以及宗教被政治所勾连，都必然导致其“有”的无限放大。可见，大道相通，东西方两个文明也可以共鸣，比如杜兰特巨著《文明的故事》中写到，柏拉图的理想国必然失败，这是因为不尊重“有”的自然规律。文明需要在人性中自发生长，老子的“无为”思想，就是尊重“有”的存在。

在企业规模增长中，必然需要更多的规章制度，期望以此扩展企业家的管理边界，但需要对其副作用有充分的心理准备和提前筹划。显而易见，在公司治理层面，过于依赖制度的缺点是十分明显的，就是忽视了其副作用是对人性的压制和潜能的泯灭。以“畏之”的模式企图控制人的管理方式，类似机械工程师泰勒开创的科学管理派，运用到后期就会暴露各种问题：尝试以面面俱到的控制论管理公司，各种复杂严密的制度设计在运行中迅速崩盘，原因恰恰在于轻视了人性自私（“有”）的韧性和破坏力。在规模性企业中，都会使用员工畏之的惩罚和亲之的奖励。

为何《道德经》还是把无为的管理模式推崇到第一？因为上述的“胡萝卜加大棒”的模式，看似完美互补，但依然是在用激发人性之“有”来推动员工为企业做出更多的贡献。胡萝卜看似是吸引员工奋进的动力，但是实际上也会造成员工因为担心失去它，或者有一直得不到奖励的员工，使得胡萝卜对于他们变成一种反向的大棒，一样产生了“畏之”的效果；只要是大棒，就在冲击马斯洛最基本的安全需求和生存需求，副作用非常明显。胡萝卜本身，往往只能体现中低阶的马斯洛需求，衰减效果十分明显。如果能激发出员工自我实现的潜能和乐趣，激发更多的无，才是真正“无为（违）而治”的顶峰。两千年前的老子，已经为划时代的管理大师德鲁克提供了其理论的哲学基础，管理的本质就是激发人的善意和潜能，只有这样才能始终推动人在马斯克阶层的高阶升级，更有卓越者谋求破除马斯洛规律，由此带来组织的无限提升。

当组织处于“侮之”状态，这已经在精神角度处于失控的情况中了。在实际生活中，这样的情况并不一定仅出现在行将破产的企业里。我曾经目睹一位非常有名的掌控百亿级上市公司的企业家，在楼道里咆哮骂人的生动场景。这就像历史中各种王朝末年的类似情景，最后结局也是类似的，他失去了这家知名的企业。

“信不足焉，有不信焉”说的是，管理者自身做不到诚信，即便他口才上佳，满嘴诚信，最终也无法服众。失去了信任的组织，就像捆束木筏的绳索都已朽烂，任何一点冲击都会让它四分五裂。所以，不要看一个人说什么，要看一个人做什么。没有把握一次性看透，那么就多看些时间，这就是“路遥知马力，日久见人心”。

文中写到“悠兮其贵言”，悠字是关键，“攸”作声旁表音，又体现了水流的样子，“心”作形旁表意，表示这个字与人的心有关。可见，这就是上善若水、万事走心的最精简的表达。所以，想要看上去悠然自得地把控局势，企业家则要将心力花费在看人、看方向和育人、传授方法论（奉）上了。这些都不是具体的繁琐事务，有的就靠一对一的沟通，有的甚至就是自己在深思。没有滔滔不绝的训诫，没有事无巨细的指挥，这样的管理状态，自然显得他优哉游哉了。这就是管理的高境界，依靠的是员工的善意和潜能的最大量的向上补位。由此，“功成事遂”。功成不必在我，功成必然有我，这就是“为而不恃，功成而不处”的状态了。而“百姓皆谓：‘我自然’”的状态是最难得的，团队的成就感、归属感和自信心扑面而来。平凡人成就不平凡，有这种团队，企业如何不卓越？

原文

圣人无常心，以百姓心为心。

善者，吾善之；不善者，吾亦善之。德善。

信者，吾信之；不信者，吾亦信之。德信。

圣人之在天下，歙歙焉，为天下浑其心，百姓皆注其耳目，圣人皆孩之。

译文

有道的人是没有私心的，以百姓的心为自己的心。善良的人，我很好地对待他们；不善良的人，我也很好地对待他们，这样就可以使人人向善了。守信的人，我信任他；不守信的人，我也信任他，这样就可以使人人守信了。有道的人治理天下，会收敛个人的私欲偏见，使天下人的心思归于纯朴，百姓们皆专注于他们的视听，都回到婴孩般淳朴内然的状态。

本章开篇两句的境界很高，“无常心”，即无常人之心。“圣人”不再考虑自己，以百姓为刍狗，那么圣人也就是“不仁”的，所以对善者和不善者、信者和不信者都是一视同仁的，这是老子和孔子很不一样的地方。老子对圣人的要求更高，孔子对读书人的要求高。在严于律己方面，两人类似，但是孔子更努力地要改变他人与世界。从宽以待人角度看，则老子更甚。为什么要平等对待百姓？因为老子《道德经》的哲学观，就是平等看待任何阴阳矛盾体；更重要的原因是以百姓的心为心，既然圣人要做到自己全“无”，自然不会挑剔乃至全盘接纳百姓的“有”，这个境界是上一章解读的“太上，下知有之”境界的出发点。如果手下不全是善人，理论上管理就需要有亲之畏之的组合手段，然而圣人是如何一点点达到太上之境呢？这就是下面要解释的关键。

每个人都有“善”和“不善”的一面，在人身上是按不同比例分布的。但“物以类聚、人以群分”是动态的一个过程，因为除了极少数人，绝大部分人都有其善的一面。如果我们以善对待他们，就能吸引他们将更多善的一面照向我们。同时，我们当然也要学会保护自己，合理拒绝一些越矩之为：不要做傻好人——那个是懒惰之罪，也是另一种“有”——不愿意思考和不敢面对自己的难堪和害怕，而逃避勇于做正确选择的自私。圣人能做到以一颗平常心对待不善之人，和光同尘，不但帮助社会减少了戾气，还能学到或者获得不少额外的惊喜。于是，所谓的广结善缘也就出现了。

稻盛和夫曾说过："小善如大恶，大善似无情。"前者就是刻意区别对待和帮助弱小的人，实际上使得他们更加困顿；大善似无情，就是圣人不仁，专心用自己的"认知三格"打出新局面，并以"奉"引领无论善人还是不善人，引领（不是推动）出更多的无，用善成善而成大格局。由此，善人越来越多，有能力的人也越来越多，也就慢慢接近了太上之境。我自己未来的时间安排，会拒绝更多的不必要的见面，而将时间越来越投入在读书、反思、评论和写作中，也是这个道理。

老子在其后追了一句"德善"。"德善"是什么？是不求自身回报的为善，而不是每次都要算计从每个人那里获得什么报答。这样可以使更多人从善，也会使自己的工作生活更加顺利。这个在组织管理中有很多案例，是一种"命"背后存在"道"的偶然到必然的表达。

生活中，有些人很有志向，目标感很强，也很努力，他自信于用自己的盘算可以掌控一切，笃信"付出自有回报"。但这样过于笃信自己努力与结果之间的强因果关系，在一定意义上，就会显得过于功利，就不太会相信"善"的力量，因为他以为自己已经看到了因果。这就是"精致的利己主义者"的由来。

事实上，生活中除了这种因果关系外，还有很多他们看不到的偶然性因素在起着重要作用，比如你努力了并不一定就会成功。大多的成功都是基于"天时、地利、人和"，这里面就存在很多偶然性的因素。也许偶然性的深层，反映的还是一种必然。但不可否认，偶然性因素，在那一刻，会成为一个人是否成功的关键因素。

举个小例子，如我们平时与人交流时的小动作、微表情，其实代表了自己内心真实的想法和态度。自己当时可能并没有察觉，但未来，它也许会在你觉察不到的地方发挥出作用。比如在和客户交流中，你的一些无意识的动作和微表情让客户感觉被轻视了。在以后与你有交集的场合，客户会将这种感受变成一种差评，也许有可能在某次因果关系的作用下，对你们的合作产生负面影响，甚至让你失去机会或者损失惨重。

所以，人在越成熟的时候，看多了这样偶然性背后的必然，就越会觉得人生就是一种“命”。

而《道德经》告诉我们的，就是要做到“德善”。达至“德善”，使一些不被自己留意的下意识的偶然不会对自己形成因果纠缠的差评。

还有一种说法：人的能量很宝贵，所以在进化的过程中，其实就是一种节约能量的过程。为了节约更多能量，一些不需要深入思考和复杂决策的东西就会进化为人的本能以及直觉。这种基于本能和直觉的决策，就是一种无组织、不经过计算的决策。这种决策，也成为影响每个人“命数”的重要因素。达至“德善”，就是降低了无组织、不经过计算的决策机会，相当于在一定程度上增大了“命数”的必然性。至于其他不可知、不可控的偶然因素，就随它去吧，所谓“谋事在人，成事在天”。

无论在生活中，还是在企业运行中，每天都会有大量的无组织、不经过计算的决策。那么，“德善”能保证这些选择都倾向于“必然”吗？要回答它的作用，我们还是要回到阶层跨越和选择的关系上来。

当下我们都说“选择大于努力”，阶层固化来自每个人一生中大大小小不同选择的积累，与之对比，个人努力占据的重要性越来越低。选择的基础就是大脑中的计算和一些直觉。我们在做选择时，不同阶层的人眼中的世界是不一样的。信息量的不同，尤其是不知道自己不知道的部分，将导致计算中智商并不是最重要的决定要素。信息茧房、情绪、本能的决策等，都导致不同阶层容易做出截然不同的选择。最终，家庭教育、见识等带来了各自选择的巨大差距。阶层更高的人往往更容易做出符合长期主义的正确决定，因为他们的家族明白认知的重要性，其价值观都是有利于长期发展的，并将它及时传承。普通的家长，在孩子最需要对其认知指导的时候，自己还懵懂得不知道认知是何物。精神阶层的差距，大的像石器时代和核武器时代的差距，这比物质阶层体现得更加明显。更早地知道、重视和尽量提高认知，是对自身阶层不足的一种重要弥补方式。

为了分析得更清楚，我们还是用“认知三格”简单地验算下：认知的第一个格依然是决定性因素，因为它设置较低易带来“信息茧房效应”，移动互联正在通过“奶头乐效应”加强这种趋势。想想小视频的物以类聚就可知道，追求低质的快乐导致低质信息下的认知下坠循环，进一步强化了格局的低下，也影响了第二个格的培养，更不可能用第三个格去迎接挑战。读书与思考，尤其是有意识加强文史哲和美学素质的提升，对改善第一个格的局限是有帮助的。这些无用之用都是历史上积淀下来的精华，都是在指导人去做个好人，最好的格局就是“德善”。格局逐渐打开，有意识地在知行合一中提升第二个格的思维能力，抓住第三个格的挑战机遇，变压力为爆破力，是提升自己认知的大致过程。

赫拉利说：“智人与其他直立人最重要的区别，就是具有想象力也就是建构能力。”好奇心，会使得这个格的循环没那么遭受折磨，也使得第三个“格”带来的机会更多。一般而言，格局的提高就会伴随着德善的增加，也为逐渐改善提高者自己所处的环境，这也不是即时报的因果可以马上计算和验证的。好奇不但带来了破格创新的动力，也使得一个人变得有趣。有趣则会吸引好人或一个人好的部分，而有趣的人一般也喜欢交流、喜欢“奉”，按照对《道德经》第八十一章解读里定义的“唯心计算式”，则会让自己得到更多的提升。这些福报背后都是“道”的作用，分析不过来，经历多了也会笃信。

回到原文，“歙歙”，指谨慎。这句是指谨慎地对待不善人和不信之人吗？不尽然，此处更指的是“有道者”应谨慎地收起自己的私欲和偏见，积极思考和观察工作运行中表达出来的人性，而不只是关注工作本身。组织内的太上之境的接近，就是要领导者通过精密的结构小调整、言传身教和感染力，把更多人的格局打开，让更多人建立认知习惯，提高他们的认知能力，实现工作中的做菜谱和效率都在提升，在共同成长中彼此的互信也在逐渐加强，组织的聚合力和韧性自然也都提高了。由此，使组织恢复弹性，团队开始更多地学会“无私”，婴儿状也回来了，这是在企业管理中真正发挥软文化作用的样子。

随着信息化的越来越深入发展，管理技巧都可以很方便地廉价获得，各种商机在每个人眼中几乎也都是光速同达，什么是驱动企业的差异化优势？历史中沉积的基因毫无疑问是最重要的线索，除了其中一些偶然中的必然里有着的显性资源和能力长板，还有一个最关键且最隐性的长板，就是企业家如何将其个人领导力以“奉”配合机制建设，逐渐扩散、带动、吸纳并构成塔型结构成为向上生长的组织驱动力。

“百姓皆注其耳目，圣人皆孩之”这句，强调了百姓只会看到他们看见的，听到他们听见的，所以管理者必须谨言慎行，“无”的初心是最重要的出发点。后面这个“皆”字，又对应了“圣人不仁”，同时再次强调了“宽以待人”的要义。成功的管理者能透析般看见下属的各种毛病和短板，但只要不是三板中的“死板”就不介意。薛涛曰：视其才而用其强，见其短而育其缺，促其心而控其欲，潜移默化，因势利导，才能达到“三 Yu”的境界。

儒道两家，同样在力推善治，后世更多的帝王却把儒家和法家结合以进行统治。其实在学术层面，儒家和道家治国理念方面的境界更加接近。然而仅就老子、孔子两人的遭遇而言，则各有其性格所带来的影响。

老子曾担任周朝守藏室之史，以博学而闻名，孔子曾入周向他问礼。春秋末年，天下大乱，老子欲弃官归隐，遂骑青牛西行。到函谷关时，受关令尹喜之请著《道德经》。然后，老子就骑着大青牛走了，相传归隐修炼于景室山（后更名为“老君山”）。相传老子长寿，大约于周元王五年（公元前 471 年）死于秦国，享年一百零一岁。

孔子一生勤勉努力，颠沛流离，这里就不再详细叙述，但是据《史记·孔子世家》记载的小故事，则可以看到他的典型性格。

孔子知弟子有愠心，乃召子路而问曰：“《诗》云‘匪兕匪虎，章彼旷野’。吾道非邪？吾何为于此？”子路曰：“意者吾未仁邪？人之不我信也。意者吾未知邪？人之不我行也。”孔子曰：“有是乎！由，譬使仁者而必信，安有伯夷、叔齐乎？使知者而必行，安有王子比干？”

子路的意思大概是，因为我们不是真正的君子，所以就过得惨吧！孔子的意思则是，伯夷叔齐等是真君子，最后也很惨呐。

子路出，子贡入见，孔子又以同样的问题和方式问子贡。子贡曰：“夫子之道至大也，故天下莫能容夫子。夫子盖少贬焉？”孔子曰：“赐，良农能稼而不能为穑，良工能巧而不能为顺，君子能修其道，纲而纪之，统而理之，而不能为容。今尔不修尔道而求为容。赐，尔志不远矣！”子贡出，颜回入见，孔子又以同样的问题和方式问之。颜回曰："夫子之道至大，故天下莫能容。虽然，夫子推而行之，不容何病，不容然后见君子！夫道之不修也，是吾丑也；夫道既已大修而不用，是有国者之丑也。不容何病，不容然后见君子！”孔子欣然而笑曰："有是哉颜氏之子！使尔多财，吾为尔宰。”颜回比较聪明，没有直接回答，而是说，因为我们的学说太牛了，所以他们看不懂。他们看不懂，所以是他们的耻辱。过得惨，反而是我们的荣耀。于是，颜回得到了提拔……

读完这篇故事，再对比一下《论语》和《道德经》就明白了，同在立校五千年的十二本之山河大学[1]，历史系的司马迁太“坏”，公共管理系的孔子太仁，老子真的是哲学系的，法家就是校门口狰狞的保安。如果你对上述结论云里雾里，那么也只能说你自己在了解人的方面还是小学生水平。

〔1〕山河大学，源于2023年网友的一个玩笑式设想。河南、河北、山西、山东相邻四省为我国高考大省，但大学数量较少，好大学更少（四省只有7所211大学，其中两所为985）。为解决四省的教育困境，有网友倡议山河四省300多万考生，每人出1000元，自己打造出一所综合性大学，面向“山河四省”招生。此举引发全网网友广泛关注和支持。大家齐心协力于很短时间内在网络上建立起虚拟的“山河大学”，学校各机构、师资、场馆及毕业证等“文件”一应齐全，如真的存在一般。

消灭精致的利己者

《道德经》第三十三章

《道德经》第三十六章

《道德经》第六十六章

原文

知人者智，自知者明。

胜人者有力，自胜者强。

知足者富。

强行者有志。

不失其所者久，死而不亡者寿。

译文

能够了解、认识别人的人是智慧的，能够了解、认识自己的人是高明的。能够战胜别人的人是有力的，能够克服自身弱点的人是刚强的。知道满足的人是富有的，努力不懈的人是有志气的[1]。始终不离根基的人能够长久，肉体死了但精神永存的人会是长寿的。

这简直是一碗营养丰富的鸡汤，明快简洁，和《道德经》整体的晦涩深刻的风格突然完全不一样了。但是细细分析字眼，还是暗藏复杂。

“知人者智”，从《道德经》全文来看，老子是看不上“智”的。所以“智”在这里即便不被看作是个贬义词，最多也只能算个中性词。这一组其实是一句老话，知己知彼，知己远难于知彼。所以，明高于智。我们现在说“明智”，再次因为二词合体而曲解了古意，就像“利用”“道德”一样。生活中我们常说，某个人活明白了，这个明白的“明”，和聪明、明智无关，而是本章里的明——清明，是讲这个人通透了，心观到了人生的“道”理，自己也能践行“道”下的“德”。

“力”和“强”，简单看其原意即可，能够持续战胜自己，当然远远重要于超过别人。运用于企业管理，则指只会瞄着对手去超越，即便胜过对方，也会发现所得非所得，还使得自身陷入战略迷失之“妄”。因此，只有回归企业自身属性，以提升自己的内在为标准，方能为客户持续提供更好的价值，为员工提供更好的成长

[1] 全书译文是在笔者自己解读的基础上，博览众说，几经推敲，数稿而定。为展现笔者的独特思考，部分译文采取了过程稿，以便读者与正文的最终解读进行对比阅读，强化思辨。

空间，自然也就为股东提供了更好的回报。个人发展也是类似。回归初心，回归“无”，是企业常青的不二法宝，类似企业竞争中的“第一性原理”。

“知足者富”，并不是说知足就可以变得更富有。精神世界的阶层、贫富和再分配的计算公式，都与物质世界迥异，但两个世界有着密切的连接。精神世界的贪婪，在物质世界就会导致赔光而变得不富。知足的富，在于内心的富有。生活所必需的财富很有限，欲望的侵扰以外，现存的更多的物质渐渐也会变成负担。只有做“有道者”，才能摆脱外在（除了物质也包括虚荣）的纠缠，找到内心满足且认知跃升的境界。“祸莫大于不知足，咎莫大于欲得。”老子的同道伊壁鸠鲁[1]则说：“谁不知足，谁就不会幸福，即使他是世界上的主宰也不例外。”认知水平高的人可以达到知足的境界，同时其高认知的处事水平和高效率，也使得他更容易获得工作和生活上的成功。所以，知足者心富，且可避免“君子固穷”。

后半句“强行者有志”非常有论语味儿，还是要首先从标点符号开始思考。“强行者有志”和“知人者智”“胜人者有力”是并列的，外面绝大部分解读在此囫囵吞枣，端出鸡汤，会把老子气得从周至县的墓里蹦出来。这里说的力、智、志，类似老子全文说的“强”“有”，都不是老子支持的。读《道德经》的艰难处是一定要抠字眼，抠出来的都是一句当百句的深刻含义。对应自知和自胜，并且连接后文来理解，如果一味有志而强行，则可能导致如孔子般“失其所”，这才是老子所提醒的。“跂者不立，跨者不行”背后也有这个含义。在正面方向是个人发展不可一味用强，负面方向则是各种戒瘾，简单用强常常是走入强制—退缩—挫败—再强制的恶性循环之中。我曾经无数次戒烟不成功，而这次读《道德经》后不戒反而戒成功了，说明上善若水，回到“第一性原理”去找到解决问题的根源而不是死磕问题本身，要靠提升认知来救赎自己，而不可铁杵成针。这是老子给我们最关键的提示。

[1] 伊壁鸠鲁，古希腊哲学家，伊壁鸠鲁学派的创始人。其学说的主要宗旨是追求达到不受干扰的宁静状态，并要学会快乐。他认为，为了获得幸福的生活，人们应该寻求适度的快乐，其中知识、友谊、美德、节制等是实现快乐的主要方式。

"失其所"，当然不是指肉身的住所，而是心灵的住所。心灵的住所是什么？就是西方同期先贤苏格拉底的灵魂三问：我是谁？我从哪里来？我要往哪里去？也就是"道"。一个人懂了"道"，他就实现了精神的不朽。后接这句"死而不亡者寿"，既然精神不朽，自然就是死而不亡了。对于死亡的无所谓的态度，老子和道友尼采是类似的。尼采曾言："生命僵死之处必然有法则堆积。"老子和道友伊壁鸠鲁也是类似的，后者说，"你要习惯于认为，死亡对于我们来说是无所谓的。因为一切的善与恶都存在于感觉之中，而死亡就是感觉的停止。我们活着时，死亡尚未来临；死亡来临时，我们已经不在了。"

这和佛学的轮回说是很不一样的，我认为老子和伊壁鸠鲁都认为死亡就是死亡，不存在轮回，要活在现世中，要活得快乐而有意义。就像尼采说的"人生没有目的，只有过程，所谓的终极目的是虚无的"。

《道德经》第三十六章

原文

将欲歙之，必固张之；将欲弱之，必固强之；将欲废之，必固举之；将欲取之，必固与之，是谓微明。

柔弱胜刚强。鱼不可脱于渊，国之利器不可以示人。

译文

想要收拢它，必先扩张它；想要削弱它，必先让它强大；想要废除它，必先推举它；想要夺取它，必先给予它。这是一种微妙高明的道理。柔能胜刚。鱼儿不能离开池渊，国家的利器不可以轻易向人展示。

《道德经》里到处都是成语和词汇的祖先，虽然现在的含义经常与原意不符。前四对句子，很像一句成语"欲擒故纵"。但是，这是个诡诈之术，肯定不是老子的目的，老子喜欢的是大道阳谋。老子的本意，应该就藏在后面紧跟的那句"是谓微明"里：老子喜欢用"大"，表现道的无所不在；用"小"，表现心观力对道的捕捉。这两者，也是一对阴阳玄同。前面那四句，并不是拿来要做一种诡道的战术，而是在表现一种微妙高明的道理。这个道理就是：事物发展中的强弱转换，就如太极图中的阴阳，往往就在一瞬间。

从上文继续推演，此处的柔能胜刚，自然不是“以柔克刚”的意思。克莱顿·克里斯坦森写的《创新者的窘境》，被誉为20世纪最有影响的20本商业书籍之一，书中提到，每10家企业中，大约只有一家能够维持长期增长势头，其他企业都是到达了上升曲线的顶点后突然失速，上升曲线的顶点也就成了它们的极限点。比如曾经强大的柯达和我曾经提供过咨询服务的GE，甚至是未来的不再有颠覆式创新的苹果。所以，从极限点往回看，上述说的强弱转换在本章的前32个字里被生动地描述出来了。《道德经》此处在提醒大型企业的企业家，要“知止”，“鱼不可脱于渊”。你拼命扩张，超出了自己熟悉的领域或者企业家能力控制的范围，则可能会突然导致企业崩盘。你一直用强，让国之利器屡屡示人，就会导致外强中干且实际上是自曝其短。你瞧不起上下游小企业或新入行的企业，却未可知它们中某一位也许会颠覆式地毁灭你，即“柔弱胜刚强”。所以，你能做的，是让自己柔软下来，放空自己寻找二次创新的机会。同时，按照《道德经》第六十一章所说的，与这些生态链中的小企业共存，“两者各得所欲，大者宜为下”，才能让企业有可能战胜这些挑战——“牝常以静胜牡，以静为下”。

《道德经》第六十六章

原文

江海之所以能为百谷王者，以其善下之，故能为百谷王。

是以圣人欲上民，必以言下之；欲先民，必以身后之。是以圣人处上而民不重，处前而民不害。是以天下乐推而不厌。以其不争，故天下莫能与之争。

译文

江海所以能够成为百川河流所汇往的地方，是因为它居于百川之下，所以才能成为千百河谷的汇住地。因此“圣人”要领导人民，必须心口一致地对人民表示谦下；要成为人民的表率，必须把自己的利益放在他们的后面。所以，有道的人虽然居于人民之上，人民并不感到负担沉重；居于人民之前，人民并不感到受害。天下的人民都乐意推戴而不厌弃。因为他不与人相争，所以天下就没有人能和他相争。

本章以“上善若水”的境界为开篇，形容圣人成为统帅，需要“善下之”，包括行为上的“虚”——“言下之”，和其全心为民的初心。“以其不争，故天下莫能与之争”，圣人如此做的目的不是为了得到“天下乐推”。我反复强调，《道德经》有大量的隐含和反说的地方需要思辨，但是它又是一部大道阳谋的经典，绝不教人以诡道。所以，“以其不争”的意思，不是“欲争而故意表现为不争，好让天下莫能与之争”。目的（初心）略有差别的话，同样的手段，最终的情况也会差之千里。圣人的初心是对成为王乃至获得拥戴心中都毫无兴趣，此为“不争”。所以，圣人只是专心要做他想做的事，他的地位并非他的目的，但却无可推辞。

我们很多人看《道德经》是和《孙子兵法》一起来看的。拿《道德经》中的思辨当作商场和管理中的战术技巧来使用，将老子反复强调的“空”“无为”和其背后的“道”视为迂腐，“下士闻道，大笑之”而抛之脑后。

为何有如此的现象？北京大学钱理群先生曾经说过，由于传统文化传承的断档，我们现在的教育培养出了无数精致的利己主义者，“高智商、世俗、老道、善于表演”，他们就是典型的无格局有思维力的代表。这种人精于算计和表演，他们以其强烈的“私”的本心配合他们的智商，不让你感觉到乔装。由于其精致（高智商），他们知道“自私”是令人讨厌的，所以并不太会容易让大家感到他的自私，使得他们的初心更加不易通过其外在表现而被发现。作为我认为的诠释《道德经》的第一小说，《红楼梦》中的薛宝钗就是典型的代表——大多数读者都未能识破。这样的人，还有《三国演义》中的李严，和《水浒传》中的林冲。

如果企业家不通过学习“道”来提高认知获得“心观力”而明察秋毫，即便本人如何聪明也不易防备。当成为管理者后，精致的利己主义者会将团队训练成自己的私器，看似和“有道者”的团队一样，都是忠诚、积极、努力，却往往仅仅关注自己部门的利益，而且在公司有难的时候，会率先与管理者一起跳船离开。这样的管理者会仅仅为了个人或者部门利益破坏规则，而把这种行为表现得和“有道者”强调的要抓住本质目标而不要固守法治几无区别。这种人当然口才出众，以其煽动力和极其擅长思辨的能力混淆视听。他们一般不如“有道者”那样更能够坦然地面对和要求自己合理的私欲。这种人极其善于展现自己，他们知道简单的王婆卖瓜不会管用，他们会以牺牲企业利益为代价，有意制造某种局面使得自己脱颖而出。这样的管理者，我在解读《道德经》第四十六章时曾有所指出，令人细思极恐。

我曾强调万事“归因于己”是创造卓越的起始点，企业内出现了精致的利己主义管理者，我觉得企业家在管理上难辞其咎——未能把企业的共同目标真正变成每一位员工的目标，才让这种管理者有机可乘，这是企业家最值得思考的问题。如果企业家自己不能成为“有道者”，在当前的社会环境下，企业内这样的利己主义者必然防不胜防，伟大的企业就很难出现。当然，“天网恢恢，疏而不失”，总有一些无法计算到的场景，使得这些利己主义者现了原型，也许后面就是那个“道”的命数在作用。

企业文化的五个影子

《道德经》第二十三章

《道德经》第四十三章

《道德经》第七十四章

原文

希言自然。

故飘风不终朝，骤雨不终日。孰为此者？天地。天地尚不能久，而况于人乎？

故从事于道者，同于道；德者，同于德；失者，同于失。

同于道者，道亦德之；同于失者，道亦失之。

信不足焉，有不信焉。

译文

自然之道我们很少听到。所以再大的狂风也刮不过一个早上，再大的暴雨也下不了一整天。谁制造的狂风暴雨呢？是天地。恒久的天地兴风起雨尚且不能持久，何况人呢？所以从事于道的，就同于道；从事于德的，就同于德；失道失德的，同样也会失掉其他。同于道的人，道会得到他；失道失德的，道也会抛弃他。统治者的诚信不足，人民自然不会相信他。

这篇看似简单，却有不少绕人的题眼，尤其前后半部分转折的那个“故”，如果前后解释得不合理，就一定是误判了老子的原意。

“希言自然”不易理解，放在最后解读。之后说的意思相对清晰，连强大的老天自己的妄为都不能持久，何况人的妄为呢？所以人的妄为，有违于道或德，一定会自有报应。对于这个，你一定要“信”，可让自己在生活中面对垃圾人失道失德的行为时，避免没有必要的情绪化。如果受此情绪化影响，不仅将自己的格局拉低，而且也会影响自己的判断。

为什么会说面对垃圾人，按《论语》所言的“以直报怨”不值得？这是因为对方对你有怒气，你却按孔子说的要公正无私地对待他。如果对方的怒气来自对某些事情的“不知道自己不知道”，尚可以理解。而如果对方的怒气来自对方的恶行，结果没有受到惩罚，或者惩罚没有及时来到，你肯定会失望或者暴怒，甚至会升级为“以怨报怨”。孔子没有说明白的是，精神世界的逻辑不同于物质世界，“尊道行德”的回报不在于对方，而在于自己，德行的账户始终在自己身上。你按“道”的要求来行事，就会在账户中存钱。你以怨报怨只会拉低自己的品德，就相当于从账户里扣了钱。账户里的钱，未必是你行德的受益人付给你，往往会从你意想不到的其他人那里以其他方式回报给你。而当你以怨报怨的时候，对方大概率直接扣你的“钱”，而且还会由你意想不到的其他人以意想不到的方式另外多扣掉，是非常不划算的。这也是祸不单行的原因。这些我都有亲身体会，所以“圣人执左契，而不责于人……天道无亲，常与善人”。

明白了这个道理，“故”道者同于道，德者同于德，失者同于失。同，就是在一起，就是各有各报，天网恢恢、疏而不漏的意思。处在低阶时空的维度所看到的偶然，都是相对高阶者眼中的必然。“信不足焉，有不信焉。”三维世界的百姓，总是困惑于自己面对的偶然，是很难理解四维世界的圣人眼中的必然，因此，他们总不能“信”“道”所宣称的善恶因果。

此外，“失者同于失”并不单单指的是恶行，不得法而过于强制自我的努力也在其内。人的意志力是个消耗品，“跂（qǐ）者不立，跨者不行”。无论是戒瘾还是克己奋斗，都需要明白“天地尚不能久”，而要找到同于“道”的合理方法。

回到“希言自然”这个题眼，考虑这个“故”的前后就会发现，大部分都按其字面意思翻译，解释为“少说话符合自然”，很“论语”味儿，一般都是不对的。深究下去，“听之不闻，名曰希”，大自然所表达的“道”很少能被“听”到，因为这种听，需要极致的“无”和“心观”才能做到，普通人困于“有”及逻辑思维能力而无法做到。由于我们不能保持我们的“信”，所以就只能被漫长人生中偶发的各种大小福祸跌宕暴击。如果记忆力够长，还有一定的“格物”能力，就总会在某次灾祸中顿悟，从而又选择了“信”，这就是普通人选择“知行合一”后在俗世间修行的惯常路径。

“希言自然”是题眼，解开它就明白了偶然和必然这一对矛盾的阴阳玄同，而一个人不得不用一生去穿越这个不信到信之前的混沌期，其中一个解法就是“保持平常心”。因为他最终能看透这些福祸纯属偶然，没有将它们当作自己拥有的必然，也知道这些偶然随时也会离去，这反而属于必然，更知道如果自己失道失德，看似后面偶尔还会有好运气，但结局却一定是必然的灾祸。

河森堡所著的《进击的智人》曾提出，人类科技的进步具有一个共同的特征，就是能够折叠时间。这是典型的西方哲学影响下的思维，他们更加强调客观知识的价值，所以其折叠的也是客观下的知识记忆，一种高度确定性下的时间折叠。而中国哲学从有文字起就以其关注的混沌和不确定性而存在，因为它永远关注的是生命的意义。整个《道德经》乃至中国大部分典籍中，我们看不到明显的时空的划分，因为我们更关心时间的整体性。而读到"天地尚不能久，而况于人乎"之时，我们也以自己的思维方式折叠了时空，看到了命运中的必然。

《道德经》第四十三章

原文

天下之至柔，驰骋天下之至坚。无有入无间，吾是以知无为之有益。不言之教，无为之益，天下希及之。

译文

天下最柔弱的东西，能腾跃穿行于天下最坚硬的东西中。空虚无形之物，能自由穿透任何没有间隙的地方。我因此懂得了"无为"的益处。这种不言的教化，无为的益处，天下很少有人能够做得到。

本章是典型的"弱者道之用"，也由此进一步支持了"有生于无"和"反者道之动"。在解读《道德经》第六章时，我们讲过，自然科学的那个"一"也来自"道"。这里，怎么理解"天下之至柔，驰骋天下之至坚。无有入无间"？西湖大学校长施一公院士在一次著名演讲里说："暗物质就在我们每一个人的身边，甚至每时每刻都有几十万吨的暗物质'穿透'我们的身体。"大家可以闭眼体会一下。

在一个组织中，过于依赖有形的制度、强力的命令，无法使得企业获得内生的动力和效率。管理者如何用自身的表率，润物细无声地改变组织内部的文化，在虚、弱、柔的水的文化的力量里，实现组织的成长，是现代管理中的一个核心问题。挂在墙上的文化是死的文化，心中的文化才是活的文化。不少企业通过聘请管理咨询公司来制定企业文化，照搬硬套的多、空洞高悬的多、自觉无用的多，无论用了多么华丽的词汇，墙上用了多么华丽的装饰，也都是舍本逐末。更可怜的是，在“你知道我知道你知道我知道你知道我知道你在骗我”的一些官僚性组织的糜烂中，连真正思考这些的基础都不存在。我当年在北京大学读 MBA 时的学院院长张维迎所说的“语言腐败”[1]，在我们身边真是无处不在，这才是最大的浪费。与之对应，我还是看到了一些优秀的组织，有着很好的企业文化，与本章十分相似。企业文化是需要以“无为而为”的方式建设，是在企业的目标定位与其下的业务与管理运行中点点滴滴做出来的，而不是说出来的。所以，企业文化有点像“道”，不能简单地描述它，因为它的组成有具象的成分，但更多靠抽象的存在，就像用“德”去映射“道”。我尝试画出文化影子所带有的五个特征：

1. 好的企业文化，应该和企业本身紧密契合，套在别的企业身上，就总有不合适的感觉。

2. 好的企业文化，应该在不同层级的员工中，有着各自的个性，还有着基于大家共识的共性。

3. 好的企业文化，应该在企业最高管理者身上有着最清晰的画像，前述的表率只是其中的一个方面。

4. 好的企业文化，和企业的对外战略、营销，对内人力资源和组织管理等方面都保持着动态的紧密勾连。

5. 好的企业文化，是相对稳定的，它的变动非常少，却又可以灵活地重新诠释，对接公司不同阶段的需求。

各位管理者可以思考下，我们的企业文化，能够达到以上五个标准吗?

---

[1] 语言腐败，由我国知名经济学家、北京大学国家发展研究院教授张维迎提出，并在其文章和采访中多次强调，指人们出于经济的、政治的、意识形态的目的，随意改变词汇的含义，甚至赋予它们与原来的意思完全不同的含义，混淆甚至颠倒是非，忽悠民众，操纵人心。这里引申为在工作中，因为机制和思想僵化等原因而在语言上使用一些套话、空话等。

原文

民不畏死，奈何以死惧之？若使民常畏死，而为奇者，吾将得而杀之，孰敢？常有司杀者杀。夫代司杀者杀，是谓代大匠斫。夫代大匠斫者，希有不伤其手矣。

译文

人民不怕死，为什么还要用死去恐吓他们呢？倘若人民真的惧怕死亡，对于那些为非作歹的人，我们就可以把他们捉来杀掉，那么还有谁敢为非作歹呢？经常有专管杀人的人去执行杀人的任务，代替行戮者去杀人，就如同代替高明的木匠去砍木头，那代替高明的木匠砍木头的人，很少有不砍伤自己手指头的。

本章大意很容易理解，运用到公司治理中，如果一个公司不那么依赖奖惩制度，就能高效运行，那么它一定非常卓越。我在央企最后十年完成的管理训练，就是因为无法合理使用奖惩制度，既不能开除不合格的人，也没有合理匹配管理所需的薪酬和职位升降体系，逼着我必须在这种限制条件下“二生三”地想办法提升部门的效率。回想当时的磨难和努力，却无意中趟出来了一些野球拳，练就了我的认知基座。来到 E20 以后，才开始读德鲁克、稻盛和夫乃至老子，竟发现不少东西我都已经自己硬生生摸索出来了，这也许是不爱读书的坏处。但恰恰是自己摸索的，自己运用起来威力最大，“接化发”中对其他书里相关内容的理解也最深，甚至偶尔可以思辨和超越之。

虽然我深知不爱读书的坏处，但我依然觉得如果读死书真的不如不读书。所以，有时候我看到身边特别爱读书，却对生活缺乏灵性而过得十分辛苦和不优美的人，我就想模仿《三体》那著名的三连击对着他们的耳朵喊道：“不要读书，不要读书，不要读书。”在我看来，一天能看完一本书的，和一年也看不完一本书的，有可能是一种人，他们在书中找可以运用的东西。而正襟危坐，每几天、几十天认真从头读完非常多书的人，往往容易食古不化，不少变成了孔乙己。我觉得做个不读书的鲁智深，一生都在认真地面对生活中的打打杀杀，却在听闻钱塘江大潮之后坐化[1]，也好于盲从跪拜地读书，读成了傲慢、虚伪、懦弱。

当然，这不是书的罪过，只是人在读书时或者傲慢或者谦卑，因为那个“有”占据了心灵。要时刻警惕去避免“死读书、读死书、读书死”，这才是玩物丧志。我在职业苦闷的前十几年，没有去刻意读书，选择去玩了相机、学会了写作，倒不是一种玩物丧志。这个对比里无用和有用的玄同转换，核心还是初心。做任何事都带着玩心、好奇心去创新和提升认知，看到任何一样东西，都想着研究和它相关的方法论以及方法论的方法论，只要不去做伤天害理的坏事，大概率这样的玩物也是可以不丧志。

回头看，命运安排给你的偶然，和你选择的必然，也是一对阴阳，可以“冲气以为和”成为最好的安排。你要认真对待你的难题，带着好奇心，想办法创新地解决它，而不是简单地苦熬。体制内搞管理，类似太上老君的炼丹炉，认知中的格局对路了，可以练成孙悟空，格局歪了或者思辨和创新能力不足，就会费力不讨好，变成了渣渣。

“常有司杀者杀”，这里的“常有”不是“总有”的意思，“常”在这里指的是“道”“天”，老天爷本来会去杀他（意思还是死刑是多余的，会有报应），结果政府安排人当刽子手，就像一般人抢了木匠的活去砍木头，总会伤手。老子在这里的意思很明显，就是死刑只要在，就有它的副作用。公司里只要有惩罚的制度，在发挥它作用的同时，也一定会有副作用，所以不能满足于它和依赖它。我通过自己的管理实践，深刻认识到管理中的“以人为本”，体会到这一章讲得多么有道理。

---

〔1〕鲁智深为四大名著《水浒传》中的梁山好汉之一，为人急公好义，富于反抗精神，因打抱不平而三拳打死恶霸镇关西，为躲避官府缉捕便出家做了和尚，法名智深。又因救助好友林冲流落江湖，后加入梁山成为步兵头领，参加了多场大仗，并生擒方腊。他一直不赞同被招安，最后选择在杭州六和寺寄身修行。一日听见钱塘江潮声大作，如战鼓声声，遂顿悟，于当晚圆寂。

忘记他是你老板

《道德经》第十九章

《道德经》第四十五章

《道德经》第七十三章

薛涛解析管理之道与认知之得

ANALYSIS OF "TAO" IN MANAGEMENT AND "TE" IN COGNITION

原文

绝智弃辩，民利百倍；绝伪弃诈，民复孝慈；绝巧弃利，盗贼无有。此三者以为文，不足。故令有所属：见素抱朴，少私寡欲。

译文

抛却聪明和巧辩，人民可以得到百倍的好处；杜绝虚伪，抛弃欺诈，人民才会回复到孝慈的本性；抛弃伎巧和获利，就不会有盗贼产生。“圣智、仁义、巧利”这三者全是巧饰，不足以治理天下。所以要让人民的思想认识有所归属。保持纯洁质朴的本性，减少私欲杂念，抛弃“圣智礼法”的学问，就没有忧患了。

老子反对一切虚伪的东西。而为什么会有虚伪，不就是因为贪欲过盛嘛！所以，倡导“见素抱朴，少私寡欲”（注意，不是无私绝欲），就成为老子治世的宗旨。

到了一个组织中，无论你是哪一层的管理者，或者就是最基层的员工，只要你有了贪念，你必然会变得虚伪，而你的层级越高，也许你造成的危害就越大。在这种贪念的蛊惑中，你越聪明、越高喊仁义、越有技巧，你造成的危害也越大。

如何做好“自私”和“无私”之间的平衡，是最高管理者想成就卓越公司面临的最大的挑战之一。如果公司最高管理者想做圣人的模样，让团队和员工忘记了自己合理的诉求，那么，这样的圣人就是“大伪”。

《道德经》都是在对圣人和有道者提出要求，适用于领导者该如何与下属相处，不少内容符合德鲁克管理模式中的向下负责。但是，《道德经》却很少站在百姓的位置上说该如何与圣人相处。欧阳锋可以倒练《九阴真经》，我们也可以反向思考《道德经》，来给员工提供如何与领导相处的建议，这个对于个人前途当然很重要。然而，就像《道德经》一直写的那样，如果你紧紧盯住与上司相处的重要性是为了自己的升迁，那么恰恰你就得不到它。你要忘记他是决定你前途的老板，其实不是对你最重要的人。对你最重要的人只有你自己，你工作中最重要的目标是“成就”你自己，决定你人生的只有你自己。这是思维升维的第一步。第二步是你定义的成就是什么。

我还是建议选择成为“有道者”，做好“认知三格”的第一格，然后就可以真正进入良性思考——如何管理你的上级。

以这样的目标，或者可参考我在《浅谈环保人职业发展：管理三 yu 决与新三板》（本书后附）一文中提到的，遇与选择是双向的。员工应该去选择一个表里如一的管理者，哪怕他能力暂时尚未丰满，但是可以和他在共赢甚至摩擦中，一起进步、互相成就，就像我和我的老板一样，绝对好于跟着一位看似能力出众却不能坦坦荡荡的精致的利己主义者。这个良性的过程，有一点类似夫妻之间的边界变动和共同成长。

一个希望自己成为“有道者”的员工，可以按有道者的“无”来要求自己，就该“忘记”他是你老板。你就容易做到更坦然地平视领导，发挥自己正常的心智，做出自己正确的判断，抓住机会做建设性的交流。随后进一步要能尽量换“上”位，这个需要再放下一些“有”，换做领导的“有”，比如考虑他的时间和情绪，注意一些事情的合适时机和表达方式；如果他更优秀，是一个有一定能力做到“无”的有道者，那更有挑战但更出彩的，是能够一定程度去换“上”位成就他的“无”，帮助他考虑到，如果只实现他自己的利益，则会有损公司整体的利益。做到这个水平，你必然成为他的卧龙凤雏，因为他至少是个刘备，而不是极度自私的吕布或董卓。做到这一步的难度，在于经验和大量你不知道的数据，因此，发心就变得更加重要，偶尔的误判并不会带来上级对你个人不好的看法。这恰恰是为何“为善”要在认知第一格的原因。

对于一个具备换位思考基本能力的员工而言，不邀功、不矫揉、不拖拉、不糊涂的干脆利索都是为人的基本线，完成日常工作及时合理反馈给管理者，出现问题不推脱，不上来就辩解而是主动多承担责任，还能带解决方案并举一反三主动作菜谱，发现领导长短板，以己短长各匹配之，这些都是管理领导的基本做法。向上管理领导，共同创造、共同成长的企业内环境，就可以取得你和组织的共赢（不仅仅是和领导的共赢）。能够得到共赢，很多时候都需要有清明和“二生三”的胆识。其基础，也是“见素抱朴，少私寡欲”所给予的“无”。

此外，作为员工，在学会管理上级之前，还是要先克服不少自己“有”的障碍，才能心平气和地去修认知，至少要克服一些数据不全的衡量计算。比如最常见的，有人总觉得公司发给自己的小于自己应得的，这个现象的出现，就是因为如下几样成本是容易被员工忽略或者没有合理评估的：

一、公司股东本金投入的风险，这是绝大部分员工不明白的；二、扣除公司未来发展或灾备必需的预留；三、团队里上下左右的合作者的各自付出。

“反者道之动”，习惯了《道德经》的阅读方式，就可以以各种阴阳矛盾反复思辨运用在各种场合，当然也可以运用于被管理者和管理者这一对管理学的永恒矛盾体。

《道德经》第四十五章

原文

大成若缺，其用不弊；大盈若冲，其用不穷。
大直若屈，大巧若拙，大辩若讷。
躁胜寒，静胜热。清静为天下正。

译文

最美好的东西貌似也有欠缺，但它的作用是不会衰竭的。最充实的东西好像也很空虚，但它的作用是不会穷尽的。最笔直的东西看起来好像是弯曲的，最灵巧的东西看起来好像是笨拙的，最卓越的辩才好像是不善言辞的。动一动就可以克服寒冷，安静下来就可以克服炎热。做到清静无为才可以为天下模范。

生活中我们时常会感觉到一种命运或神秘的巧合，我个人会觉得这是命运在向我开示。瑞士心理学家荣格就此分析，认为这是人从心灵和外部世界两个通道同时进入意识状态，他称之为“共时性”现象。比如我们感觉梦里的事情和现实发生了偶合，比如我们在外部世界或者内心去寻找人生意义中的一些心灵感受。有趣的是，荣格研究了中国古典哲学，认为共时性和“道”可以对应，且在《易经》占卜时，在问者的心态及解答的卦爻间，有种同时性的符应。认为共时性和佛道同宗，都是在定义“一切存在形式之间的深刻和谐”。用“阴阳全谱论”来与荣格取得共识，则个体无意识为阴，个体意识为阳；无意识和意识间不是西方传统的二元分离关系，而是两者玄同之和。西方哲学后期强调人的外在和内在世界的同一性，其实与中国古典哲学中的“天人合一”没有区别。所以，荣格的共时性亦即是阴阳两种内涵的同时呈现，本就是“道”作为世界真理的体现，并非无意义的巧合。

本章讲的就是所有矛盾体都分黑白、正反两面，却又时时相互转化，这个在管理学中也是十分常见的现象，灰度思维、概率思维和动态转化思维，都是其常见的运用。这也是大多数管理者喜欢《道德经》的一个“有用”层面的原因。看缺是缺、不知其已为大成，看冲为冲、不知其已是大盈，看屈为屈、看拙为拙，这些都是因为我们的视角限制，是因为我们心中过多的“有”限制了我们升维洞察的能力。心中不静，就不能看穿矛盾本质，于是往往不能发现，一些“躁胜寒，静胜热”的朴素方法，反而是破解困局的良方。而换个角度来看，恰恰是大成就会表现为缺的样子，恰恰是最灵巧的反而会看上去显得笨拙，这就类似“月满则亏”的道理。可见事物的福祸好坏的转化，取决于观察者视角的不同，背后的本质，则是“清静为天下正”所揭示的：以无得静，以静得清明，以清明得认知的升维，是洞察和破局，以成就卓越的关键。

回到管理学看环保行业动态，近年来，我观察到环保产业的黄金期即将终结，因为 2003 年以来释放的 BOT 资源逐步枯竭，当年遍地黄金下，环保投运企业真正愿意聚焦运营的凤毛麟角。当前看似发展不利，一些领先的企业克服了焦虑，面临困局精心抓运营，内功升级中回归了公用事业企业客户价值属性的本质，反而有了新能力和新机会。这么对比，现在的 BOT 资源枯竭，对于它们，也是一种“大盈若冲”。但能将其还原为盈的，还是需要企业走正道，为“天下正”，方能达成。

原文

勇于敢则杀，勇于不敢则活。此两者，或利或害。天之所恶，孰知其故？天之道，不争而善胜，不言而善应，不召而自来，繟然而善谋。天网恢恢，疏而不失。

译文

勇于坚强就会遭到杀害，勇于柔弱就能保全性命。这两种行为一个得利，一个受害。天道所厌恶的，谁知道是什么缘故呢？自然的规律是，不去争取而能得到胜利；不说话却能得到充分的应承；不召唤，想让来的却自动到来；宽缓从容而善于安排筹划。自然的范围宽广无边，虽然稀疏但并不会有一点漏失。

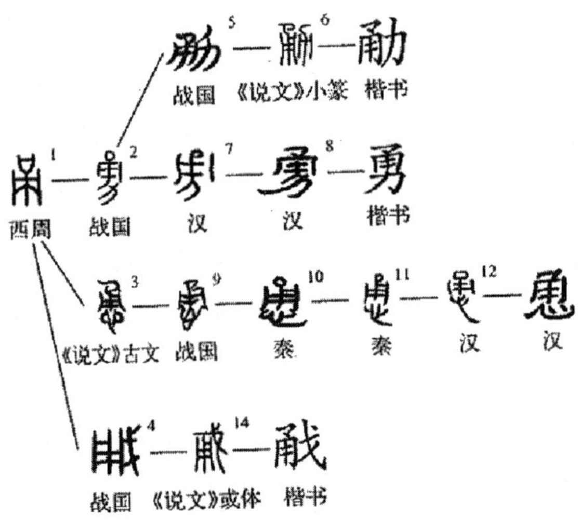

“勇敢”这个词，合并起来在现代的含义与原意不一样了。“勇”，从上面的字形演变图可见，一脉走心，一脉走力。走心的勇已经不再用了，走力的勇成为现在的主流，这是我们阴阳失合和迷失自己的显兆。而“敢”，甲骨文中是一个惊心动魄的狩猎画面，最下面是手拿猎叉，插向上面倒置的野猪。古代用法中，敢可以意为敢于，也可以意为不敢，后者如杜甫《岁苒》诗中的“济时敢爱死”，也体现了《道德经》对后世的影响。

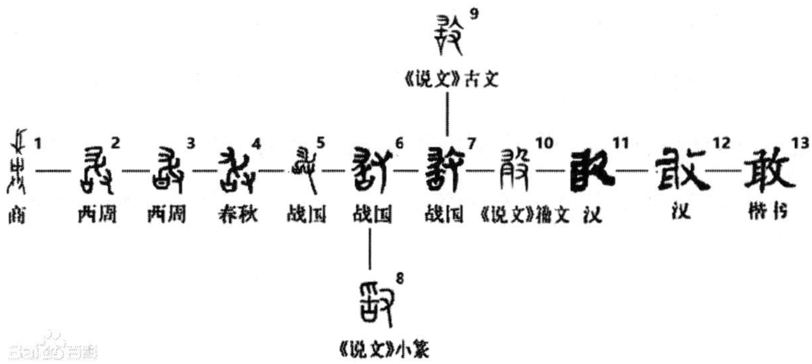

“勇”于“敢”，往往会是为了私欲而牺牲他人，位置越高就越有机会如此，这是读《道德经》需要有一定的年纪才容易理解的原因。年轻的时候，你看“敢”就会理解为个人之“敢”，因为你只有自己一个人，这个也没错，但对自己过于“敢”也是不好的。官位高的时候，你“敢”的能力所涉及的范围，已经不是只有你一个人了。牺牲了别人，为何自己就一定受损害呢？“水能载舟，亦能覆舟”已经告诉了我们原因。无论是政治上还是企业管理上，都是一样的，就是违反了“道”带来的恶有恶报、“天网恢恢，疏而不失”的道理，需要经历很多才能体会。

为什么会这样，老子换了个说法，“天之道，不争而善胜，不言而善应，不召而自来，繟（chǎn）然而善谋”。这里所属的就是符合“道”的四种正面的结果，有道者可以不争而胜，详细的原因在前面有很多例子。如果有道者真去“争”，有道者就不是有道者了，不但在于具体这件事上他可能胜不了，还会有更多他看不到的恶报。这才是这五个字完整的意思。“不言而善应”，不多用语言去强迫或者说服，但是却得到大家的跟随，就是“三 Yu”。“不召而自来”和前面五个字一个意思。“繟然而善谋”，我坦坦荡荡，却什么都好像在我计算之中，这个也可以叫作大道阳谋。从“道”的这批分身（“人书金字塔”的公理向下逐级投影的定理和变换公式）来看，“道”好实际、好有用。做到前面四个方面，不是啥也不干就能做到的，必须要做到“无为”而为，本身也是一种“既要又要”，是很不容易的。

后面接着“天网恢恢，疏而不失”，现在这八个字一般用来形容法律之下犯法之人逃得过初一逃不过十五，最终无处遁形。这个和过去又不是一个意思了。“天网”

在这里，说的是“道”。几千年来，为了政治统治，古人也探索了很多想取代“道”的东西，比如严峻刑法、三纲五常等。按照《道德经》来看，这些妄图替代“道”的东西都是不可能成功的……我不对政治上的事情做分析，从公司治理角度而言，我确实同意这一点。仅仅靠公司的规章谋求严丝合缝、疏而不漏，那是显而易见的痴人说梦。

看山是山是笨蛋

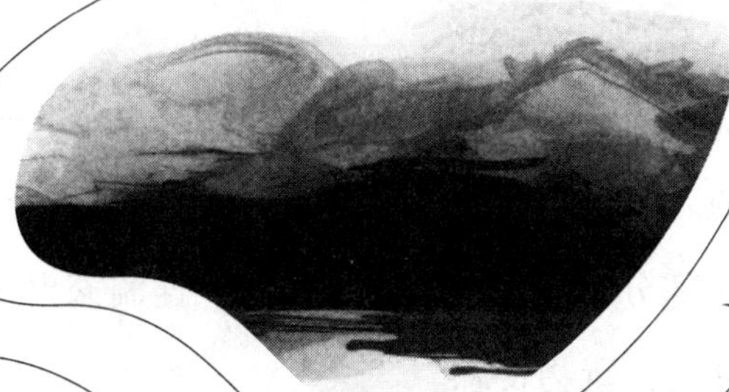

《道德经》第十二章

《道德经》第三十一章

《道德经》第六十九章

薛涛解析管理之道与认知之得

ANALYSIS OF "TAO" IN MANAGEMENT AND "TE" IN COGNITION

原文

五色令人目盲，五音令人耳聋，五味令人口爽。驰骋畋猎，令人心发狂。难得之货，令人行妨。

是以圣人为腹不为目，故去彼取此。

译文

五光十色绚丽多彩的颜色，容易使人眼花缭乱；纷繁嘈杂的音调，容易使人耳朵受到伤害；香馥芬芳、浓郁可口的食物，容易败坏人的口味；放马飞驰醉心狩猎，容易使人心情放荡发狂；稀奇珍贵的货物，容易使人失去操守，犯下偷窃的行为。因此，圣人只求三餐温饱，不追逐声色犬马的外在诱惑。所以应该抛去外物的引诱来确保安足纯朴的生活。

“爽”，此处非现意，而为“失掉”的意思。杜甫《病橘》一诗有句“剖之尽蠹虫，采掇爽所宜”，其中的“爽”字，即与此同意。“行妨”，是倒装表达，就是妨行，放开正常的行为。前半部分容易理解，声色犬马，连儒家也都喊着别陷入其中。本章浓缩成一个成语，就是：玩物丧志。

然而，有没有机会避免玩物丧志呢？老子的隔空挚友、古希腊快乐教掌门伊壁鸠鲁说过，快乐没有本来就是坏的，但是有些快乐的产生者却带来了比快乐大许多倍的烦扰。孩子天性必然要追求快乐，成年人也应该如此，但是从上善若水来看，如何帮助孩子将快乐之欲合理导向幸福人生，需要家长有更高的认知，并以此带动孩子。首先，我们要看到玩物未必丧志，具体可参见《道德经》第四十七章。其次，无论是努力做到玩物不丧志，还是不玩物丧志，本质上还是要培养好孩子的价值观。回顾我自己当年，行事选择主要靠本能和本能催动的焦虑，真是盲人上华山，惊险非常。略通“道”时都年近半百，只算是亡羊补牢。所以，修认知不只是中老年人的事，也适合年轻人做个“抢跑”。当然，要想青少年早点开窍，还是需要中老年人去带动（不是推搡）。聪明的妈妈都知道，鞭挞教化是不能教育好孩子的，必须以身作则方可，这不就是老子的无为嘛。鞭挞无效，是因为父母的“有”太重，不换位思考，从而使这种鞭挞教化没有效果，这种训诫本质上是只顾自己的满足，是违道之为，所以会鸡飞狗跳、处处失败。去做以身作则的“奉”，不但不会引起孩子太大的逆反和冲突，实现了孩子的进步，自己也还能有所提升，这就是“二生三”的升维，“道”由此还会“顺便”给父母回报，这就是上天对好人有好报的自然规律的又一次开示，由不得人不信。

值得深思的是，我和我的同事们如果以孩子为比方聊起上述的方法论，大家都非常明白，但是同样的道理换位到工作本身，就会迷茫。原因为何？还是老子说的那个“有”——面对孩子，家长更容易做到“无”，所以一点通就开化了，困难之处只是自己还是做不到足够的表率作用。而面对工作，自然觉得就是个为自己糊口的事，“有”就无论如何减不下来，所以，做到“有道者”的人才那么少。然而，你不能在占你醒着的 60% 时间的工作里做到表率，如何能在剩下的 40% 不到的时间做到？这就是稻盛和夫讲的“工作即修行”的重要原因了。

天下万物是相通的。学佛四步，信、解、行、证，我目前仍然是做不到的，逻辑力此时成为我的樊笼。我的个人体验，在我突破《道德经》第一章后，继续重新解读《道德经》其他八十章，连续失去睡眠近二十天，可能是逻辑力受到了压制，所以曾经直接用心“观”到了“道”，但由于心跳的持续过百和手指小伤的出血量的百倍增加，我就停止了继续攀登。

庄子《齐物论》有说：南郭子綦隐机而坐，仰天而嘘，荅（dá）焉似丧其耦。颜成子游[1]立侍乎前，曰：“何居乎？形固可使如槁木，而心固可使如死灰乎？今之隐机者，非昔之隐机者也？”子綦曰：“偃，不亦善乎而问之也！今者吾丧我，汝知之乎？汝闻人籁而未闻地籁，汝闻地籁而不闻天籁夫！”翻译过来大意为：南郭子綦靠着茶几打坐，仰着头缓缓呼吸，灵魂出窍一般。他的学生颜成子游站在前面问，“怎么回事呢？身体固然可以像干枯树木，精神也能像死灰一样吗？今天的您不像是之前的您啊？”子綦说，“偃啊，你问得真好啊，今天的我忘记了世俗我

[1] 成子游，楚昭王庶弟南郭子綦的弟子。姓颜，名偃，字子游，死后谥成。

的存在，你听过人籁或许没听过地籁，或听过地籁没有听过天籁吧。”这篇文章精准地描述了我的体会，物质世界和精神世界被区分，只有折腾肉体带来灵魂出窍，才能逼出心观力而领悟到精神世界的真理。

伊壁鸠鲁说过，“理性来自感觉”，他认为感觉是判断真理的标准。所以“用心观道”难，同样学会了用心去沟通，就会大大有益于沟通理解能力的提高。这都体现了道需要经过这种必经的修行而让我们去理解它。米奇·阿尔博姆在小说《再给我一天》中说：“家，不需要你讲道理，只需要你理解、接受，然后，爱。”讲道理是靠逻辑，而理解靠的是非逻辑的心观力。

与孩子讲不通道理的时候，家长最常用也没啥用的一句话就是——你不信我，以后你要后悔的。但是，如果父母不能做有道者的“奉”模式，苦口婆心就是好心被当作驴肝肺。孩子不吃几次苦，不走一段长长的弯路，就一定不会信父母之言。“信”，就是年轻人启动做“有道者”的最大的难题。

借用《三体》里的著名寓言再对“信”的难题，启动一次自我辩经的过程：农夫养了一群鸡，他每天上午 10 点都会给鸡喂食。经过一段时间，鸡群里有一个科学家宣布，它发现了一个规律，每天 10 点只要在那等着就会有食物。接连的几天，证明了这个规律的正确性。所有的鸡都相信了。结果某一天的 10 点，所有鸡翘首以盼时，农夫找来了一辆卡车，把所有的鸡都抓起来，送进了屠宰场。

第一个反思：为什么孩子从青春期开始与父母争吵更多？不只是他情绪激动，核心是他开始独立思考，而心中早已隐隐不信家长的火星燃烧了起来。从婴儿的完全依赖到后面为什么有了不信，归因于己，这都是家长需要认真反思的。因为家长就像那个农夫，孩子们就是那些鸡。我们每每教育孩子要诚信努力，当孩子几乎信了的时候，我们却因不注重自己的操守，露出了马脚，于是孩子无法突破自己的阶层困局，甚至变得更糟（毕竟时代变得更艰难）。这也是要“信”好人有好报的典型的反面教材。对照企业管理也是如此。前面反复讲无为而为，就是提醒大家做管理者如同为人父母一样。我自己是无意中按照这个常识做了几十年，但我没见到几位能够认识到它的重要性的老板。所以，以后每当我听到企业家们抱怨员工为什么不忠诚、不努力的时候，我就把本章丢给他。

第二个反思：同样典型的是，一个被教育成好孩子的孩子，一般都能成功地在学校的选拔模式中突围。可到了社会上，曾经信的善有善报、恶有恶报，却总是不来，怀疑原来命运的后面不是上帝，而是个自私的农夫，开始相信三体的厚黑理论。这个就是我最喜欢的美剧《绝命毒师》所反映的过程。制毒师的结局也说明，一旦走向恶之路，就会越走越黑。

究其无法再“信”的原因，可用下面的电梯寓言来解释：在上升的电梯里（大势在），鸡狗好像都有好报，在下坠的电梯里（大势不在），大家怎么做大概率都没有物质上的好结果。《易经》中，“势”被解释为“时、位、度”，即“时机”“位置”和“尺度”。这两个寓言结合来看，不修认知不修道，外势不易被预判和洞察，是“道”不容易被“信”的原因之一。

战略管理的出发点是对时势的判断，这是企业家定战略的基础。最近看到网络达人兔主席的一则电梯寓言的分享，特别适合这个大变局的时代，也很适合对本章的理解。寓言如下：

驴、鸡、狗、猪第一次偶然一起进入了一个高层货梯。电梯上升中动物们一片茫然，各自忙活。驴转着圈，鸡扑腾着翅膀，狗撒了一泡尿宣誓了领地，猪最爱睡觉。最后，它们都到了一百层，成为本乡动物界第一批登顶摩天大楼的动物。几个动物回到乡下，成了英雄。面对动物兄弟们的追捧和询问，它们总结了自己的经验：驴说是转圈，鸡说是扑腾，狗说是撒尿，猪懒得发言，因为它还要睡觉。后来，由于动物们实在太羡慕它们，要它们现场示范，驴鸡狗们又费尽千辛万苦到城里找到一个货梯，冲了进去，结果这个货梯还未安装完毕，它们掉进了电梯井，只有懒猪还在乡下睡觉……

看懂这个寓言，你就明白：为什么复制过去的成功经验没有意义；为什么时髦的管理学思想不能盲从；为什么最近那么多环保企业崩盘并不能只责怪于 PPP 或者金融紧缩；为什么前三十年的成功如此顺利。因为处于上升的大时代里，电梯就是经济发展的周期，而驴、鸡、狗所讲的，就是某些企业家或者咨询人所兜售的成功学。

猪啥都没讲，刚好蒙对了答案，就保住了自己的企业。

现在再难找到向上的“电梯”，更需要通过学习“道”来提高认知。现在从个人读书、就业、升职、理财、管理企业到创业，难度都远远大于以往，要想有所成就，就需要首先提醒自己不知道。靠猪这种睡的、蒙的方式拼概率毕竟心不甘，学会看着电梯上上下下而“观其复，归其根”而知常，在看似一堆偶然中破掉自己心中以为的必然，领悟到真正的必然，才能做那个可以自由上下电梯的人。

在电梯里懵懂的父母，自己往往也没来得及悟出来如何“信”，不主动修认知和道，就更没法提前想明白和讲明白。福祸报应所需的时间太长，不修道者往往到了六十岁才会被动地在生活的福祸转化的反复验证中，朦朦胧胧感觉到命运的规律。现在的家长，绝大部分只会让孩子好好读书，对进入社会所需的知识一般有能力传授的极少，而且大概率父母之前的说教已经把孩子的信任和耐心消耗完了。所以，为人父母，还是早点修认知为好。

本质上，我也是用自己的三十年管理实践，终于体悟到了决定万物运转的，确实只有“道”。而我之所以推崇《道德经》，并且认为也许它是可以成为佛学的攀登之梯，因为它可以用我们逻辑派习惯的解、行、证再到“信”，来触摸人生的真理，用我们的逻辑力，打破自己逻辑的樊笼。我曾经以为，偶然是自由，必然是束缚。但是经过这一段时间死磕《道德经》，偶尔能感觉到，困住我们的，恰恰都是电梯所代表的偶然（外面的势）。而只有深刻体悟到命运福祸相报的必然，就像鸡竟然知道了农夫也得归他的上帝管，升维上去，感觉到一切的必然，反而心里突然感觉到了一种自由，也许这就算摸到了《心经》里说的“大自在”的影子。

即便如此，现在打开佛经，我还是懵懂的。我以为，什么时候佛经“必须”上场了呢？除了有佛缘和或可以心观的施主，俗世中大部分人可能需要在真正理解死亡的时候才必须去面对它。到了最后一刻，用一生读懂《论语》的人，可以为了亲人免于悲痛而控制好对死亡的恐惧，他面对着死亡；读懂《道德经》的人，可以因沉浸于摸到真善美而忘记死亡，他背对死亡；“读”懂佛经的人，才能真正平静并喜悦地与死亡对话，他又面对了死亡。我们看儒、道、佛面对死亡的方式，从信一不信—信的反复的过程，都是“反者道之动”的辩证递进。

《道德经》第三十一章

原 文

夫兵者，不祥之器，物或恶之，故有道者不处。

君子居则贵左，用兵则贵右。兵者，不祥之器，非君子之器，不得已而用之，恬淡为上。胜而不美，而美之者，是乐杀人。夫乐杀人者，不可得志于天下矣。吉事尚左，凶事尚右。偏将军居左，上将军居右。言以丧礼处之。杀人之众，以悲哀泣之，战胜以丧礼处之。

译 文

精兵利器，实在是个不吉祥的东西，人们都厌恶它，所以有道的人决不用它来解决问题。有道的君子平时居处就以左边为尊贵，而在打仗时便以右边为尊贵。兵器是不祥的东西，它不是有道的君子所用的东西，不到迫不得已而使用它，最好淡然处之。即使打了胜仗也不要得意洋洋，如果自以为了不起，那就是把打仗杀人当成乐事的人。而把杀人当成乐事的人，他也决不可能得志于天下。吉庆的事情以左方为上，凶丧的事情以右方为上。打仗时，兵权小的偏将军在左边，兵权大的上将军在右边。这是说明用兵打仗要以丧礼仪式来处理。杀人太多，应该以悲哀的态度对待；打了胜仗，应该以丧礼的仪式来对待死去的人。

兵者，是不祥的，所以在礼数上必须反其道而行之，《道德经》第六十一章已经有所描述。商场如战场，管理中除了内修，必然有短兵相接的残酷决斗，以战术上的胜利而过度自喜者，自然不会是卓越的企业。

所以，德鲁克说：“当今企业之间的竞争，不是产品和服务之间的竞争，而是商业模式之间的竞争。”德鲁克给常青企业的三大定义的第一条，就符合了“道”的高度：企业的定位应该是为顾客提供价值，而不是战胜竞争对手。友商的存在，只是为了提醒我们不要沉迷于过去的惯性之中而懒惰沉沦。一个企业家将自己所有的精力都花在与对手的直接对抗上，必然就使产品和服务的直接竞争变得低效。如何能“二生三”般地实现商业模式的升维不战而胜？符合了无为之道的企业家，能在红海中破茧而出实现企业的卓越和个人的自由，正是在这样一个工作给予的修道场，以“知行合一”坚持“认知三格”循环下的个人认知的升维，获得了“顺便”的福报。

对个人的发展也是一样，如果对自己发动了战争，树立了伟大的理想，坚定地要自我实现和出人头地，刻薄地对待自己，本质上也是不祥之器。因为“有”充满了自身，最后就会为了它而牺牲自己和别人，那是多么可怕的事啊！“夫乐杀人者，不可得志于天下矣。”

《道德经》第六十九章

原文

用兵有言：“吾不敢为主，而为客；不敢进寸，而退尺。”是谓行无行；攘无臂；扔无敌；执无兵。
祸莫大于轻敌，轻敌几丧吾宝。
故抗兵相若，哀者胜矣。

译文

用兵的人曾经这样说：“我不敢主动进犯，而采取守势；不敢前进一步，而宁可后退一尺。”这就是说，虽然有阵势，却像没有阵势可摆一样；虽然要奋臂，却像没有臂膀可举一样；虽然面临敌人，却像没有敌人可打一样；虽然有兵器，却像没有兵器可持握一样。祸患再没有比轻敌更大的了，轻敌几乎丧失了我的“三宝”[1]。所以，当两军实力相当的时候，怀有慈悲怜悯之心的一方能获得胜利。

这篇里有两个成语流传至今，即哀兵必胜、得寸进尺。结合本文上一章可知，哀兵必胜的含义又被后代误传了。这里的意思，当然是说，虽然兵者必然志在取胜，但对于战场上的以杀而得的胜利本身是一件坏事、丧事，只是因为以战止战而不得

〔1〕此句译文为过程稿，后面作者对“三宝”有了重新理解，具体可参见正文解析。

已为之，结果现在的意思变成处于劣势或者受到欺辱的一方奋起反击而必然获胜，完全是风马牛不相及了。这个成语背后真正想讲的是什么呢？依然是一种“无为”的思想，我想取胜，但是我首先要符合“道”，我的战术方法要在“道”的下面，不能违“道”。从更长时间轴来看，最终的胜利只属于对兵的“哀者”。反之，如果通过不符合人伦的方式取得了某些战役的胜利，最终一定会得到更大的恶报。

回到文章开头，“不敢为主，而为客；不敢进寸，而退尺”，是简单地示弱吗？不是，老子说的是引而不发，以势服人的强国优选的用兵之道。我个人觉得这个方法对弱国可以称之为虚张声势而得的诡道，但实际意义不大。具体怎么做到呢？“行无行；攘无臂；扔无敌；执无兵”，直白说就是让你看不到我具体的部署和实力，本意是心中不以这些兵者的“强”处为最重要的倚重，而是靠综合其他各方面的实力。此处可见，得寸进尺的现代用法也与原文相去甚远了。

“祸莫大于轻敌，轻敌几丧吾宝”中的“宝”应理解为“道”，因为在《道德经》里，一切的傲慢，都是愚蠢的。

读《道德经》，经常是一个“看山是山，看山不是山，看山还是山”的过程。对修习者在认知培养上的一个获益处是帮助他找到做方法论的方法论。这个，早不是授以鱼，也不仅是授人以渔，已经是授人以何以为渔了。反复钻研《道德经》，以及结合“知行合一”去“格物致知”，会大大提高一个人思辨和做方法论的习惯，由此大幅提高他各方面的效率，这个不是《道德经》的目的，而是求道下“顺便”的副产品。世俗间的财富、成就、地位等所谓成功，则是这个副产品的副产品了。这些“顺便”的事，都是命运给予“无为”者的福报。

圣人会伤人

《道德经》第二十六章

《道德经》第六十章

《道德经》第七十八章

《道德经》第五十九章

《道德经》第三章

原文

重为轻根，静为躁君。

是以君子终日行不离辎重。虽有荣观，燕处超然。奈何万乘之主，而以身轻天下？

轻则失根，躁则失君。

译文

稳重是轻率的根本，静定是躁动的主宰。所以有道的人终日行事仍保持慎重，就像军队行军离不开辎重一样。即使有奢华的享受，他也漠然处之，从不沉溺其中。为什么有万乘之车的大国君主，还轻率躁动以治天下呢？轻率就会失去根本，躁动就会丧失主宰。

只有能驾驭重，才能驾驭轻。生活中观察到的也是如此，反之不能。这还可以引申为稳重能够压制轻率，同理，安静也就能够压制躁动。对于矛盾体，老子往往视当下的情况适用性，可偏重一方但不是彻底否定一方，这里说的就是一个人可轻可重以重为主导，可躁可静以静为主导。所以，圣人行事保持谨慎确保不离道，类似部队行军不能冒进而丢失辎重。面对豪华的景观，圣人可以像燕子般超然待之。再大的宫殿，燕子能占多少地方？再多的钱财，一个人能花掉多少？

"以身轻天下"看似蠢不可及，却屡屡可见。以改革为例，我们知道改革就会触动固有利益，这是它积极的一面，但是我们不能因此而勇于改革、轻于改革。改革不能躁、不能轻，要慎重。这个慎重不是担心触动固有利益，而是要利用博弈论和市场调查，反复推演假设政策落地，参与其中的各方利益主体出于私欲驱动下可能会有什么反应，并充分验算其博弈过程和结果，以评估政策落地中会异化到什么程度，预判得失和做好对冲。改革者，切不可以莽撞当作勇敢，以粗鲁当作无私，以理想掩盖无知，轻率地发动改革。真正的勇士在启动改革时应该是如猛虎般面对旧有利益的挑战，又如少女插花般的温柔。英国诗人西格里夫·萨松的诗句"In me the tiger sniffs the rose"（虎嗅蔷薇），大概就是理想中真正合格的改革派的模样。

发心之误，指发动改革的主导者个体，推翻旧有格局的目的就是为了获得新的权力。对比2014年PPP改革的失利，参与者众生相的真“敢”和真“有”，令人不胜唏嘘。过去各种改革的成功，使得我们有了“改革万能论”的幻觉，其实那些成功里，不少是因为坐着“向上的电梯”。不能对势有充分地感知，就容易出现老子警醒的傲慢和轻视，这也是中央反复提醒改革进入深水区的深意。

《道德经》第六十章

原文

治大国，若烹小鲜。

以道莅天下，其鬼不神。非其鬼不神，其神不伤人。非其神不伤人，圣人亦不伤人。夫两不相伤，故德交归焉。

译文

治理一个很大的国家，要像烹煎很小的鱼那样，不能时常翻动导致破碎。运用“道”的原则去治理天下，那些鬼怪就起不了作用了。不仅鬼怪起不了作用，神祇也不伤害人。不仅神祇不伤害人，圣人也不侵越人。这样，鬼神和有道的人都不伤害人，所以人们就能彼此相安无事了。

《道德经》里突然出现了“鬼怪”，我理解它们就是各种人等的私欲心魔，以及完全被心魔控制导致堕落的人。“非其鬼不神，其神不伤人。非其神不伤人，圣人亦不伤人。”“鬼”在《道德经》全文中仅在此出现了一次，指的就是社会中的黑暗势力。老子一直认为阴阳必然同时存在，各自合理。“神伤人、圣人伤人”是解题的题眼。既然是神，或者圣人，他们都是符合“道”的，怎么会伤人呢？这事很容易发生。神和圣人如何避免伤人，应该是老子能感觉到——他的地位无意中还是会给旁边的人带来伤害，需要他时时刻刻注意。我举一个非常典型的例子：“平视”很重要但也很难做到。即便我远远不是圣人和神，而且平时很没有正经并极少发脾气，但是我发现，有些属下偶尔还是会畏惧我，他们的紧张明显压制了他们的思维能力。这事确实不是我有心造成的，但从归因于己的原则出发，责任也确实在我。

我该如何做呢？里面就有了“既要又要”的难题。

论到“和光同尘”、平易近人，我本人就是个贪玩的人，也很难严肃得起来。有些管理学文章建议还要更多投入时间在下班后刻意接近下属，我感觉并不是特别的刚需。《道德经》第五十九章里说“治人事天，莫若啬”。管理者的时间太珍贵了，但我愿意花半天与一位可造就之才去谈透工作中的道理并提升他的认知，这是因为精神世界的“奉”的计算法则，我会得到大量的认知回报，更重要的是组织管理效率会大幅提高。

归因于己虽然是个好的出发点，但更适用于喜欢在解决问题里找乐子的人，否则就变成了自寻烦恼，精神压力陡增。落到本处，如何做到“既要又要”，既满足我自己的工作效率的投入产出比，还能带动属下更好地平视我？我无意中找到的方法，就是多次强调的“奉”了。之所以说是无意中达成的，因为一些具体方法是为了找些乐趣而创新出来的。比如我在央企里每年的年终考核讲话，不甘于墨守成规的我，并没有按照组织要求的格式去汇报我的工作成绩和计划，反而越矩做成了工作方法论交流会，感谢时任领导的宽容。这样的讲话确实带动了整个公司的进步，在破格创新中实现了共赢。比如有一年我曾经用“蜘蛛、蚯蚓和蟑螂”来讲解咨询业务三大方法论，取得了不错的效果。来 E20 之后，我也在每年年终做一次工作方法论讨论或者个人与组织共成长的管理学体会分享，就是本书后面各个附录文章的来源。多年来“奉”出去的是我整个的认知系统，却促进了我自己管理方法论的总结和认知基座的进一步坚实，这就是精神世界特殊的算法。

因为一个人的职位和财富而去仰视，是自己“有”太强的表现。不去仰视职位和财富，于我们已经是百里挑一了。而仰视精神世界的富人，对于我们是更难做到，甚至认为不应该做到的。我们至今认为仰视圣人是合理的，但老子却在这里说，这也是一种彼此的损害，让很多人就无法理解了。而这恰是老子和苏格拉底都希望他的学生能做到的。“居善地，心善渊”，老子是真心希望自己居于下，并不为我们视其为高山仰止而喜悦。究其原因，我们对圣人这种仰视的根源也还是来自我们的“有”（希望走捷径而“得道”），也许我们以为我们的仰视使得圣人欢喜，我们并不是圣人的知音。我们的私使得我们障目，在圣人那里手足无措、行为失据，失去了换位思考的能力，失去了能和圣人沟通的明：如果圣人因此欢喜，他就不是圣人了；为此感到痛苦，才是圣人的真心。

如何解局？唯有一起做“有道人”。老子最后丢出这么一句话，估计就是他内心的理想国，“夫两不相伤，故德交归焉”。这个，应该只有所有人都得道了才能实现。得道去私：一般人去私，心魔不伤人；更高层级的人去私，能向下平视（这个相对简单）；社会地位或者认知偏低的人去私，能够向上平视，与各层级的人乃至圣人都能和谐平等相处。

《道德经》第七十八章

原文

天下莫柔弱于水，而攻坚强者莫之能胜，以其无以易之。

弱之胜强，柔之胜刚，天下莫不知，莫能行。

是以圣人云：“受国之垢，是谓社稷主；受国不祥，是为天下王。”正言若反。

译文

天下最柔软的莫过于水了，但攻坚克强却没有什么东西能胜过水，因为水是没有事物可以代替得了的。弱小的能战胜强大的，柔软的可以战胜刚强的，天下没有人不知道这个道理，但就是没有人能这样做。所以有道的人说：“能够承担国家的屈辱，才称得上是国家的君主；能为国家承受祸患的人，才配做天下的君王。”正面的话好像是在反说一样。

上善若水，也可以用在国与国、组织与组织之间的竞争上。近年来，我们没有充分发挥老祖宗柔之胜刚的智慧。一味地诋毁对手，短期看似凝聚了内部团结，却不利于深入了解和“胜”过对方。胜，必须“改变对方的本质”，才是真胜。弱之取强，天下莫不知却莫能行，首先就难在既要凝聚力量，又要伏低姿态深入观察对方，这就是典型的“既要又要”。当下无人敢受国之垢和不祥，也许社稷就成了代价，内卷将成为未来不可避免的普遍趋势。

经济学家切勿把“尽管”（in spite of）当“因为”（because of）。哈耶克曾说，尽管事实本身从来不能告诉我们什么是正确的，但对事实的错误解读却有可能改变事实和我们所生活的环境。当你看到一个人跑得很快，但缺失一只胳膊，如果你由此就得出结论说，缺只胳膊是他跑得快的原因，你自然就会号召其他人锯掉一只胳膊。

原文

治人事天，莫若啬。

夫为啬，是谓早服；早服谓之重积德；重积德则无不克；无不克则莫知其极；莫知其极，可以有国；有国之母，可以长久；是谓深根固柢，长生久视之道。

译文

治理百姓、养护身心，没有比爱惜精力更为重要的了。爱惜精力，万事才能早做准备。早做准备，就是厚积其德。厚积其德就没有不能胜任的事，没有不能胜任的事就无法估计他的力量。无法估计力量，他就可以担当好治理国家的重任。有了治理国家的原则和道理，国家就可以长治久安。这就是根深柢固、长生久视的道理。

文章第一句让我想起前面提到过的生态学中的“最小限制因子定律”。其中“啬”也是限制个人或者企业发展的最关键要素。

十五年来，我为百余家企业做过战略诊断、咨询或顾问服务，从苏伊士、赛莱默这些年产值数百亿元的国际巨头到市值几千万元的民营小公司。外资企业很注重休假制度的落实，但是与几百位民营企业家的对话中，最大的感受就是民营企业家们普遍对个人的精力管理不重视。对于企业，我们误以为市场或者资金是“最小限制因子”，而将自己有限的精力无节制地投入其中。尤其是忙于市场开拓的一把手，这方面的失衡问题相对更为严重——他们常心中默念“舍我其谁，我必须上”，结果却掉到了“勇于敢则杀”的境地。

“早服谓之重积德”，这句解析起来也有点意思：一、此处的“积德”，和我们现在生活中常说的“积德”并无关系。后者刻意为之并图为外所见，这与老子说的“有道者”的修行不同。二、老子在整个《道德经》中，“德”和“道”的区分是很明显的。这里的“积德”，不是对外刻意地施加善行，而是持续做好一个“有道者”，修炼自己包括格局在内的“认知”。两者之“积德”有貌似细微而本质不同的差别。管理者注重自己的时间管理，爱惜精力免于碌碌，才能聚集在自己的修炼、思考和提升认知之上，知行合一，尤其重在认知第一个格的积德，才能无不克。由此，效率越来越高，他人看有道者则“无不克则莫知其极”。我近期的体会是，一旦读通了《道德经》，思考效率是指数级提高，“莫知其极”，确实有美国电影“超体”的感觉。

这样的“有道者”治理公司，公司就会和他同频，具有高远同心的企业定位、正向坦诚的企业文化，以及动态匹配、虚实结合的战术，公私平衡下组织与个人共同发展，团队无忠奸之分的归心共力，以内外和谐的生态模式促成较好的微环境，以张弛有度的战斗力面对竞争，这样的企业也就和企业家一起接近了“道”的层面，所以自然就是长治久安的。全面下行的经济环境，也许要二十年或者更长时间。在这个竞争加剧的时代，带领一个企业一起做“有道者”是唯一的选择，而这就是稻盛和夫当年成功的内在原因。

《道德经》第三章

原文

不尚贤，使民不争；不贵难得之货，使民不为盗；不见可欲，使民心不乱。是以圣人之治，虚其心，实其腹，弱其志，强其骨。常使民无知无欲。使夫智者不敢为也。为无为，则无不治。

译文

不推崇贤能之才，使人民不争名夺位；不以奇珍异宝为贵重之物，使人民不做偷盗的坏事；不炫耀可贪的事物，使人民不产生邪恶、动乱的念头。因此，有道的人治理天下的方法，是要净化人民的心灵，满足人民的温饱，减损人民争名夺利的心志，强健人民的体魄。要常使人民没有伪诈的心志、没有争名夺利的欲念，使那些智巧之人也不敢肆意妄为。以无为的态度去处理政事，就没有治理不好的。

"使民无知无欲"是愚民的意思吗？当然不是。它本质上还是强调提升格局应在强化思维力之前，"善"应在"知"前。如果做不到这个，很多"智慧"和"管理技术"就是有害的。

"尚贤"，在组织管理中可以理解为表彰先进。尚贤必然会带来团队内部的竞争，弄得不好还会增加戾气，在企业内部带来更多的部门间和个人间的摩擦，这个是无法避免的代价，需要打开格局去化解这个戾气。如果简单以销售业绩为导向，会更加破坏一个企业的前台和后台的合作关系，以及销售间的竞合关系，包括企业短期和长期利益之间的关系，所以必须非常谨慎地做反向推演，然后再去执行，使得"争"要在一个正确的方向和合理的幅度上。这个就是"使民不争"在管理中的第一层含义。

进一步而言，要做到企业的可持续发展，仅仅调和这种"争"的幅度和方向也是不够的。员工真正健康的"争"，应该是与自己"争"，争自己认知的提升，争自己的进步，争自己选择做"有道人"的机遇（遇到好领导的传授）。从这个角度而言，管理者确实需要做到引导尽量多的员工有这样的修为，就真的是"使民不争"（外在的表扬和物质奖励）了。这个是一个极高的要求，但是能做到这个境界的公司一定是卓越的公司。而这个就是老子希望大家达到的境界。

用德鲁克的管理理论来说，这就是实现组织与个人的共同成长，也是我反复说的，德鲁克、稻盛和夫和老子可以放在一起反复对比学习修炼的原因：德鲁克强在西方逻辑思维，他的书很好理解，也好执行，层层推进，描绘了卓越组织运行的内在核心"人"的作用（而不是制度），简而言之，就是"管理管理者"。对应老子的学说，就是形成一个以"有道者"为中心的生态系统。对于习惯西方逻辑思维模式的读者而言，在企业管理实践中，稻盛和夫因为接王阳明先生心学的衣钵，与《道德经》类似，他的文章并不好读——有坐而论道的浓浓的东方风格，连某个书的封皮都写着"企业家心灵读本"，他的书确实是要用一点"心观力"去看才能看懂的。稻盛和夫讲的"为善"和"精进"，很多也是和《道德经》相一致的。当然，三本书里，从管理角度来研读，《道德经》肯定是最难懂的，这也是我这本书希望发挥些许作用的地方。

“虚其心，实其腹，弱其志，强其骨”中，“实其腹”是说给老板听的。在企业内部讲“道”，是让员工无私地白干吗？是为了尽量少发钱好让自己多赚吗？如果这样，就是一种“诡道”了。老子紧接着说“实其腹”，就是提醒老板，要把钱给大家合理地发足，无论是管理层还是员工层。“强其骨”要和“弱其志”一起来看。“骨”，可以理解为骨气，是我定义的“认知”的第一个“格”——格局；从上下文来看，“志”在这里却不是格局，反而是后面提到的“欲”。可见，老子是反对马斯洛金字塔的升级规律的，实际上马斯洛金字塔是痛苦之源。“无知无欲”里的“知”，是《道德经》第十八章“智慧出，有大伪”，是格局不足下的算计和思维力，算的是对欲望的患得患失，其实是有害的。老子和伊壁鸠鲁一样，是破除欲望枷锁，追求快乐的实干派修行者。王阳明说：“破山中贼易，破心中贼难。坐中静，破焦虑之贼；舍中得，破欲望之贼；事上练，破犹豫之贼。”这些都是破欲望的方法——用有效的“心观力”看透本质，用有效的行动力打破本质，把对欲望的患得患失抛掉，战胜马斯洛金字塔的压迫规律。这些，恰好与我自己的半生摸索取得了共识，这些都会在本书的后面慢慢展开分析。

第九九八十一难来了

《道德经》第二十五章

《道德经》第四十七章

《道德经》第八十一章

薛涛解析管理之道与认知之得

ANALYSIS OF "TAO" IN MANAGEMENT AND "TE" IN COGNITION

原 文

有物混成，先天地生。寂兮寥兮，独立不改，周行而不殆，可以为天下母。吾不知其名，强字之曰“道”，强为之名曰“大”。大曰逝，逝曰远，远曰反。故道大，天大，地大，人亦大。域中有四大，而人居其一焉。

人法地，地法天，天法道，道法自然。

译 文

有一种浑然而成的东西，在有天地之前就已经产生了。它寂寂无声、广阔无形，它独立长存、永不衰竭，周而复始地循环运行而永不停息，可以作为天地万物的根本。我不知道究竟叫它什么名字才好，只好勉强叫它为“道”，我再勉强给它取个名字叫“大”。它广大无边而运行不息，运行不息而伸展遥远，伸展遥远而回归本原。所以道是伟大的，天是伟大的，地是伟大的，人也是伟大的。天地间有这四大，而人只不过是其中的一个。在这四大之中，人是效法于地的，地是效法于天的，天是效法于“道”的，而“道”则纯任自然。

这章读起来一气呵成，前面和第一章类似，描述道是非常难的，所以关键处是这个转折：“强为之名曰大。大曰逝，逝曰远，远曰反”。其中“逝”，为秦晋语，从辵（chuò），就是行动的意思。没法很容易描述道，只能先说第一印象，那就是大，非常大，无边无际。逝，就是去往，既然往远去，就会越来越远。由于道无限大，自然就一眨眼转一圈回来了。因为无限大，所以终点就是起点，而且周行而不殆。

终点就是起点，起点就是终点，这就是道。反者道之动，即“以终为始”，这个词出自《黄帝内经》，现在的用法是在出发的时候就要考虑到最终的目标是什么，并坚持去考核它以校准方向和进度，类似 PDCA 控制论[1]。佛经《印光法师》中说，“菩萨畏因，众生畏果”，即菩萨知道，如果起念是错的，一切都是错的。这个道

[1] PDCA，是计划（Plan）、实施（Do）、检查（Check）、处理（Act）四个英语词的首字母组合，是一种质量管理方法，最早由美国质量管理专家戴明提出，也称为“戴明环”。具体指每一项工作都需要经过计划、执行计划、检查计划、对计划进行调整并不断改善这样四个阶段，并可以循环进行。

理和我的“认知三格”的顺序逻辑是一样的。对于一个组织而言，使命、价值观才是最重要的东西。可惜，我们几乎没有人真正会注意它，所以企业才会如此随波逐流，在内卷中痛不欲生。个人成长更是如此。所以我在第一篇评价清华大学王凯军老师的新书时提到，凯军老师一系列选择发挥了其长板，培养了其复合能力，基本上顺势而为，关键处还是他的价值观使得他在各种选择的模糊的正确中走向了成功（参见后附文章《从王凯军新书学管理和看个人成长》）。

管理学中可以借鉴的是，高手都会更关注因，所以在战略管理中，因是战略选择去确定目标，果是目标实施效果。我 2019 年曾说“效率大于效果”，强调内卷下仅仅发现客户隐性需求已不足以胜出，还要将其匹配企业长板（内部优势结合外部形势可实现资源转化效率高的地方，本质上来自企业的基因），方能确立为战略突围方向，再去客观评估创新的执行效果，所以我说效率大于效果。德鲁克曾说，在战略执行阶段，因是对已确定目标实施的效果（Effectiveness），果是效率（Efficiency），效果是战略目标的实现程度的评估，效率是企业的业务执行层面运转的流畅度，所以他认为效果的重要性大于效率。你看，一个效率和效果的矛盾体，也可以抱阴负阳，反复转化。

再往下，这里的“大”就是前面说的无限大。人修了道，无私无我，无限大指的是人的潜能大得不易想象，这才是管理者要深知的要害。所以德鲁克反复强调发掘员工的潜能，而个人成长的关键是如何快乐而上善若水地发掘自己的潜能。所以从组织管理角度而言，就有了如何调动普通员工身上“有”和“无”的共生与转化的各种玄而又玄的难题。

结尾一句“道法自然”，我深以为然。我 45 岁去考博士，最喜欢的考试科目就是《生态学》，据说我这门课考出了最高分，关键是里面我读出来了一大堆管理学的感觉。但是，古代并没有自然这个词。当时的自然，是随着“道”自己的样子。这句话运用到个人和企业管理中就是上善若水，不但对外部要顺势而为，对自己也要顺势而为，不要扭曲自己的性格和能力，也不要盲目改变企业的发展路径，要谨慎地从个人和企业的成长史中找到长短板、核心能力、性格文化匹配方向和隐藏技能。小到我一个博士专业课考试，也是因为我发现了匹配我兴趣的乐趣，反而就不以学这门课为苦，这就是道法自然。自然，后来被拿来形容自然界，未必不是阮籍逐渐从《道德经》中感觉到自己的自然而然，与大自然有异曲同工之妙，而被拿来指代，“天地生于自然，万物生于天地”（出自三国魏·阮籍的《达庄论》）。

管理学中理解道法自然，明白了顺势而为和止于至善，就会理解到“边界”的重要性。因为管理学是处理关系的学问，而止于至善的关系，就是具有边界的阴阳主体间的“和”的动态平衡关系。夫妻间的边界、父子间的边界、董事长与总经理之间的边界，都是偶尔会斗而不破，冲气以为和。

修道就要行善，但是工作生活毕竟复杂，政治上难免战争，商场上难免竞争，生活中难免纷争，如何行事？和光同尘，也不可做烂好人。老子是入世的，理解人的基本需求，基于其中在为大家启示光明，很多细节本书的各种解读里慢慢找。此处，结合本章所说，人是否法道、是否无为，我用下图画出了现实生活中需要面临的四类人，大家可以自行去比对思考。

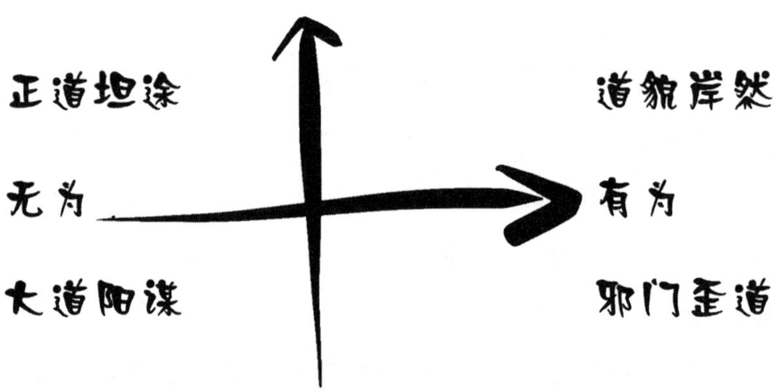

原文

不出户，知天下；不窥牖，见天道。其出弥远，其知弥少。
是以圣人不行而知，不见而明，不为而成。

译文

了解大道的人不出门户一步，就能够推知天下事理；不向窗外望一望，就能够了解大自然运行的规律。向外奔逐得越远的人，懂得也就越少。所以有道的人不出行也能够推知事理，不用窥望就能够明晓，不去妄加施为就能够有所成就。

《道德经》第七十八章里有句“正言若反”，在本章又得到了完美的体现。明朝大儒董其昌说“行万里路、读万卷书”，到这里，圣人足不出户就啥都知道了，庄子的“吾生亦有涯”回响在脑海中。此处一样是在强调，如果以为“出弥远”则“知弥多”，就是愚公移山、铁杵成针，书中自有黄金屋，愚蠢的勤奋和努力，读书学习不懂“接化发”，大概率反而使我们碌碌终生。

作家王小波曾说，“牺牲不一定崇高、吃苦未必有益”。一个对仗句，和《道德经》所讲的一样振聋发聩。为什么我现在强调不能过度努力和过度吃苦？我们需要更加重视提升认知，以个体之努力为基础改善全社会的精神迷失。由于过于偏重西方科学和关注物质世界，我们失去了独属于我们中华民族的精神家园。海德格尔说，“人以语言之家为家”，我们怎么可能仅仅靠西方哲学而获得精神的安定？

回到原文，“圣人不行而知，不见而明，不为而成”，说的是我一直强调的“战略三要素”中的“效率为王”。想做到不行而知，避免无谓的吃苦，首先是提升人生路径的选择和放弃中的思考方法。选择大于努力，如何选择最具效率的路径，无论是个人发展还是企业战略，都是比只知道努力更重要的事情。我们的见识和认知能力，都会严重影响我们的选择能力，而“道”的福祸报，则也在看不见的地方给予它对各种选择的报应。

除了路径选择的“效率为王”，积累见识和提高认知中也有“效率为王”的思考。

人毕竟不是机器，现在越来越多的研究指向延时满足理论的局限。玩物未必丧志，前提是格物为要而不过度沉迷，人生还是要张弛有度，也是一种“柔弱胜刚强”的方式。更关键的是，变吃苦为享乐和变享乐为学习，是两个可以提升认知效率的法宝。我的个人经验，一个指的是善于在工作中做菜谱并且分析事物规律甚至相关人的规律，找到自己擅长的工作以及开发出自己的潜在技能。比如曾自以为理工沉默男的我直到二十岁以后才发现的写作和演讲能力。第二个指的是在年轻时给自己放松的乐趣里，也有很多收获。如果按格物方式玩耍，则不知不觉就可以滋养其他技能甚至认知的提升。比如我年轻时候在 BBS 上灌水时，能够把宾得镜头的命名反杀到日本理光官方，其实是我在 E20 笔耕不辍的基础。光荣三国游戏也从 1 玩到 12，却极大地丰富了我的博弈论思维和地理历史观。因为在书里读到了一大堆战略管理的思想，更重要的是，生态学所反映的自然界，就是最讲究以“利己”实现了“利他”、以利他实现了利己的，效率最高的万物关系总和的系统。所以，我们要能把生活中每件事都安排得有效率，恰恰是最快乐和最生态的样子。

与老子有戚戚焉的古希腊享乐主义派的伊壁鸠鲁有个快乐清单：友谊、自由和思想。友谊，来自和光同尘，可以带来善心回报，而交谈的坦诚高效恰恰最容易带来友谊；自由来自对欲望的把握，而只有将欲望的实现过程高效化，才能避免无谓的吃苦而不自由；思想，就是认知之快乐，它的提高，不但带来无尽的乐趣，而且随时大幅提高我们工作和生活的效率。如何提高效率，以快乐率性著称的画家黄永玉说得好：要勤于用脑，不要幼稚化。可见，伊壁鸠鲁的快乐人生，和本章的无为而为，都是不容易的，需要“认知三格”的加持，才可以实现。

所以我对本文的翻译是：能不能不走那么多路就知道天下，不那么自觉很苦就能“成”？三招：指鹿为马——变工作为乐趣；变废为宝——变娱乐为工作；异想天开——“认知三格”中爱做菜谱的菜谱（即思辨总结方法论之上的方法论）。

原文

信言不美，美言不信。善者不辩，辩者不善。知者不博，博者不知。
圣人不积，既以为人己愈有，既以与人己愈多。
天之道，利而不害；人之道，为而不争。

译文

真实的话不漂亮，漂亮的话不真实。行为善良的人不善于用言语自辩，爱用言语自辩的人不善良。有真知灼见的人知识不广博，知识广博的人没有真知灼见[1]。有道的人什么也不保留，他越帮助别人，自己反而更加富有；他越是把自己的一切给予他人，自己就越加丰富。自然的规律是让万事万物都得到好处而不伤害它们，有道之人的法则是施惠于众人而不与人争夺。

这章是《道德经》的最后一章，对我就是取真经路上的第九九八十一难。这一章文字简洁，最核心的意思，就是可以引出部分我所归纳的“唯心计算式”，用于心观力提升和精神世界与感情生活中的衡量选择，以下是我自己总结的计算式：

1. 高阶的有 = 低阶的无（升维认知下之“二生三”）

2. 减为加（不争、知止），除为乘（“奉”）

3. 无穷小 = 无穷大（见小曰明、心观力、感情中的小事、众妙之门）

“信言不美，美言不信”，生活中这样的例子比比皆是。组织管理中，美言一旦占了主流，熵增就进入无法控制的局面。四十不惑之时，我对语言腐败的忍受力终于耗损到了极限，这是我选择来到 E20 的重要原因之一。人生苦短，一点时间都不想浪费了，冥冥中我做了正确的选择。这个不是靠大脑的算力，而是靠初心之格——人最好选择过符合天性的生活，老庄和伊壁鸠鲁，都是我的同道，偶尔，误打误撞悟到了无穷小就是无穷大的心力计算式。

对于“善者不辩，辩者不善”，孩子在中学阶段参与一定的辩论赛，绝对对写作和思考方式是有益的。然而，真正成名的专业级最佳辩手，进入社会工作的时候

[1] 此句对于“博”字的解释为前期译文，后期作者有所调整，最终解释可具体参见正文。

却长期无所适从，原因就是过度的辩论思维干扰了正常的心智甚至品行。所有的事情，过犹不及。当业务出现问题，属下被提出疑问或质疑的时候，如果他第一反应就是辩解，无论最终事实如何，基本上他已经在领导心中不再有前途。

“知者不博，博者不知”，这个也是显而易见的。当然，我觉得我初始的译文还没有挖掘出本意，所“知”的真知灼见应该改为专业技能。应该说，因为大部分人的精力有限，能深刻掌握某一方向技能的人大概率不能博学，而博学的人在各方向上往往浅尝辄止。但是有没有值得所有人都应该去“知”的知识呢？我以前把这个知识叫作“管理”，并且给员工讲，工作后一定要全面学管理，这是最划算的事情。首先提升了工作效率，有的甚至玩都可以玩出效率来，其次顺便帮助自己增加对生活和家庭的理解。本书里，这个学“管理”有了新名字，就是提高“认知”。这个认知，真的值得反复地思考学习，因为它是全面提升人生效率的利器。

“圣人不积，既以为人己愈有”，这里就有精神世界“唯心计算式”的加减乘除。圣人不积攒啥，任何物质甚至权力名望他都早已不放在眼里。在事业追求中，实际上你越不把这些放在眼里，把精力放在更高的追求和能力上，这些反而都不会缺。这就是我说的“四前意识”中的“人在事前，事在财前”。《道德经》思想的深度又不止于此，圣人不积的还有对道的理解。所以，他越把这些奉给别人，他反而就越能深入感悟到道的无穷无尽的真谛，这就是精神世界的完全不同的加减乘除运算式。此外，伴随着属下在认知路上的逐渐升级，奉者和被奉者之间的交流效率还会越来越高，教学相长的规律恰好符合《道德经》的先易后难。

“天之道，利而不害；圣人之道，为而不争。”不争是《道德经》里常用的心法，只要是符合道法自然的，就是利而不害。此处的“为”，不是无为里那个为（违反），而是作为的为。这里的不争，不是不努力，而是不争与“有”有关的东西，比如钱财和荣誉，“夫唯不争，故无尤”。老子在《道德经》的最后，用了“不争而为”，简单利索地说明了无为的《道德经》，如何能在人世间大有作为。能做到这一点，往往就是在“二生三”中，以计算式中的低阶的“无”升维到了高阶的“有”，从而实现破局。

护城河导致物壮而老

《道德经》第七十一章

《道德经》第三十章

《道德经》第五十章

原文

以道佐人主者，不以兵强天下。其事好还。师之所处，荆棘生焉。

善有果而已，不敢以取强。果而勿矜，果而勿伐，果而勿骄，果而不得已，果而勿强。

物壮则老，是谓不道，不道早已。

译文

按照"道"的原则辅佐君王的人，不依靠兵力来逞强于天下。用兵好战会遭受报应。军队到过的地方，荆棘横生。善于用兵的人，达到救济危难的目的就算了，不会以兵力强大来耀武扬威。即使达到了目的，也不因此而自尊自大，不因此而夸耀，不因此而骄傲；即使达到了目的，也认为是不得已而为之，也不逞强。事物壮大了，就会走向衰亡，这就说明它不符合于道；不符合于道的，就会很快走向败亡。

原文和译文都很清楚，最后这句"物壮则老，是谓不道，不道早已"值得思考。自然规律中，壮就会老，企业规模的成长必须强化制度建设，但由此复杂化的后果也就会带来硬化和熵增，这就像人体生长的过程，虽然看上去更强壮了，但是也由此变得更容易从内部衰败而最终一击而溃。此外，硬化的往往不只是组织结构，还有外部资源连接的固化，最重要的是各层级管理者的头脑的固化——管理者越来越依赖于成功的经验，希望继续轻松地获得物欲的满足。企业家自己的胸怀和好奇心、探索心没有给企业一个足够远大的愿景，这些都会导致"物壮则老"的发生。比如我曾经提供咨询服务的 GE，即是一个案例。韦尔奇的成功最终也固化了 GE 的灵魂，伊梅尔特的守成并没有找到让 GE 返老还童的机会。而我亲身体验到的 GE 的一些官僚气（组织硬化的典型特征）及本土化的严重缺失，在我后来服务的苏伊士和赛莱默这两家企业身上就好很多。虽然网上有各种版本的这种典型案例的商业分析，但老子的"物壮则老"却是所有企业家需要始终反思的惊天之问。

巴菲特提出的“护城河”理论[1]，我们做商业分析都将其奉为法宝，这也可能是“物壮则老”的另一个重要原因。一个企业规模化之后，为了守住原有领域的相对优势以及争取垄断的可能，几乎所有的战术都是封闭型的。企业不断强化自身的优势，让自己在单一的方向上飞奔而封闭了自己的视野，最后有可能被跨界、降维等颠覆性创新一击而溃，柯达就是典型的例子。

更要提防的是企业规模化后，内部各组织通过硬化修建的自己的“护城河”，随着企业发展变大这种现象就会越来越明显。原因在于，小的企业内组织调整灵活，负责人不担心自己部门的调整就导致自己失去价值。企业变大后，分工越来越细致，反而导致每个部门都会守住自己的利益。而制度化的上传下达模式的规范化，以及更多的层级带来的信息失真，都会带来部门护城河修建的便利。一旦部门之间陷入以邻为壑，企业就陷入痛则不通的癌变境地，越大的企业反而坍塌得越快。

理解德鲁克提出的“效果大于效率”的一个视角，就是提醒追求守成的最大效率，可能封闭了创新之门。忘记各部门各自和公司当前直接利益之“有”的诉求，摒弃低端的效率固守，放空自己回到初心，找到公司本源的效率所在，才能保证最终可持续的效果。可见，效率和效果是一对阴阳，在不同的层级重点思考的侧重不同。

《道德经》第七十一章

原文

知不知，尚矣。不知知，病也。圣人不病，以其病病。夫唯病病，是以不病。

译文

知道自己还有所不知道，这是最好的。不知道却自以为知道，这就是很糟糕的。有道的人没有缺点，因为他把缺点当作缺点。正因为他把缺点当作缺点对待，所以他就没有缺点了。

---

〔1〕1993年巴菲特在致股东信中首次提出了“护城河”概念。他认为企业要想在竞争中胜出，必须建立起类似“护城河”一样的让竞争对手不可企及和跨越的核心竞争优势，其中可包括品牌、成本、技术等要素。

苏格拉底通过和很多人的谈话，知道了自己和别人唯一的差别，并不是多么聪明或博学，而是自己知道自己不知道。于是他更深入地展开了思辨之旅，通过否定自己和学生，令人窒息地不断强迫学生一起思考来找到答案。一百多年前，哈佛法学院朗道尔院长将之命名为苏格拉底教学法（Socratic Method），现在已经成为美国法律学科的标志性方法。

“达克效应”[1]把认知分为四个阶段：①不知道自己不知道。就是文中的“不知知，病也”。②知道自己不知道。就是文中的“知不知，尚矣”，开启了对偶然和未知的敬畏，和求知的过程。③知道自己知道。时而开始了“信”，偶尔用心观到了“道”，因为生活的经历，让一个人发现了偶然中的必然。④不知道自己知道。再次坦然面对一切偶然和未知。这个阶段已经抵达了“空”的佛学境界，并开始可以和亘古对话了。客观而言，人生的进步，是一个乘数效应，经历 × 认知力。如果经历太少，无论认知水平多高，也是无济于事的。这也是阳明先生强调知行合一的原因。

武侠剧里，无论多高的武林秘籍，都需要使用者的内力来匹配。所以一套九阳神功，在内力不同的两人之间，使用差距是很大的，而秘籍的修炼又反过来促进了内力的增长。金庸的武侠书都可以看作一个普通人认知提升的故事。内力对应到一个人的认知过程而言，就是他的实践所打造的认知基座，这是熔合知识和体验的炼丹炉。知行合一的过程，就是实践和知识在基座上通过与思辨相结合并转化积累的过程。如果不能习惯于像苏格拉底要求那样的思辨，选择跪在任何名著和意见领袖前最大的风险，就是阻断了知识转化为认知基座的过程，就造成了“接化发”流程的停滞。

---

〔1〕达克效应，全称为邓宁－克鲁格效应，20世纪90年代由邓宁和克鲁格开展研究的心理学效应名称，简单描述为：完成特定领域的任务时个体对自己的能力作出不准确的评价的现象——能力低者会高估自己的能力，甚至显著超过平均水平，能力高者会低估自己的能力。

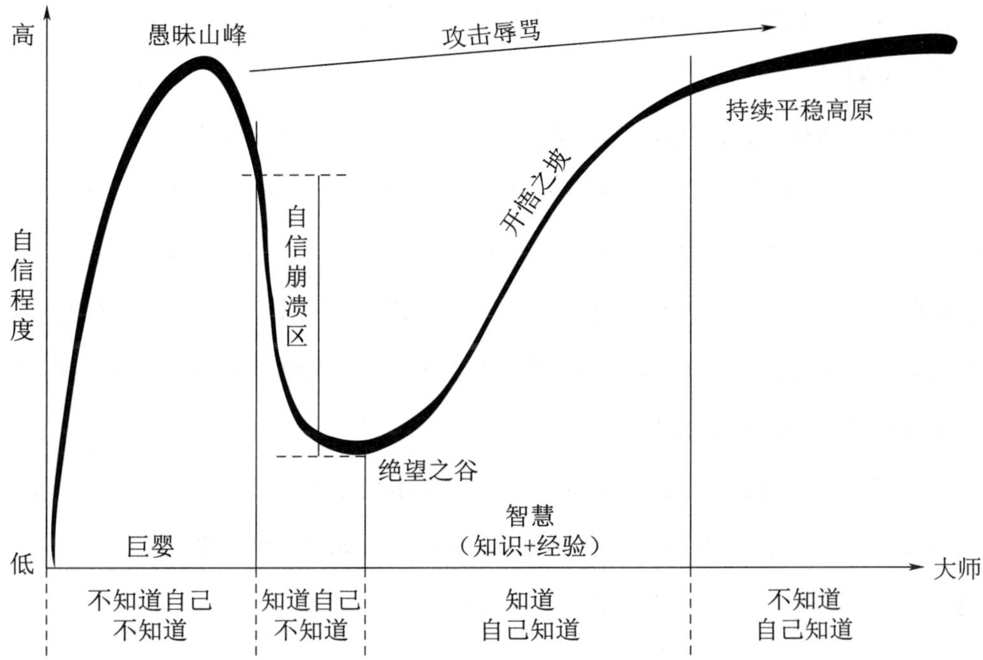

既然如此，每个人都有自己成长的过程，如何在前期尽快度过迷茫期呢？第一阶段要首先避免自己成为图中的“巨婴”，任何人跨入社会前，如果在大学阶段掌握一些商科和组织管理的基础概念和思辨习惯，对不确定性有了少许感知，就会开了窍而极大程度避免“不知道自己不知道”，大幅降低成为“巨婴”的可能。

“知不知，尚矣”，知道自己不知道，为何在《道德经》中已经是最好的，而在西方思维模式下却是绝望的低谷呢？这个就是本章的题眼了。首先还是取决于适配场景。对于科学探究，此处就是绝望之低谷需要匍匐通过，这里不再深入讨论。而对于生活认知，则又分为两类，如果是已经有相当丰富阅历只是缺乏一些点拨的中年人，对于生活的哲理，一旦点通了，“知道自己不知道”，就进入了全速靠近不惑的阶段，这就是此处的“尚矣”。所谓《道德经》是药店，说的就是此处的效力。而对于年轻的缺乏阅历的人，绝望的低谷是年轻时候焦虑的普遍原因，我个人觉得是不可避免的一个阶段，但是危中有机、祸中有福，如何有效地转化焦虑，是本书和我的下一本书希望努力找到的秘诀。如果有管理者愿意以“奉”来提升年轻人对世界观和格局的新认知，就会由此获得最卓越的团队。如果个人没有这样的机缘“Yu”到有道的管理者，按照本书所提示的去找到“因玩而坚韧”的方法，也是自救的一种路径。

知道自己知道，是前述员工的新阶段，随着年龄进一步的增长和认知的升级，感悟到了“道”的力量，往往会成为优秀的管理者，并开始反哺。他们不仅仅授予工作方法，还将人生观、成长方法学和组织管理的心得，也就是菜谱之上的总菜谱，方法论背后的总方法论，系统化地一并“奉”出来，做这个的同时又大幅促进了他对自己的反思和总结。他们的层层涌现，点亮了年轻人所处于的绝望之谷的明灯，也为成就卓越组织打好了基础。

不知道自己知道，就是老子描述的“圣人”阶段了：心观已经成为习惯。“不病，以其病病”；已知，以其不知，因为他始终认为自己不知道，所以他一直都知道（“夫唯病病，是以不病”）。他不做圣人，所以他也一直是圣人。

原文

出生入死。生之徒，十有三；死之徒，十有三；人之生生，动之于死地，亦十有三。夫何故？以其生生之厚。

盖闻善摄生者，陆行不遇兕虎，入军不被甲兵。兕无所投其角，虎无所用其爪，兵无所容其刃。夫何故？以其无死地。

译文

人从生下来一直到死，长寿的有十分之三；短命而亡的有十分之三；生下后本来可以活得长久，但自己走向死路的也占十分之三。这是什么缘故呢？是因为求生过度了，奉养过厚了。曾听说善于养生的人，在陆地行走遇不到犀牛和猛虎；在战争中不会受到杀伤。犀牛虽凶，却对其无法用它的角；老虎虽猛，却对其无法利用它的爪；兵刃虽锋利，却对其无法施用它的锋芒利刃。这是什么缘故呢？因为它没有进入死亡的界限。

“出生入死”，发源于这里的这个词，现在的用法又不一样了。生和死，是一对平等的矛盾体，没有生，就没有死；没有死，就不能定义生。老子后面讲的“善摄生者”，读上下文，应该是指还剩下的 10% 的人，相对应的，应该是指生下来本要短命却因通晓了安静而获得了长寿之人，即“人之死，静之生地”。这一部分相对不好理解，一个生下来本来活不久的人，如何能够活长久了？是因为他把自己脱离了死地，通过道法自然而无私无欲，不但没有了常人减寿的各种原因，而且还会得到“道”的额外眷顾。

企业规模化发展中必然出现组织硬化，对冲的手段被称之为“去复杂化”，就是一种“人之死，静之生地”。用系统论的逻辑来分析，复杂化 = 部门的数量 × 部门间相互关系的种类 × 部门及关系的不稳定级别。由此计算式可见，每一个新部门的产生，都意味着极大的隐性成本，而不仅仅是面上看到的直接的费用支出。因此，设置任何新部门，企业家都应该反复斟酌隐性的成本和产出。我提出的效率计算器的模式可以做个简单的参考，如果产出大于投入，才可以进行。此外，直接从组织结构调整角度“去复杂化”，需要在人员、决策、产品和流程等方面以问题为导向去发现和攻克，而大手笔的方式，例子就是稻盛和夫的阿米巴模式，为了对抗组织规模化后的硬化和熵增，道法自然，退回到更符合人性的小组织，实现了半僵企业的复生。

心观一沙
得世界

《道德经》第五十二章

《道德经》第六十二章

原文

天下有始，以为天下母。既得其母，以知其子。既知其子，复守其母，没身不殆。

塞其兑，闭其门，终身不勤。开其兑，济其事，终身不救。

见小曰明，守柔曰强。用其光，复归其明，无遗身殃。是为袭常。

译文

天下万物都有本始，这个始是天地万物的根源。既然知道了万物的根源，也就认识了万物；既然认识了万物，如果再谨守万物的根本，那么终身也不会发生危险了。堵塞嗜欲的孔隙，关闭欲念的心门，就可以终身没有劳烦扰心的事。打开嗜欲的孔隙，就会增添纷杂的事，使你终身难得救治。能从细微处察见事理的叫作“明”，能够守住柔弱的叫作“强”。运用外在的道的“光”返照内在的“明”，不会给自己带来灾祸，这就是我们所说的延绵不绝的常“道”。

“母”为无，明无则可知有。守道，就不会有灾祸。“塞其兑……终身不救”，这句是指控制了欲望，就会终身“不勤”。不勤劳怎么还被作为好处了呢？老子这里还是在说人世需要无为而为，不可有违而为。我们不知道修道，包括修认知，勤奋就是一种无用功。所以，此处的“勤”并不是勤快的“勤”，而是仅仅在为自己的“有”而奔波的忙忙碌碌的样子。人处事应该始终是从容不迫的，这个就是“止于至善”。

在老子的评价里，清明是高于智慧的存在，因为智慧是向外求的，而清明是向内生的。清明和智慧是一对阴阳，内外也是，它们也会玄同、互相转化。一旦在清明的境界里，很多事情就会获得直觉（心观发挥了作用），而智慧还是要靠脑力的算力。在死磕《道德经》的过程中，我就偶尔会体会到伴随认知力的提升，有些事情没在脑子里盘算，甚至刚刚冒头就能隐隐预判到，对不少人和工作的细节，不用费力观察就好像明察秋毫。我觉得也算是实现了“见小曰明”的一个小例子。

“见小曰明”，里面充满了很多管理学的道理。按我们通常的理解，这里是有矛盾的，不是应该看到大方向才是清明吗？怎么会是纠缠于琐碎？其实和平年代，普通人能有所成就，靠得就是在琐碎中见光明——不纠缠不苦熬，或者在琐碎中一眼发现未来的机遇，或者变琐碎本身为机遇。做人的难，就是在琐碎中见不同。“见小曰明”的能力，就是他于“见不同”中异于常人、优于常人的能力之一，由此淘汰了躺平的懒人或磨杵的笨人。“见小曰明”的妙处，在于小中见大，阅微知著，还可用于识人，也可作矿井里的金丝雀来预判危险，比如“纣为象箸”[1]。为何能做到预见？背后就是因为“信”和“心观”。调用“善恶因果”的隐形“程序包”，就能直觉般预知未来。由此不必“报怨以德，安可以为善”，自然“为之于未有，治之于未乱”，如《金刚经正解》中的“一沙一世界”。

“守柔曰强”说的是你即便可以简单用强，但如能很好地审时度势、以柔克刚，做到既要（不简单用强）又要（获得超过用强的效果），这就是“守柔曰强”，就是为人习惯性保持谦逊，自然也可以“虚”己而避免满招损，防患于未然，即后面的“无遗身殃”。当然，要做到老子说的“二生三”从不是轻松的事情，柔之外，还需要“见小曰明”，才能破格找到升维的完全破解之法，二者相加，方为不争。比如杰克·特劳特在《定位：同质化时代的竞争之道》里谈到，伴随着竞争进一步激烈，消费者具有了越来越大的决定权，企业不能仅从自我强化效率、降低成本等一味用“强”来直接对抗竞争对手，而是要巧妙利用品牌定位和自身隐藏的效率优势，充分开发和利用好顾客的“心智资源”，以差异化战略区隔优势空间而形成长期优势。

“用其光，复归其明”，用道的光，恢复自己的清明。明是日月，是在天地的轮动中感悟到的“一”。“是为袭常”的“袭”，最早的用意是葬礼中死者穿的衣襟在左边的内衣。有解读说是继承，即做到文中之前的事项，就能归常，即符合“道”；也有说是“隐藏起来”。从老子所处时代来看，文字原意应该更接近后者。从上下文来看，就是说生活中的道理都被各种琐碎所隐藏了，我们的内心和潜能也被各种“有”的欲望所占据了。现代社会，不但物欲横流，作为生意之一的媒体也过度发达，书籍和电子阅读都到了拥塞的地步，尤其是后者使得各种知识要点被

---

〔1〕纣为象箸，出自《韩非子·喻老》，原句为：纣为象箸而箕子怖。原句意思是：殷纣王制作象牙筷子，箕子因此感到恐惧，表达了箕子对纣王因奢靡或致灾祸的担忧。

凝练、传播和可以不加思考地被灌输，更能基于自身偏好进行投喂而造成信息茧房越来越严重，认知之思辨变成了世上的稀缺之物。知识为阳、认知为阴，智慧为阳、清明为阴，对于阴的这类后者的强调，是希望我们能获得独立思考能力并找回迷失在知识海洋中的各种常识。“常”，就是“道”，就是人生的常识，是五识循环的基座，隐不易见，却是制约一个人向上发展的基础。反思我们很多行为，为什么会舍本逐末，就是因为缺乏常识，影响了直觉判断的准确性，使得人往往困在“不知道自己不知道”的螺旋向下的渔网里。

《道德经》第六十二章

原文

道者万物之奥。善人之宝，不善人之所保。

美言可以市，尊行可以加人。人之不善，何弃之有？故立天子，置三公，虽有拱璧以先驷马，不如坐进此道。

古之所以贵此道者何？不曰：求以得，有罪以免邪？[1]故为天下贵。

译文

道是荫庇万物之所，善于学习道的人把它当成宝贝珍惜它，不善于学习的人也处处保住它。美好动听的言辞可以换来别人对你的尊重，良好高尚的品行可以见重于人。那些不善于学习的人，怎能把道抛弃呢？所以在天子即位、设置三公的时候，虽然有拱璧在先、驷马在后的献礼仪式，还不如把这个清静无为的道进献给他们。自古以来如此重视道是什么原因呢？不正是说，有求于它的就可以得到满足，有了罪过的也可得到它的宽恕吗？就因为这个，天下人才如此珍视它。

这篇文章看似浅显，每句之间的逻辑递进关系却并不好理解。本章是唯二的讨论善人和不善人的，老子对两者的态度也是公平而“不仁”的。第二句的关键，就是宝和保的区别。善于学习道的人，明了道的奥妙，自然就把道当作宝，对此并没

〔1〕在笔者看来，此处问号应该为句号，才符合老子的价值观和《道德经》的风格，具体可参见正文里的详细解释。

有其自私的目的，是从内心出发的对道的追随；不善于学习的人，看到了前者由此获得的外在好处，因此从自私的目的出发，也想处处保住它。

老子没有明说《道德经》可以使得你既聪明有德又可以不穷且快乐，但是我发现在这里他暴露了秘密。我之所以能发现这个秘密，也许是因我属相对应的就是大乘佛教里的守护神虚空藏菩萨，而他专主智慧、功德和财富，他的名字恰含着《道德经》强调的主旨。《虚空藏菩萨经》中记载了一段菩萨与佛陀探究诸法之性的对话，简略大意是佛陀告诉菩萨，虚空不依靠人们的身上感官和身内感知而存在。虚空藏理解到，百姓的外部世界，与虚空互相依靠，互为对方的存在而作境界，同时又不为对方的存在而作条件。虚空在终极真理层面的存在，连因缘和合和造业受报都不需要。对应我们的《道德经》的“人书金字塔”体系，就是作为无的“一”的公理，不需要也不能由定理来证明。

老子之所以能在此处明察秋毫，是心中对“有”和“无”的平等视之，就像虚空的无爱无憎。西方思想理论从古希腊地中海的重商而偏重于个人主义之“有”和契约，到亚当·斯密在经济学中的完善，形成了“有”中有“无”的阴阳之和。我们几千年来的思想更强调“无”，本质上是由大禹治水背后的地理、经济和社会组织模式决定的，延绵至今，却在西方科技革命和市场经济大发展的背景下失去了平衡。尤其近百年，旧“无”被砸，新“无”未坚，无“无”全有，高调喊“无”，“有”“无”失衡，乱象频出。《道德经》的珍贵之处恰在于此。大禹治水，宜疏不宜堵，先接受“有”和“不善”，才能重建“无”和“有”的抱阴守阳的“和”。

由于不善人并不能真心追随“道”，他只是看到了“道”带来的好处，就是“美言可以市，尊行可以加人”，所以他尽量用他的智慧去理解“道”。由于“私”并未除去，他不能达到清明的境界，所以也无法真正理解道。这就是他虽然聪明，却依然是“不善人”的原因。但是，他毕竟是聪明的，所以他会不自禁地有意无意地模仿了有道者美好的语言，刻意展示出美化后的品格（这方面有点像儒家所强调的“仁义礼智信”的制度建设、自律和外显），但这一切并不出自他的内心深处。他由此也能获得世间的美誉和尊重，更加以此为荣，实际上是满足了自己对名声的欲望。于是，这些不善人怎么可能放弃学习“道”呢？他的认知力的缺口恰在初心。

于是，为了留住他们实际上不能用心理解的道，儒家们开始建设各种礼仪制度，比如在朝廷设置三公、坐而论道等，并给予他们很高的待遇；公司，开始做企业文化制度的大规模建设，咨询公司协助制作文化大本，精致印刷，标语上墙，员工每天集体贯彻学习。管理者更应该做的是认真地思考自己管理水平和个人表现是否符合道的要求。这就是“不如坐进此道”，正本清源。

古人为什么那么重视“道”呢？按照译文，就是因为他们看到了“道”确实带来了实实在在的世俗好处么？在老子那个时代，普遍认为比他们更早的古人比他们更接近道，更善于学习道。所以，外面常见的译文和我之前的翻译在此都有误，读通《道德经》第一章后我再来理解本章，有了新的想法。我认为《道德经》原文并不带标点符号，后期各种批注文在原文上误加了一个问号“？”，认为是“有罪以免邪？”，以至于背离了老子的本意。此处并不是设问句，而结尾应该为“有罪以免邪”，所以，这句“古之所以贵此道者何？不曰：求以得，有罪以免邪。故为天下贵。”其正确的译文应该是：“古人如此重视道是什么原因呢？（因为古人是真心向道，不求现世报却自有现实报）古人不会说有求于它的就可以得到满足，犯了罪过的也可免除灾祸。这样的道才是天下人值得珍视的道。”只有这样的文意，才是老子的本意。反思几千年来大家为什么都认可加上它，真是老子所感慨的“知我者希”。

古人并不会开口从道中求俗世的好处，那是现代人才做的拜佛许愿的功利样子。这里的“罪”，指的是来自自私、自满和物欲等轻罪，也就是迷失了道的不知之罪，也就是不善之罪，而不是更严重的罪行。“邪”，指大襟斜掩，引申泛指倾斜、歪斜，由歪斜引申为鬼怪带来的灾祸。过度的“有”之罪，就是一种中邪。

“道者万物之奥。”我们这些不善人，必须用逻辑做横栏，生活阅历是双杆，做出的梯子，笨笨的、慢慢的、始终保持虚的，在“至善”和道法自然中逐渐开悟。坚持爬，时时结合阅读和实践来“格物”，使得自己爬得快一点，是唯一的方法。讲明白这些真的很难，“道可道，非常道”，书写出来更是黑白分明而僵化。在死磕《道德经》的几个月里，我好像真真切切地站在了那个无奈而达观的老子面前。

大邦与隐性冠军同赴死

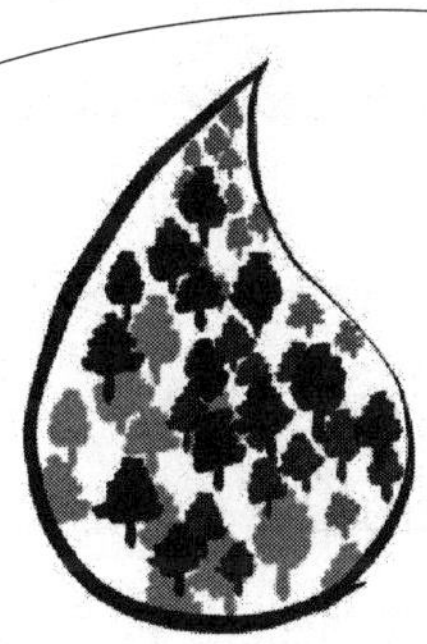

《道德经》第五十五章

《道德经》第七十六章

《道德经》第六十一章

原文

含德之厚，比于赤子。蜂虿虺蛇不螫，攫鸟猛兽不搏。骨弱筋柔而握固。未知牝牡之合而朘作，精之至也；终日号而不嗄，和之至也。

知和曰常，知常曰明。益生曰祥。心使气曰强。物壮则老，谓之不道，不道早已。

译文

含“德”深厚的人，就好像天真无邪的婴儿。蜂虿虺蛇不伤害他，攫鸟猛兽不搏击他。他的筋骨还很软弱柔嫩，但握成拳头却很牢固。他虽然不懂男女交合，但他的生殖器却常常勃起，因为他的精气充足；即使终日号哭，而嗓子并不因此嘶哑，因为他的元气醇厚。认识醇和的道理叫作“常”，认识常叫作“明”，纵欲贪生就会引起灾祸，欲念主使精气就叫作逞强。事物过于壮盛就会走向衰老，这就叫违反了“道”的法则，不遵守就会很快消亡。

婴儿是天然的厚德载物，婴儿是“无”“空”“虚”“弱”的代表，婴儿成长为童年、少年，开始习得智慧，但是最大的智慧，却是走向社会以后习得。在这个阶段，尼采将其分为骆驼、狮子和婴儿。骆驼是三十而立懂事的我们，因为社会道德规范的约束，而走入了“我应该”的选择阶段，实际上离开了我们的心灵，不再敢承担选择给予的自由，智慧越来越多，却难免清明越来越少。狮子是四十不惑的自我觉醒的我们，从“我应该”变成“我要”，开始拒绝不符合自己的诱惑和压迫。狮子阶段之后，人不由得开始信命和开始刻意探究非逻辑的精神世界的规律。经过从五十知天命，面对自己过去无数偶然的命运巧合的开示，不自觉或自觉地开始回顾人生和研习哲学，加强对认知的有意识地加速合成，并在经历耳顺之年后逐渐完成面对死亡的修炼。在此之前，如果成功体会到“朝问道，夕死可矣”这种状态，他已经触摸到了宇宙的公理，即用心才能体会的道。极少数人如中年的老子和老年的孔子能够攀登上清明，并长期稳定在这种不为名利、知识、欲望所累的状态，很可能成为海德格尔说的“本己之人”，也就是达到本真的人，就是化智慧为清明的婴儿。

老子说：“专气致柔，能婴儿乎？”尼采说：“孩子是纯洁，是遗忘，是一个新的开始，一个游戏，一个自转的车轮，一个肇始的运动，一个神圣的肯定。”他与老子在此又有了共识。这个过程也是“反者道之动”的认知循环升级过程。我说认知的修炼是“见山是山，见山不是山，见山还是山”。李小龙说：“一拳是一拳，一拳不是一拳，一拳还是一拳。”智慧如何通过反思的“反者道之动”，最终向上悟到道，我与李小龙，也在此有了共识。

前半段结尾出现了“和”，即协调、融洽、适中。如果只选一个字描述《道德经》中有道时的理想状态，就是这个“和”，类似中医讲究阴阳平衡。“和”这个概念对管理学上的启发，比如企业的软（文化）和硬（制度）之间的关系，市场策略的激进和保守之间的关系，都类似太极图的样子：前者大家想到的是平衡，但细想文化和制度也是你中有我、我中有你的互补和动态转化的。而企业在市场中的策略，必然是审时度势，选择激进和保守轮番上演和总体平衡的，激进期间有时也有保守的部分，反之亦然。

改革开放以来，经济发展了，社会也取得了很多进步，但是我们的“有”和“无”的失衡问题越来越严重。在社会管理层面就出现了群体腐败甚至行业腐败的现象，尤其是医院、学校等公共服务领域，内在原因就在于失和而不是失察。因为各主体对医疗、教育服务主体应有的待遇无法取得共识，同时，其本身资源的稀缺性给予了一些人获得灰色收入的条件。

我的“人书金字塔”理论所描述的认知过程借鉴了数学：常是世界最本质的规律，“人书金字塔”中的公理，寥寥几个，不能被推导证明，只能“信”和被验“证”，就是认知中的“常”，包括一和玄，之下有定理、变换公式和代入演算。“知和曰常”，常是世界最本质的规律，和不是事物本身，但不知道和，就无法把握事物的常态，阴阳之“和”的定理，来自一和玄的公理。下一句，“知常曰明”，知道了世界最本质的规律，自然就是清明，“复命曰常，知常曰明”（见于《道德经》第十六章）。

公理可以向下推演，生活经验可以向上感悟反思，这些是常人通过思辨可以理解到的。知行合一，则需要结合阅读他人的经验，结合自己的反思，在认知基座的熔炉中提升自己的能力。认知的大升级，一般都需要一定的外部挑战（越大的升级需要越大的压力，也是福祸相依），过程有点像高压锅，把知识的驴皮熬碎了，熬成了自己能够化成定理或变换公式的阿胶。一个人常在这个过程中实现突破，会积累更大的量变到质变，熬着熬着，突然就炼出丹了，就是开悟，就能心观到“常”，而“五识循环”的常识得到了提升，就会做到完全的真信。一旦能用到心观力参与决策，常识得到了升华，直觉就超越了智慧，而得到了清明。然而，庄子说，“嗜欲深者，天机浅”（出自《庄子·大宗师》），想熬出了清明，不做到心中的无，不能对外部人性的有无变化的玄同拿捏，不做发心的善，就不可能清明。

“益生曰祥”，这句很有意思。祥，常规做吉祥，但也有凶兆的含义，比如《庄子·庚桑楚》里有“孽狐为之祥”，《孙子·九地》中有“禁祥去疑，至死无所之”。“益生”，这个词也和祥一样是负面的，就是过度贪图生命和刻意地去用很多物质手段去养生，因为如果初心就是希望获得更多人世间的享乐，反而导致求而不得。如《道德经》第五十章所言：“人之生生，动之于死地，亦十有三。夫何故？以其生生之厚。”理解到这里，下一句就顺畅了，在欲望驱使下，心就会使唤精气（对应婴儿的精之至也）而显得强壮，而强壮也是衰老的开始，老子用人变老的过程来比喻人在成熟中获得的智、私、勇、志等，却逐渐远离了“道”，所以就走向了有为而亡，企业的发展往往也是如此。

《道德经》第七十六章

原文

人之生也柔弱，其死也坚强。草木之生也柔脆，其死也枯槁。
故坚强者死之徒，柔弱者生之徒。
是以兵强则灭，木强则折。强大处下，柔弱处上。

译文

当人活着的时候，他的身体十分柔软灵活，可是他死后身体就会变得枯槁僵硬。草木万物生长的时候形质是柔软脆弱的，死了之后就变得干枯残败了。所以坚强的东西属于死亡的一类，柔弱的东西属于生长的一类。因此用兵逞强就会招致失败，树木强大就会遭致砍伐摧折。因此凡是坚强的往往处于劣势。相反，柔弱的往往能处于优势。

本章思路很清晰，就是柔弱胜刚强：

一、运用于提醒物极必反，强弱转化和乐极生悲，简单说就是“知止”和“淡然”，就是“止于至善”；孔子曰：“无欲速，无见小利。欲速，则不达，见小利，则大事不成。”运用到管理中，就是前面提过的“四前意识”中的“人在事前，事在财前”。

二、把所谓的福祸优劣危机都转为修行中的“助缘”之力，上善若水因势利导，简单说就是“顺势”和“无违”。可运用于面对外部危与机中的深入辨识，可用于自我管理中的学会对自己性格的逐步优化而不是粗暴地改造，是对延迟满足的柔性理解。更容易实践的，是企业管理的战略调整，尤其是在二代接班的情况下，应该从企业过往的发展中敏感地用“心观力”找到基因，顺势利导地调整发展方向适应外部变化，而不是简单粗暴地硬着陆和强转弯。

三、运用于第一性原理，追求本质，寻找颠覆性创新，简单说就是“知常”和“创新”，是“认知三格”的一个循环去完成“二生三”的任务，需要胆识和好奇心。

面对当下内卷时局，应建设韧性组织，也是柔弱胜刚强的最好运用。建设韧性组织，据我观察大概需要以下几个阴阳相合的方面：

①高水平强共识的文化使命价值观与差异化的对外定位相匹配；②极通畅的内外信息流和决策效率相匹配；③优良的创新容错机制和精准的风险判断相匹配；④组织结构和流程的去刚性和资源配置的动态调整机制相匹配；⑤部分高管较强的个人统率力和其谦虚灵活的品质相匹配；⑥客户导向的定制化和效率导向的模块化相匹配；⑦极快的修复能力和极大的应急调整幅度相匹配；⑧短期洞穿式销售和长期蓄势型营销相匹配。

上述特征的共性，就是上善若水和弱者道之用。

原文

大邦者下流，天下之交，天下之牝。牝常以静胜牡，以静为下。

故大邦以下小邦，则取小邦；小邦以下大邦，则取大邦。故或下以取，或下而取。大邦不过欲兼畜人，小邦不过欲入事人。夫两者各得所欲，大者宜为下。

译文

治理一个很大的国家，要像江海那样安于处在卑下的地方，居于天下雌柔的位置，使天下百川河流交汇于这里。雌柔能以安静战胜雄强，就在于它既能以静制动又安于居下。所以，大国如能对小国谦虚卑下，则必然能取得小国的信任依附；小国若能对大国谦虚卑下，则也能取得大国的信任支持。所以，不管是大国用谦虚卑下取得小国的信任，还是小国用谦虚卑下取得大国的信任，大国无非是想兼并小国，小国无非是有求于大国。这样大国小国都可以达到各自的愿望。特别是大国，更应该谦虚卑下。

开篇的"下流"，就是水的状态，强者敢居于低处，则使其更强。生活中有太多这样的例子。弱者本身就只能居于低处，偶有夜郎国居高则自毁。所以，小国的"下"（谦卑）只是一种本分，对于改变自己的地位作用并不大。

到了"故或下以取……大者宜为下"，这句在整体上，文意有了一个转折。我的体会是，凡是《道德经》的转折处，就是老子特意藏宝的地方，就是本章的题眼。只有自己发现问题，并且反复思考破解它，解出"既要又要"的"二生三"的水平，才算真理解了《道德经》。跟着老子的提示去思辨，破解的时候就是真理解出的时候，这是一种达到苏格拉底教学法的高明的教材编写模式。

虽然大国心里想要兼并小国，但它们通过"下小邦"来获取和它们共存的益处，而不能去兼并它们。如果大国把小国都兼并了，国家就会变得集权而残暴，秦朝就是个例子；大公司把小公司都兼并了，垄断就是残暴之恶，并带来了低效。如果按老子建议的"下小邦"，大邦就逐渐发现，它既不用兼并，又能实际上达到兼并想要达成的效果，而且还能长治久安。根据麦肯锡的统计数据，并购的成功率不足三成。如果不兼并可以达成企业目标，何必铤而走险？小公司的本心就是服务于大公司的。

读懂了这个，就发现“下”是解决大邦和小邦关系的“二生三”的“既要又要”的关键！

“大邦不过欲兼畜人，小邦不过欲入事人。”老子的评论，穿越千年到了现在，用于理解国际政治，依然超过大部分人的见识。国与国之间，首先明显发挥作用的就是利益，所谓的价值观下的同盟关系，居于从属的地位，前强后弱，前阳后阴，所以也存在柔弱胜刚强的可能。阴阳和合的那一天，世界大同（出自《礼记·礼运》）就真的到来了。看现代人类的认知水平，应该还远远没到。

刘慈欣的小说《三体》里有句话：“弱小和无知不是生存的障碍，傲慢才是。”储殷教授批评刘慈欣的小说是“丛林法则”，但是国与国间数千年来，道义和利益的阴阳玄同，使得很多历史消散在迷雾中，缺乏反思能力的我们如盲人般令人摆布。比如，为什么近百年来唯一被完全黑化的主体——德国纳粹，在其开始毁灭犹太人的前十年里西方社会都没有阻止？犹太人之前做了什么？美国人参与世界大战，每次为什么都那么晚？如果我们能敢于更多地反思历史，那么，我们会更加接近四维的状态。我们面对历史长河的反思能力，使得我们可以撕破纸书，穿越时间，在建立因果中，如苏格兰哲学家休谟所做的那样去撕破因果[1]。这样的反者道之动的能力，是人类既不同于其他碳基生命，也不同于硅基生命同时存在的最大区别，也许就是我们成为“半神”的原因。道义和利益也在不同的场景下选择性匹配，所以储殷和刘慈欣都没有错：用在人民的文化教育，储老师的成分更高；用在外交主政者的权谋，刘慈欣的更加残酷而真实。宋襄公[2]的问题就是混淆了两者的匹配场景。读《道德经》不懂场景匹配，就会迷失，比如该灭“有”灭“欲”？此处理念用于公司治理，商场距离战场般无情还是有差距，但企业管理者依然要保持清醒，虽然自己不去违反基本的“道”，但始终还是要记得上述基本原则，还是要具有抵御“诡”术的能力并始终保持警觉，不能做宋襄公。

---

〔1〕大卫·休谟，苏格兰人，西方知名的哲学家、历史学家，曾在其《人性论》《人类理解研究》等著作中深入研究了因果论。因研究过于投入，在创作《人性论》期间差点精神错乱。

〔2〕宋襄公，春秋时宋国君主，好行“仁义”，曾欲让国给自己的兄长，也曾受齐桓公之托扶助齐太子昭夺回王位，并组织诸侯会盟等。在与楚国的泓水之战中，因行仁义，没有在楚军渡河时发动攻击，最后被过河后的楚军打败，自己受伤不治而死。

作为一个领先的公司，时刻保持警觉，并用低姿态欢迎友商并和上下游合作，是一种相当可取的策略。再强大的公司，也需要竞争对手为伴，当竞争对手都消失的时候，这家公司往往可能自己就坍塌了，也有可能被跨界的高维生物一次性击溃。斗而不破，才是合理的竞争生态，和自然界是一样的，至少要做到不轻视、不仇视，因为这些都带了情绪而对判断力有损。除了竞争对手，上下游之间的关系，也是类似生态系统的食物链般的存在。企业不可对甲方一味谦卑迁就，这个需要更高的“二生三”的技巧；也不可对乙方一味倨傲盘剥，更不宜去一味扩张上游，去抢占乙方的业务地盘。实际上，和供应商能择优组成更紧密的合作关系或者供给惯性，往往也会大幅加强企业对市场的独特优势。环保界由于外部性的存在和缺乏受益者付费的良性机制，这样的态势并不明显。但是 TO C（全称 to customer）等其他行业，在良性的激励竞争中，这样的组合形态越来越成为习以为常，比如著名的苹果手机生态链。

对比各国之间的经济结构我们可以看到，德国、日本这种制造业强国的地位，来自大量隐形冠军的广泛存在，这个和生态系统的多样性是完全一样的道理，由此构成的系统其韧性最高，资源配置最高效，动态调整最灵动。

回到我所熟悉的环保行业则令人扼腕：领头羊的投资运营企业居大邦地位，面临 BOT 扩张的资源的枯竭，不能着其力去搏杀不确定性更强的复合类投资运营领域，反而要扩张上游，以甲方（大邦）身份去碾压乙方中小公司的生存土壤，当森林妄图把草原占领，结果必然是草原的沙化和森林原有土地系统的全面崩盘。因为按照这些巨头的机制体制，在技术研发的无效率空间里，根本不可能代替那些中小企业，所谓的“并购”就是竭池而渔，所谓的“研发”就是皇帝的新衣。可惜短视的企业家看不到这些，或者说是考核的 KPI 使得他们编出了技术创新突围的自欺欺人的谎话。

下篇　松下无人一局残，空山松子落棋盘

马斯洛大战太上老君

《道德经》第十三章

《道德经》第四十六章

原文

宠辱若惊，贵大患若身。

何谓宠辱若惊？宠为下，得之若惊，失之若惊，是谓宠辱若惊。

何谓贵大患若身？吾所以有大患者，为吾有身。及吾无身，吾有何患？

故贵以身为天下，若可寄天下。爱以身为天下，若可托天下。

译文

得到宠爱或遭受耻辱，都像是受到惊吓一样。重视大患，就好像重视自己的身体一样。什么叫作“宠辱若惊”？宠爱是卑下的，得到它会感到心惊不安，失去它也会惊恐万分。这就叫宠辱若惊。什么叫作“贵大患若身”？我之所以会有祸患，是因为我有这个身体。倘若没有了我的躯体，我还有什么祸患呢？[1]所以，把天下看得和自己的生命一样宝贵的人，才可以把天下的重担交付于他；爱天下和爱自己生命一样的人，才可以把天下的责任托付于他。

由于“宠辱不惊”或者“受宠若惊”这些成语我们太熟悉了，尤其后者现在成了一种有道德的标准（好像又得怪儒家），反而会导致文章的实际含义容易被误解。“贵大患若身”这五个字，直译起来看似简单，却也不能精准地点出关键。联系上下文，我理解第一句九个字的真实含义是：在意别人对自己的看法，也即把别人对我的看法与我自身的关系，等同于我得的大疾病与我自己身体的关系一样。所以，得到荣辱相当于得了病，都不是好事情。

第二句讲，受宠看上去是个好事，其实不是。因为得到了却心里不踏实（感觉自己可能不配），又担心失去它而“患得患失”，心里七上八下，这不和得病一样吗？老子的意思是不应该在乎“受宠”，还是“宠辱不惊”好。管理中的奖惩措施的负面作用，也在于此句。

第三部分里题眼再次出现：“如果我不在乎自己的得失，那么，宠辱就可以不惊。”

[1] 作者对自己前期的解释又重新做了修正，具体结果可详看正文。

老子跳过了这两句，进一步说，“重视得病像重视我的身体，（就像）如果我没有（或不在乎）自己的身体，我也就不会（或不在乎）得病了。”文意两次跳跃，很容易让人似懂非懂。这里，《道德经》中最关键的矛盾体“有与无”也出现了。

《道德经》里，所有的矛盾体都是一起出现，一视同仁的，且“万物负阴而抱阳”。但因为世间的百姓普遍在此失衡，作为圣人的老子则需要将它们有所纠正，因此反其道而行之。同理，世间都把“宠”当作对自己有利的好事物放在上，而“辱”放在下，老子就要在这里说，宠对有道者也不是好事物，它更应该放在下面，这就是正言若反，突出强调。

继续分析，常规的译文看似准确，其实是囫囵吞枣，丢失了老子的深意。我之所以没有跳过过程，把破解后的译文直接呈现，就是因为烧脑破解过程本身，是我这次摸到“道”的关键，因此我也“奉”出这样的推理过程，作为大家读书的“接化发”模式中思辨方面的样板。

常规的翻译不符合“故”所连接的上文与之的关系，而且很多译文中“若”“以”“为”等字的翻译也十分牵强。前面的逻辑是宠辱约等于惊吓，重视大患约等于重视身体，“故”以后的部分，按一些人的译文去简单对应，翻译成了“重视身体=重视天下（贵身若天下）”，老子却说“贵以身为天下”。后面的“若”在原译文中也被抹去了而翻译不出来，我认为“若”后置依然是作为条件式，所以条件式关系是“以身为天下”则“可寄天下”。这样，主语也不是圣人，而是和前面一样都是百姓（普通人）。“（百姓）看重（圣人）将自己的身体治理天下（的行为），就像百姓可以寄托圣人天下（的行为）一样。”可见，这个“故”才是本章题眼，老子就是让我们思考，为什么前面两句“吾无身，吾有何患”可以推出最后两句。“以身为天下”就是全身心治理天下，而不带私心杂念。在这种对应关系下，“及吾无身，吾有何患”的潜台词就是如果百姓不委托圣人，圣人也就不用全身心为天下了。所以，老子的意思就是孔子太不划算，既然没有被委托，你写写书就可以了，瞎折腾个啥。你看，这才是《道德经》的风格，按常规译文水平也就是个《论语》的模样。

此处如果按常规译法，将主语都设定为“有道者”，“有道者”表现为“受宠若惊”而不是“受宠则傲”，只是满足了人群中前百分之一水平的儒家的要求，从自身的初心来看仍是虚伪的，因为道家对个人格局的要求明显是更严格的。文章一开始的主语也是普通百姓。进一步看“受宠若惊”，依然是患得患失，虽然好于恃宠而傲，但名利之障，依然没有破除——对上之仰视之态，跃然已见，根源于内心名利之“有”依然太满。面对荣辱，能够保持平常心，宠辱不惊，才是“有道者”对自己的基本要求，这样的人只有万分之一。当一个人修为到此，却为了和光同尘，可能故意表示出“受宠若惊”，是对对方的心理之“有”的善意理解和照顾，我个人认为倒不算虚伪。

重新整理全文隐藏的主语，展示了一次完整的文意重构过程：

（百姓）宠辱若惊，贵大患若身。

何谓（百姓）宠辱若惊？宠为下，（百姓）得之若惊，失之若惊，是谓宠辱若惊。

何谓（百姓）贵大患若身？吾（圣人）所以有大患者，为吾有身。及吾（圣人）无身，吾有何患？（故圣人宠辱不惊）

故（百姓）贵（圣人）以身为天下，若（百姓）可寄（圣人）天下。（百姓）爱（圣人）以身为天下，若（百姓）可托（圣人）天下。

全文运用到组织管理，指出了宠辱有其“惊”的副作用，批评和表扬作为管理的辅助手段，永远是一种低级别的存在，因为它们本质上是用“争”来促进进步。如果这样的手段能越用越少，则说明企业的管理水平在提升之中。要能做到这一点，还是靠管理者的“道”的水平的提升和发挥表率作用。

《道德经》第四十六章

原文

天下有道，却走马以粪；天下无道，戎马生于郊。

咎莫大于欲得；祸莫大于不知足。故知足之足，常足矣。

译文

统治者治理天下如果遵循“道”，就可以天下太平安定，能把运载的战马还给农夫去耕种。如果治理天下不合乎“道”，就会祸乱四起，连怀孕的母马也要上战场。最大的错误莫过于放纵欲望、贪得无厌，最大的灾祸莫过于不知满足。所以，知道欲望有度，不贪得无厌，才能保持恒久的满足。

“天下有道，却走马以粪；天下无道，戎马生于郊”，看来，秦皇汉武好还是文景之治好，是个永恒的思辨。短期看前者肯定对当期老百姓有害，长期的利却也不容忽视。我身边的人对当前局势的争论，有一味以国之大局观来做评价标准的，我不喜；也有一味以个人生活质量为唯一出发点的，我也不喜；能找到既不蠢又不自私的人太难了。理解老子的“无为”也同样复杂——它不是简单的不作为：如欲为秦皇汉武，则需真谋长远，且对当前的代价有感同身受之痛，以反复推演将损失算到最小为己任，亦为“无为而为”；如欲为文景，则不是说主政者即可游山玩水、乐后宫三千，而是当更花心力，小心谨慎，敢顶恶名，敢享好名，观察民情，时刻微调，由此达到“无为而治”的佳境。按此方向去做，将导致主政者之功劳不宜察觉，则需要其真正做到“无”的无私。

公共事务管理中，应该捆住高层向下忍不住过度控制具体业务活动的手脚。这是因为市场有其来自有无玄同而推动的“看不见的手”，往往过度的“有为”反而干扰了其自由流动的配置能力。在企业内部组织管理中也是一样，重点应在于发展中下层的能力，高层管理者要做的是以“见小曰明”来提前做好引导。因为趋利避害的配置里促进流动的力量主要都来自“私”，放任或强制都有大弊端。对“私”，不可堵，而需疏。这是大禹治水的智慧，里面也有“无为而为”的道理。

近年来青年就业难引发的焦虑，并不能够都怪到经济下行和大学生扩招。大量企业招不到人是普遍现象，学校的培养与市场的脱节，乃至家长选择时的盲目也都是客观现象。有没有管理者有可为之处而不作为？有。比如应该更早在每个专业院系里增加一门商科课程，必然有益于学生了解其大概率要去的企业的情况。但这个，这么多年来并没有被推进；比如张雪峰的火爆，体现了管理者没能对专业和就业之间的匹配做出有效的促进；最本质的，还是学校的行政化愈演愈烈，失去了弹性和与市场自由对接的基础。对应的，名校建设的推波助澜使得马太效应严重，阻碍了就业方面学校应该发挥的作用。可见过度的“有为”和缺位的“该为不为”都是不利的。

有人的地方就有欲望，欲望虽然困扰了人的清明，但人这种智慧动物的“有”所控制的“私欲”，也是推动人类社会运行的看不见的力量。所以老子只要有道者去尽量做无，而没有说天下百姓的“有”是罪恶。过度的“有为”反而干扰了这个力量自由流动所带来的配置能力，不但事与愿违，而且还会节外生枝。但是，我们也不能任由社会自由发展什么都不做，因为趋利避害的配置里促进流动的力量主要都来自 “私”，最终的结果也可能有其大弊端，这里面也有公平和效率这一对永恒的矛盾之间的阴阳转化关系，为防止两者失“和”，管理者就要详细观察，提前有所引导，做看不见的那只手，对“私欲”，不可堵，而需疏。这是大禹治水的智慧，里面也有“无为而为”的核心道理。

企业管理方面也是类似。管理者应该如“豫兮若冬涉川；犹兮若畏四邻；俨兮其若客；涣兮其若凌释”那样面对人的“有”。根据有为和无为的选择，不合格的管理者有三种：第一种是个人能力不足，不能发现这些企业细微之处的问题先兆，本就不适宜做领导者；第二种是有能力发现而不努力，导致失察，是唯一可挽救的类型；第三种是有能力发现且已发现，但修“诡道”，故意等事变大再假装发现并力挽狂澜，这样以凸显其个人的能力和有作为。一般的成功学也都在鼓励这种，人性之恶无以言表。这样管理者控制下的企业必然会走向死亡。看懂了第三种，就知道老子为何反复强调管理者应“为而不恃，长而不宰”，就是怕这种情况出现。因为老子明白，几乎所有的“有”必然可能导致“有为”之恶。

前文曾经说过如何让一个人变得聪明一些，在计算中纳入时间维度是一个方法。移动互联网上的喧嚣之所以愚蠢，是因为它们缺乏记忆。你如果能记住一年以上的舆情反转，再看这些东西就不会那么激动。我们的人生更是如此。更长记忆者看短记忆者在舆情中的反应，如三维的我们看纸上二维的虫子，也就是有道者看百姓。如果我们能读懂更多的历史，那么我们会更加接近四维的状态。现在，让我们回顾自己的成长，往上找找四维生物的一点体验，目的是解除我们面对欲望的抑郁和焦虑。人和动物一样，都是被欲望推动的，不同的是我们的智慧使得我们会更有为地去改变我们的“有”，但这也会带来我们的抑郁和焦虑。这几年我们处在大变局时代，抑郁和焦虑就更加严重了。作为我的工作责任，面对属下或者企业家的焦虑，如何帮助他们缓解，变成了我长久以来的焦虑，也因此驱动了我来解读《道德经》。

对应本章的核心观点“知足”，不同年龄段的我们的“足”肯定是不一样的。因为足的基础是“欲”，欲望的满足为足，追求欲望是个人成长和社会底层运行的原力。知足并不是灭欲，而是合理控制欲望的边界。从更长的时间轴来回忆我们年轻的时候，欲望是那么的强烈和浅薄，由此我们那么容易的不知足。所以，年轻的我们就应该和焦虑同行。回顾我的职业生涯也是如此焦虑就像疼痛保护肉体一样，关键时刻会出来保护我们的精神。就像对待欲望一样，如何让焦虑适度，是我勉强通关的两门必修课。

不知足是痛苦的来源。当下社会有很多抑郁和焦虑的人，抑郁主要来自对当下的欲望未能达成的不满足；而焦虑则来自对欲望在未来可能不能达成的担心。佛家有一个禅定印，说的是左手放下过去的不接受，右手放下未来的不担心，意思是活在当下。回看我们的一生，如果一个欲望被满足，我们就会升级到另一个欲望，仿佛永不知足，这其实是我们那个年龄段前进动力的主要源泉。

不接受过去是永远毫无意义的事情，就像企业家勘不破沉没成本就无法成功。所以，接受过去是唯一的选择，用现在和未来的思考和行动替换它，这个问题并不复杂，也就不再继续分析。而面对未来的焦虑则比较难办。我以为，年轻的我们就应该和焦虑同行。回顾我自己，缺乏规划、随遇而安的三十年职业生涯也是如此：焦虑就像疼痛保护肉体一样，基本隐身，面对危机时才出现，来保护我的精神，几次看似基于本能的选择事后看竟然正确的背后，是“如何让我自己过得有价值”的焦虑憋久了忍不住的爆发。这些爆发通过其推动的一次次选择改变了我的抛物线轨迹，看似杂乱没有规划，却也是偶然中的必然。我成为现在的自己，好像结果并不太坏，类似战略规划中的模糊的正确。但是现在情况又变得不一样了，时过境迁，人不能两次踏进同一条河流，我们的孩子要面对的未来已经全部不同：上行的电梯大概率更少，下行的电梯将成为主流，他们该如何更高效合理地决策，又如何面对更强的抑郁和焦虑？如果能够对欲望和焦虑有更深的认知，应该可以减少一些对运气的依赖。

当下，我们身边很多人开始抱怨阶层固化，这是因为我们对此的认知不足，没有考虑到足够的时间维度。从历史长河的无数循环来看，固化的阶层是常态，是必然。如果配以适度的阶层流动（绝不会超过 20%）则是健康的，是一种社会公平。而极大幅度的阶层流动只有暴力才能实现，是暴力下的平等，但并不是公平。

我初入职场时处于一种特殊的时代背景，改革开放前后中国社会处于人类历史上极其罕见的扁平阶层时代，是一种极端的偶然。改革开放带来了持续可见的财富增长，和被忽略的阶层金字塔的拔地而起，这是在回归人类社会的常态而已。由于增量分享的存在，大家之前总体相安无事。现在的焦虑背景与原来的不同在于，增量不足以分享，所以才叫内卷，问题不在阶层固化本身。

对于社会上层精英来说，因为处于社会金字塔的顶端，掌握着生产资料、社会资源和财富资本，无论经济是繁荣还是萧条，他们都是机会的阳光首先会照耀的地方，即使不济，也有足够的资源和家底可以对冲或者熬过寒冬。在经济的电梯上行时，一些社会中层与精英同乘，甚至因为自己个子高，看起来比精英还领先。可一旦电梯下行，就如洪水来临，中层打工者也如下层一样，并没有太多的基础可作为凭仗，自然也会成为首当其冲的那一拨人。所以“努力工作 = 多赚钱”，在经济形势好时，这个观念会被很多人认可，也是对敬业者的鼓励和夸奖，可一旦遇到经济下行，这些没有多少资源的中层就会被剥了华丽的外衣，发现自己与底层没有多大区别。

在增量不足的背景下，中下层的上升通道变得狭窄，现在的年轻人已经不能像我们当年那样靠努力甚至是靠运气来改变自己的命运了。就如我们高考制度的特点，使得我们的阶层固化对比其他国家，还不算太严重。还有像我自己的成长历史，回顾看实在不算十分努力，反而几乎算是躺赢。明白了这个道理，就能明白我开篇就提到内卷时代更需要修“认知”的原因。因为在内卷的当下，他们才明白，努力已经成了必要而不是充要条件。选择决定命运，而认知能力决定了选择。

我们这一代，大部分人在个人成长上都走了一遭“模糊的正确”的瞎猫之路，而且模糊部分占主要因素。驱动我们的，更多的是当时阶段希望满足的即时欲望，和马斯洛讲的完全一样。只是低阶欲望略有满足后，多少算读过点书的可以尽快转到下一层更高的欲望而已。作为一般人想做到《道德经》里的“无”真的太难了，大概率是糊里糊涂地在马斯洛需求规律的樊笼下，不断升级中无意识地将其对低阶欲望的渴望（即低阶的“有”）满足后以为领悟了“无”，就此以为是认知提升，但依然困在高阶的“有”里做了奴隶。不明白其究竟，一个人还以为自己是以自由意志在做选择呢。黑格尔说：“人们往往把任性也叫作自由，但是任性只是非理性的自由。人性的选择和自决都不是出于意志的理性，而是出于偶然的动机以及这种动机对感性外在世界的依赖 。”今天我回顾我的过去，有一种撞大运而后怕的感觉。所以，也许是蚍蜉撼树，但是我还是努力想在偶然中找到必然，部分是为了年轻的读者更好地面对更残酷的未来。

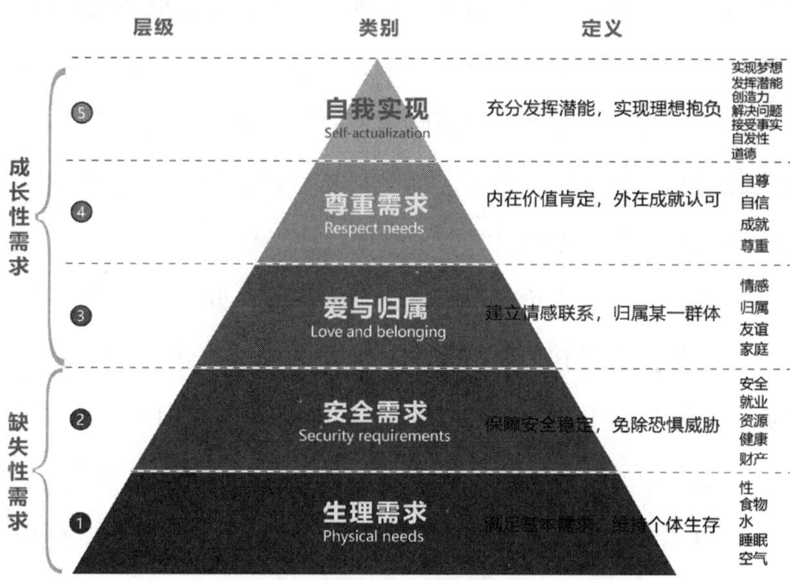

马斯洛需求层次模型

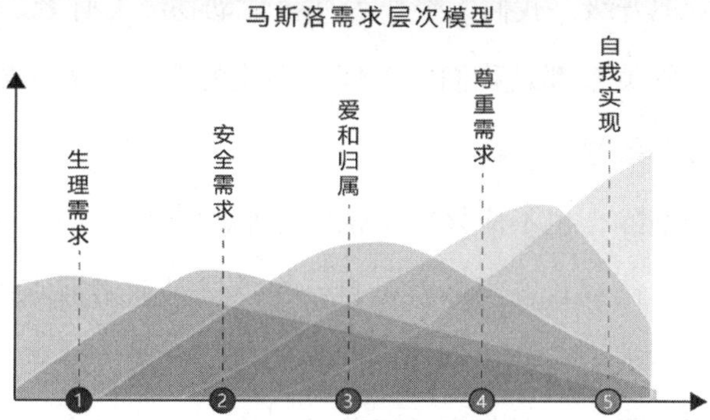

需求的相对层次

对于不能坚定以提高“认知”为目的面对生活的人，很多时候是缺乏反思而被自己的情绪裹挟着带着走的，由此情绪压制或挟持了智慧，更导致了无法清明。比如我们以为自己对权力蔑视而做到“无”，其实大概率是因为我们嫉妒的情绪（本质还是个“有”），而不是真的自己已经“曾经沧海难为水”（高阶“无”），这也是宋美龄那句名言“那只是他们还没尝到权力的滋味”背后的意思。没机会获得高阶“有”而抨击他人，且宣传自己做到高阶“无”，是虚伪的。而前述的我那种因为追逐高阶“有”而扬弃了低阶“有”，并以此认为自己修为到位的，其实也是一种忘记了“认知之圆”规律的无知。

所以，我们看到，到了四五十岁以后，由于运气好而饱暖，以及感悟到时间的不足，才开始意识到对各种相对低阶欲望的断舍离了，然后像我这样还觉得自己挺了不起，以为自己有自由意志在做选择。对比有道者，我们也仅是个二维虫子，做不到佛教里的“观自在”，依然困在高阶的“有”里做了奴隶，自然还会被痛苦和焦虑撵着走。这种悟道确实也太晚了，那么，复盘过去和结合未来，我们该如何度过我们年轻时候的痛苦和焦虑期，又能“顺便”使得自己更成功呢？

从我的人生经验来看，无论有没有规划、做不做认知，驱动我们所有人的马斯洛需求升级的情绪恰好都是快乐和痛苦这一对矛盾体，它俩与“有和无”一样，是一对阴阳之和，也是“玄”的样子，是纠缠的双丝，在我们基因里刻着的快乐和痛苦，驱动了我们在向上辩证循环的上升。所以，对待痛苦，应该和“有”一样，我们只能逐渐驾驭它，其实不能消除它。道高一尺、魔高一丈，在一次次驾驭它的辩证循环中实现了一阶一阶地升级。我们人类作为社会性动物，上有老、下有小，有同事、有朋友，与他们的正常关系都是我们的责任，事业的成功和为人处世的和光同尘一样都是知行合一的必要部分。

所以，不能妄想消除，也不应该完全消除它们的存在，那么如何缓解欲望不能满足的痛苦并有利于自己成长？当然就是自己在熬过马斯洛需求进阶过程中尽量加速它及兼容它。其实古人有无数典籍都在向我们传递这个方法，只是大家都像孩子一样，把这个当作了父母对孩子的训诫而作耳旁风，这也是个沟通方法不佳的问题

（老子的《道德经》是一种新的沟通方式，你只要有足够的好奇心，就能够被它的方式训练出来，具体细节可参见对《道德经》第一章的解读）。兼容它，就要让马斯洛需求的各个阶段的事物都能给我们带来动力和被满足的乐趣，低阶的我们容易厌倦，高阶的我们又远远达不到，这是我们痛苦的根源。减轻它的方法，就是找到好奇的感觉并保持它，这是《道德经》推崇的婴儿的品质在失乐园中的残留，是我们为人的慧根之一。好奇心是人（包括人类）的最根本的动力，好奇心这个东西，本质上就是一种追求快乐的表现，其实也是一种欲。我们如何能消灭欲望呢？消灭了欲望，也就消灭了我们作为生物的基本属性。所以我们也不能消灭“有”；我们其实也不能消灭“智慧”，因为那是我们区别于生物的基本属性。

我们绝大部分的普通百姓，没有生来的慧根，只能用智慧的优点去战胜智慧的缺点。就是说我们要有意识维护自己的好奇，找到玩的乐趣，并在各种玩中用修认知的方式来提升智慧，直到摸到“悟”和“心观”的境界。我们要认识到，我们经历的缺乏依然限制了我们认知的升级速度，同样它也阻碍了我们马斯洛需求的升阶速度，我们不得不熬过知行合一的行所必须的时间历程。但是，更好的知，是可以提升这些升级和升阶的速度，而更好的知，就是通过“认知三格”的确立和完善来做到的。所以，大格局、思辨力和创新力，一方面是马斯洛需求升级的果，另一方面也是马斯洛需求升级的因。

但是，如果我们完全不控制我们的痛苦和焦虑，它们确实会影响我们的效率，这就像面对高考的紧张，太少就不会努力，太多就反而影响发挥。即便我们确立了以提升认知为目标，上述的熬的过程也是多灾多难的。这就是包括好奇心在内的玩心的价值。小米创始人雷军长我三届，但是他 2023 年的演讲，在强调“成长就是认知升级和如何拼命学习创业”的故事背后，其实充满了“玩在武大”的精神，这是很多人没有听出来的。如果开发对高阶的好奇并保持对低阶的好奇，并以此将修认知结合到自己各种充满不确定性未来的行动中，就会忘记对结果的焦虑，享受到过程中的苦乐，也就自然能成功地把自己多余的精力从无效的自我思虑转到更多的认知提升上，我们的赚钱能力还能顺便增加，我们的低端欲望满足的可能性会加大，进度会提前。当我们把提升认知主要用在工作上，那么，以上的好处就会更加明显。所以，稻盛和夫会说“工作是最好的修行”。

面对大变局下的时代周期，我们不要变得太刚强，因为那反而会增加折断的概率。所以，我并不推荐把树立过于崇高的理想并且坚定地践行作为开端来制造自己精彩的一生。尼采说：“一个人知道自己为什么而活，就可以忍受任何一种生活。”多么励志的名言，然而尼采却发疯了。类似的“延迟满足”和“内酚酞超过多巴胺”的鸡汤都已经被最新的心理学研究所证伪。我们在羡慕西方发达科学的不断递进自我更替的同时，真应该感谢老祖宗的清明，《道德经》里说了上千年的“柔弱胜刚强”。为何刚强的有志者，强行是高风险的？因为他违逆了人的本性，不符合上善若水的道。志向、延迟满足和内酚酞应该是顺势而为的果而不是因，并不是真善美的样子。

我们永远无法知道为什么而活，因为人在宇宙面前太渺小了，这就是尼采的悲哀。面对上帝，我们依然是那个二维的生物，我们要做到的，是学会在我们卑微的爬行中建立可靠的目标并寻找乐趣：决定做个好人并不难，在任何事情中找到思考的乐趣也不难，读一些书运用在身边的普通事情中也不难，学一些文史哲帮助自己多思考人和世界本源的问题不难，偶尔在不伤身的情况下用玩的心态去挑战下自己的精力极限也不难，这就是先干起来、先易后难的人生玩法，只有这样，我们成为我们身体的朋友，也就成为与痛苦和焦虑同行的朋友。这就是我在 E20 环境平台的年度总结中所说的“因玩而坚韧”。

人在不同的年龄阶段，应该有自己不同的特点，我们不应该穿越回去对自己说：来，看看我，和我一起做五十岁的自己，多么成熟。那么，我们应该给三十年前痛苦焦虑的我们带什么话？

1. 永远对事物保持好奇心并去观察和学习。这个，无论运气好坏，无论年纪老幼，都是好事；但注意分辨信息来源，具体可看“凡人有屁股、每事是生意”里分析的原因。

2. 更早确立提升认知的习惯。包括尽量有个好的格局，首先不要做坏人；其次在认知可达范围内，在马斯洛需求理论下，自己可达的高处确定自己的价值观；然后慢慢随着知行合一，返回来进一步提升它们；尽量学会思辨事物（死磕《道德经》

就是个好工具），并建立格物和做菜谱的习惯。这个我在《智慧不过是计算机》里有过分析，凡事试试新方法（破格），无论成功了还是失败了都会是好的升格的机会。

3. 别相信第九章分析的“铁杵成针”和第三章分析的“无私奉献”这种鸡汤，更别相信有志者事竟成，感觉苦就是方法不对，一直不停地想办法“既要又要”地让自己既努力又快乐又高效，好奇心和做菜谱，都可以在无聊的事情里找到一些有聊的小快乐，去试试。

4. “凡事真先搞起来。”把事先搞起来确实有个好处，避免计划中无效思考的焦虑，而且凡事符合先易后难，干着干着能力就上来了。所以，先干起来，但是别去磨铁杵……

5. 年轻时候也别学孔子，学老子最好，别太严肃，别太对自己刻薄，马斯洛需求理论不是狗熊掰棒子模式，不同阶段的快乐其实是可以并存的，保留适度的容易满足的低端的欲，可以缓解一些高一些的不能满足的欲的痛苦；而且玩物可以不丧志，用做菜谱的方式来玩它，还可以“顺便”提升自己的某些能力。

6. 有的快乐是永远在各个马斯洛需求档位存在的，比如前面说的好奇的快乐，比如思考出道理的快乐。只是它们太深太淡，而且容易被无效思虑冲散，抓住它，保持它，放大它，习惯它。

7. 小心每次选择，这时候要用“心”听取你本能的焦虑给你的指示。

8. 永远要关心人，尤其是他人，要琢磨这个方向，比研究自然世界更有价值，也更容易使得自己早日向上突破，所以，要多看文史哲，避免自己成为一个精致的利己主义者，因为那种人就是焦虑症敏感体质。

9. 本质上，如何与痛苦和焦虑同行？就是上善若水，因缘和合，就对付痛苦和焦虑本身，也不可不作为，不可乱为，只能不为（违）而为。所以，其实我的书整个都是在对这个问题做解答：和过去和解而不再后悔，和现在和解而不再嫉愤，和未来和解而不再焦虑。

人的一生需要懂得三件事：知道如何去选择，明白何时去坚持，懂得早点去珍惜。如果我见到三十年前的我，那时的我因为不明白这些道理而走了无数弯路。我想我会赶紧先推荐给那时的我一本《论语》，告诉他，读懂它、践行它，就能成为人群中的前 10%。如果早点读到《论语》，虽然未必能在事业上做得更好，但是生活中恐怕就不会犯下不可恢复的错误，这就是粮店的必要性。

据我观察，人的一生能达到《论语》所说的境界，已经是前 1% 的水平，作为年轻人可以避免很多不懂得精神世界规律的错误，但是需要读者自己做到“豫兮若冬涉川”，有机会悟通《道德经》并能够成功实践之，又是其中的 1%。如果再多给我一些时间，我可能还是会忍不住和那个我说，那个我当时在乎的那些钱财物质，真的不重要。我希望那个我能尽快跨越“低阶有”，因为这些层面的欲望干扰了人的心智。即使不用刻意追求它，伴随着自己的认知升级和在工作中学习管理，也可以顺便获得。任由自己过于强烈地追求它，反而会造成短视和堕落。人必须需要一种动力驱动前进，如果因为前述的副作用就熄灭物质的“低阶有”号发动机，在这之前必须找到“高阶有”的发动机，而且，最好它是可持续的，而不是仅仅高一点点的高阶。我希望，这个“高阶有”号发动机里装的不是简单的成功的“野望”，而是今天我能领会的“道”的美丽，它已经不是“高阶有”，而是个“无阶无”。我们把物质的发动机比作燃气轮机的话，污染是它必然带来的问题；追逐个人成就的发动机可以作为核能发动机，看似污染已经减除，其实只是放到了更远的时空（人类历史中，以个人成就的追求造成劫难的伟人数不胜数）。

2019 年，NASA 的一位工程师提出了太空发动机的构想，不需要任何燃料，而是用质量在相对论速度下的变化进行飞行。这个，就是《道德经》里的“道”，这就是一位“圣人”的动力模式。如果我们认知中的第一个“格”能达到这一步，我们就不再需要“欲”成为燃料，我们可以在常足的同时依然精进，因为我们发动机的型号，是“无阶无”。我面对三十年前的那个我，突然无法启齿，因为现在的我，还依然无法触摸到这个境界。

终始：玄——有无——做好人

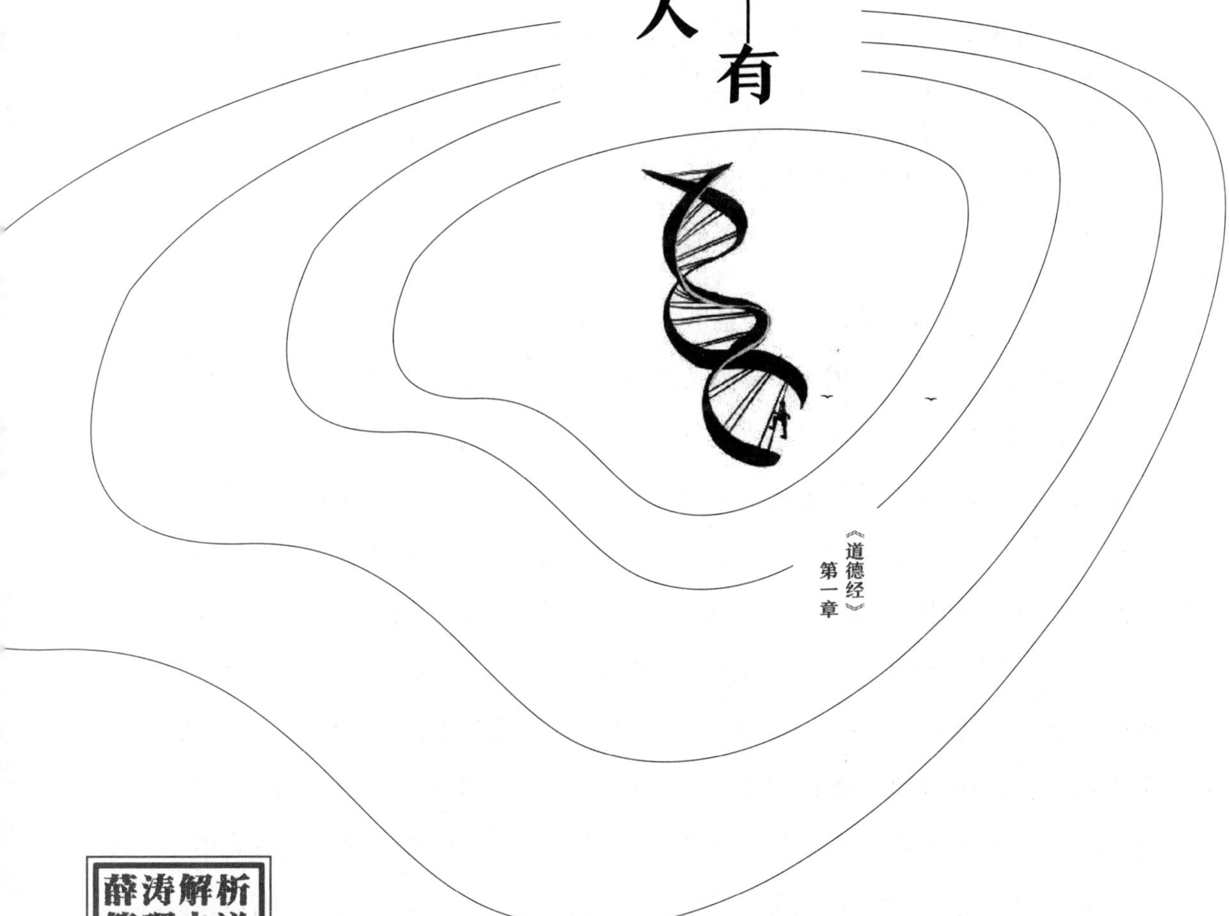

《道德经》第一章

原文

道可道，非常“道”；名可名，非常“名”。
“无”，名天地之始；“有”，名万物之母。
故常“无”，欲以观其妙；常“有”，欲以观其徼。
此两者，同出而异名，同谓之玄。玄之又玄，众妙之门。

译文

可以用语言表达出来的道，就不是永恒不变的“道”；可以用语言表达出来的名，就不是永恒不变的“名”。无，是天地的开端；有，是万物的根源。所以，常从“无”中观察天地的奥妙；常从“有”中寻找万物的踪迹。有和无，只不过是同一来源的不同名称罢了。有和无都是幽昧深远的，它们是一切变化的总门。

第一句“道可道，非常‘道’”的“常”，据说原句为“恒”，后来为避讳汉文帝刘恒而改为“常”。《道德经》和《论语》的区别，这六个字里都提示了。由于“道”无法描述，“我法妙难思，五千人退席”[1]，所以《道德经》全书用了特殊的写法：正言若反、反复重复、晦涩处处，其目的只有一个，就如菩提老祖在猴子脑袋上敲了三下，让读者自己在主动思索中去突然悟道。在我看来，老子就如布袋和尚（大肚弥勒佛）的前世[2]，其玩世不恭、快乐为本的模样甚对我的脾气。而《论语》就是孔子的样子，事无巨细、严谨急切，虽然伴随着他自有的开悟也偶有划破天际之语，然而全书的风格就如孔子本人一般严肃认真，你大概率容易盲从。文章风格就是作者的个性，企业战略就是企业家的个性，难以解脱。较真的人会说，《论语》是孔子和孔子的徒子徒孙们一起写的。但是，企业家和其下诸多管理者中，只有企业家决定了公司的风格。孔子，也是唯一决定《论语》风格的人。所以，以下内容就是将孔子作为《论语》的作者来展开解析的。

---

〔1〕此句出自宋代释师观《偈颂七十六首之二十八》，意指佛法很是深奥，有5000位听众因之离场。
〔2〕布袋和尚，五代后梁时浙江奉化的高僧，经常脸带笑容，手提布袋，世传为弥勒菩萨或弥勒佛之应化身。

老子和孔子的无和有

同样两人都悟到了“道”，同样想让大家和他一起明白（所以他们都是圣人，在“奉”），《论语》里孔子也喊：“朝闻道，夕死可矣。”能写出这句话，一定是他本人已经悟到了“道”，我现在是体会得到的。可惜由于“道”本身真的是不能直接言传的，绝大部分人读《论语》却不能“悟道”。从这点来看，老子因为更早明了了“无”，所以更通人性反而更具有远见。在著书立说的方式上，老子践行他在“道”里自己悟出来的“无”，用了“虚”的手法，“奉”的水平更高，类似我提倡的“育”的带动模式，使得《道德经》最终成为“药店”；而孔子实在认真直率细致，心中物质之“有”虽早已消灭，但精神之“有”未除尽，最终只是把《论语》做成了“粮店”。对比老子，孔子在精神层面破“有”花了更多的时间，导致孔子作为“有志的强行者”的大半生，虽然努力奋进却不和谐。

为什么不能言传？因为越靠近本源的顶层公理（“道”化为的那个“一”，和那个“玄”），用语言去描述就会失真，原因是“名可名，非常‘名’”。命名是语言形成的基础阶段，发音不是，连鸟都会叫的，鸟叫甚至也可以用来同步它们的行动和传递信息。

为什么命名是呢？随便举个电影里的例子，我们和外星人语言完全不通。建立沟通的第一步，一般是捂着胸说自己的名字，然后指着外星人，等待 ta 的反馈。“名可名，非常名”这句更易于理解的翻译应该是，如果某个事物可以被命名，那 ta 就不再是真正的被人所命的那个名所指代的那个事物。老子的意思是，为什么对于“道”人没法用语言描述，因为任何事物你给了它名字（描述它的语言的基础），人也就失去了对它的完整含义的理解。所以我们只要用语言描述事物，就已经不是完整真相。无法理解这一点的人，可以想象一下夫妻间完全用逻辑讲理造成的悲剧，就明白了语言的致命缺点。语言，因为人永远无法免除的自私，所以从来无法做到绝对的客观和精确，由此带来夫妻沟通的必然矛盾——有脑无心。

巴别塔

《道德经》全文五千言，前十二个字实际上告诉了我们什么是研究学习“道”

的方法（讲的是不能做的方法是什么——又是正言若反），也间接说明了《论语》为什么难以直接传播“道”。《圣经》中有个关于“巴别塔”的故事，说的是当时人类联合起来兴建希望能通往天堂的高塔。为了阻止人类的计划，上帝让人类说不同的语言，使人类相互之间不能沟通，计划因此失败，人类各散东西。直接理解的意思是，由于语言不同导致各民族间不能沟通。这个故事用来说明不同语言对于人类交流的阻碍。引申开来，人类只要有了语言，就有了区分（比如分析，然后归纳，是逻辑思维的一个基本模式）；有了区分，就有了好坏；有了好坏就有了“差别心”[1]，也就离“道”远了。这就类似“巴别塔效应”：因为语言的产生，“一”中生了“无和有”，人的“有”利用语言区分了万物，也就不能讲清楚“道”了。

贪玩的老子

老子很清楚用语言平铺直叙，无法在充满“有”的百姓中得到理解，所以老子在《道德经》第七十章里说：“吾言甚易知，甚易行。天下莫能知，莫能行。言有宗，事有君。夫唯无知，是以不我知。知我者希，则我者贵。是以圣人被褐而怀玉。”但是“因玩而坚韧”的老子，还是想让他理解的“道”能被更多的人理解，所以选择了“道”给他的启示——用“柔”的方式传道，而不是孔子用“强”的方式。这样的方式也比佛经友好，因为后者选择了必须先要信之然后才能继续研读的写法。可见，老子选择的写作方法本身也是一种“上善若水”，顺的是读者的“能力和习惯”之势，所以可以更早地、更多地度化一些困在思维里的有缘人。以上所述的老子和孔子人生和代表作的相互映照对比，就是一种柔和强的对比。老子的作品内在之和，与其一生本身之“和”，都可以使人对“道”产生“信”。因为做法只要符合“道”，即“无为（违）”，一切就会是和谐的美。对应的，孔子的文风更实、更强、更满，我们容易在阅读《论语》的时候直接顺从他，反而只是理解了他的表面之意。

---

〔1〕差别心，佛教用语，出自《华严经》，意指众生之心跟佛一样，没有区别，宇宙万有，一切世界都完全平等。

四十不惑

孔子说“四十不惑”，如果按字面理解，则为“不再迷惑”。我正好于那个年纪，跳槽去了E20。所以，孔子说的“不再迷惑”我做不到。我觉得自己五十岁能做到就不错了，可能甚至要到六十岁。对此，我倒没有自卑，因为身边人也都远远没做到。我当时对自己的评价是，经过了二十年的能力积累，工作内容早已从事物的管理升级到了对人的管理，已经体会乃至能主导（这是对合格管理者的要求）不少人情世故；基于这么多年经历的得失、福祸、利害、好坏、尊卑等各种心中比较，开始知道使自己长久快乐更重要；在各种意外的偶然中感悟到的必然，也让自己隐隐看到了一些命中的因果和不确定性中的确定性，多少开始有一点点信“命”。因为更明确看清了自己的能力边界，所以学会了做减法，更加注重扬长避短。

所以，现在回头看这个“四十不惑”，应该是变得不太容易被诱惑，知道从了“诱”的短期快乐的因，会结下长期不快乐的“惑”的果。称之为诱，一般是短期让我快乐而长期终将令我不快乐，或者是看似更具吸引力的机会实际上却不是我的所长，这是管理学的战略选择中常见的陷阱。虽然当时悟到了一点“道”的因果必然，但离理解“道”以及使自己能够减少面对不确定性的焦虑，还言之甚早。

五十知天命

真到了五十了，孔子又说“知天命”了。最近死磕《道德经》有点“通”，解了不少惑，只是有点“不惑”了，我明明磕《道德经》正起劲，咋他又说躺平了？其实不然。研究一下孔子的生平，据《左传》所载公元前505年，47岁的孔子从楚国回到鲁国，便开始放弃所有其他事物，深入研究《易经》。62岁时，有叶公问孔子于子路，子路不对。子曰：“女奚不曰，其为人也，发愤忘食，乐以忘忧，不知老之将至云尔。”可见，孔子的知天命是终于信了“命”，并且全力追求“道”并以此为乐。

所以，孔子的知天命，是在行动上的求道，求入世的道，不是求躺平的道、求出世的道。此时的我，对孔子的快乐感同身受。从开始至今，解读《道德经》的前四十天（2023 年 7 月至 8 月 10 日），合计 160 小时的睡眠时间[1]，期间物我两忘，却不觉累。死磕《道德经》，而且逼着自己把它和我的“野球拳”管理理论极度艰难地合二为一，成为刚过半百的我所有的快乐，原来这就是“知天命”，知天命就是求认知并“奉”之。

从年轻时候追逐直接的快乐到现在追逐本质的和长期可持续的快乐的我，其实是一个被马斯洛的“欲”牵着鼻子走的人，好处是不会出世，会一直陪伴着其他同样的普通人同甘共苦，会一直因为学管理而“顺便”明道，因为明道而“顺便”提升管理，由此也不会太耽误“顺便”养家糊口。我发现追逐快乐是我的本性，也许只有这一点我可以和老子比肩，只是我更晚才明白，“追逐成长的快乐，才是可持续的快乐”。我年轻的时候既没有因为过于逐乐误入歧途，又因为本性贪图快乐且没有宏大志向，所以不用“强”来改造自己去适应体制，冥冥中也许确实有“命”在保驾护航，还与 E20 结缘，让我现在得到了更大的快乐，寻找这些偶然中存在的必然，让我在解读《道德经》的时候知了“命”，信了“道”。

真要想看出《论语》背后的“道”，对于一般人而言，就需结合孔子的生平一起看。你不能只看孔子说了什么，而是要看到孔子本人在做什么，才能真正理解孔子想让大家知道的，这不就是《道德经》启示的管理之“无为”嘛。

习惯了由《道德经》“导引”而练就的思辨模式（就是我前面所述的“问十万个为什么”之法），也就更容易跳出《论语》去看《论语》，就像看四大名著（除了《三国演义》），就像看周星驰和姜文的电影，其背后往往有很多含义。因此，这时看的《论语》已经不是《论语》而是看懂了《论语》背后孔子成为圣人的一生，自然也就明白了道。可以打个不够恰当的比方，如果把《道德经》比作教材，有类似我们国内家长认为的西方教育的优点，开放式不设标准答案，带动孩子锻炼思维能力而不是死背答案；而《论语》的编写却有点像中国传统的教育方式；我们还是有少量的读者，能绕到书本背后去探究、思辨和总结方法论，也能从《论语》中读

[1] 本书为笔者 2023 年 7 月 1 日临时起念并开始写作的，部分文章在出版前曾先后发布于 E20 水网固废网微信公众号上。为展现创作过程，本文所涉写作时间均以文章的完成日期计算。本篇文章完成于 2023 年 8 月 12 日，8 月 20 日在微信公众号发布。

出更深刻的“道”来。看来，如同《道德经》之于老子，《论语》也和孔子的人生互为因果，这也是“命”。

“无名，天地之始；有名，万物之母。”无论有没有人类，世界（天地）就在那里，有了人类，有了语言，万物才成为（人类眼中的）万物。万物被分类、命名，是人因自己的需要而区分对待，类似古希腊普罗泰戈拉所说的“人是万物的尺度”。“一生二”，盘古开天地，意思是人类掌握了语言和智慧，由此万物因与人类的关系而被命名和区分——被区别“有（用）”和“无（用）”。我们用语言记忆、记录、思考和交流，凭借越来越强的逻辑能力同步拥有了智慧，甚至开启了用科学去重建世界的漫漫征程。驱动世间所有生物与物质之间和生物与生物之间的关系的力都是“欲”，生物最基本的欲就是繁衍之欲（生态学中的权衡就在描述它的复杂机制并不是集中在交配本身，就像企业随时需要考虑短期目标和长期战略的关系）。语言和智慧的能力从一开始就使得人类的“有”变得膨胀，由此“欲”也越来越变得不同，彻底改变了我们的人性，改变了人作为一种生物与世间万物、与人和与自我的关系。看到了这个变化里的“有”和“欲”带来的负面后果，使得老子在《道德经》里主要是去批判“有”，“智慧出，有大伪”。人用智慧分出了“有”“无”，异化了“欲”，并建立了文明，但也使得我们失去了对世界和“道”的真正理解（婴儿之清明），我们由此堕入人间成为“百姓”而迷失了自我，进入了精神的失乐园。虽然方式不同，拯救人类的精神家园，却是《道德经》《圣经》、佛经和《论语》的共同目的。

本章出现了各种解译较为混乱的一句话：“故常无，欲以观其妙；常有，欲以观其徼。”常还是恒，其指的是前文的“无”对应的天地和“有”对应的万物；“妙”应为“眇”，即小，翻译为“微妙”更加准确。“徼”通假为“要”，可翻译为“欲望”。这句的准确翻译非常关键：“所以，想能看到（理解）天地之‘无名’的微妙，就要一直做到无；如果一直有欲，就（只）能看到（理解）万物之‘有名’的欲望。”我前面说过，老子是以人的视角去写《道德经》的，因为以人的“有”（可以简单理解为欲望）去看的万物，自然都带着人的欲望，当然也很容易看到万物中生物自己的欲望。

命与道

我们作为人，做到第一个“观”非常难，因为不好言传，只能“信”才能“心观”到它。因为没说明白这个事，只好拿人的遭遇来交流，所以大家更容易“信”命，毕竟“命”看得见摸得着，可以“事后诸葛亮”般讲一通。出现更晚、写得更好却更难懂的《中庸》有句话说得好，“天命之谓性，率性之谓道，修道之谓教”。“命”就是“道”的无上规律，结合不同人的共性和个性，作用在不同人身上产生不同结果的过程。道与人无关，命与人有关。所以，命是可以用语言描述的。强调了命，终究还是离开了“道”（“道可道，非常道”）。可是，就算说到命，孔子也曾反复强调，也没从逻辑上给大家讲明白为什么要信，所以气得他直接喊“不知命，无以为君子”。

好人有好报

孔子要大家“知（信）命”的出发点，并不是要让大家简单地躺平，而是希望大家选择做个好人（君子）。为什么《论语》、佛经、《道德经》，都想让我们做个好人却总是说服不了我们？因为回答不了为啥“好人有好报”，所以大家不信。“常无，欲以观其妙；常有，欲以观其徼”，间接给了一个为什么做好人的证明，我可以用大家喜闻乐见的逻辑分析出来，这句话其实就是“以何眼观世界，观到何种世界”，因为好人能看到别人心中的好，于是就能吸引别人心中的好；如果只能看到别人心中的坏，难免会引起别人心中的不满从而自己招来祸端。“和光同尘”之所以在《道德经》中多次被提及，一个原因是符合老子追逐快乐的性格，另一个原因确实是做好人而命里还有好报。

于是，当时还是“直来直去”的逻辑门高手的孔子，直接怼了抱怨“好人没好报”的子路：“君子固穷！”想了想，他还是得给子路一个安慰，所以马上跟了一句：“小人穷斯滥矣。”〔1〕

其实，到了现在，对于这两句，我是不完全同意孔子的。因为君子未必穷，“君

〔1〕出自《论语·卫灵公》，原文为：子路曰：“君子亦有穷乎？”孔子曰：“君子固穷，小人穷斯滥矣。”

子固穷”只是孔子自己的遭遇。老子总体上就混得比他好，这也不耽误老子也是君子（也都是圣人）。毕竟，我很早就写过管理学的三个常识，其中一个就是概率，也就是“因缘和合”，毕竟做好人不是一定就穷的。

进一步而言，我以为在市场经济情况下，知行合一地学些管理学，并去做个好人，大概率更容易不穷，这个道理是显而易见的。当然，君子（圣人）只要没有温饱问题，其从认知提升中获得的大乐趣和大自由感，肯定远大于财富，这就是孔子说的君子可以固穷的原因，也是对的。但是，如果能“顺便”不穷，一箭双雕的美事（这个我在《道德经》应用于管理学的分析里讲了一大堆，我都称之为“顺便”来区分主次，因为要小心“佛魔一念”），岂不爽哉？这是我自己悟到的，也是写这本书想告诉大家的最重要的事实。

现在经济下行，处于下行电梯里大家运气都会更不好，穷了就更歇斯底里（还是心中的“有”太多了），导致祸不单行——“小人穷斯滥矣”，这个孔子说的是对的。但是有几点：①坏人富的时候也容易张狂而招祸（福无双至）；②懂道或者无意中按道行事、坚持做好人的人，因为符合“道”且神智清明，更容易熬过难关，实现祸福转化；③做好人，心中坦荡，思考效率极高（做到一定程度的“无”“顺便”带来的好处），符合道（即无为）就更容易懂管理，“顺便”就比坏人更能审时度势抓住当下很少的天时地利，以及具有比坏人更好的人和，能在组织中成就更多的团队，这些均使得好人更容易“顺便”不穷；④和家人朋友同事等等相处更容易也更加和谐，人生幸福感大概率会更高；⑤好人知“止”，不会追逐超过自己能力边界的大富贵，反而富贵得更长久。这些道理，孔子都没有讲到，而《道德经》逼着像我这样的读者自己费力拆解，从而理解得更加刻骨铭心。

即便如此，愿意深入研究《道德经》而悟到“道”，或者生活经历足够一个人悟到“道”，都是需要很长的时间。如果一个人习惯于修行认知，他就可以在偶然中逐渐找到必然。加上他相对容易获得长久的快乐，一般也会最终选择真“信”好人有好报的“命”。万法归一，无论是佛经、《道德经》《论语》还是各种哲学、宗教和各种人文或自然科学，它们最本质的部分是一样的，比我们聪明上百倍的同为逻辑派的牛顿和爱因斯坦已经为我们实践了这一点。从这个角度来说，也许唯有《道德经》，是可以让逻辑派的现代人，结合生活实践和逻辑思维的强化，直接死磕而达到牛顿、爱因斯坦这种牛人曾经悟到的某种妙（眇）。“眇”就是小，微小到只能用心观到，也就悟到了“道”的微妙，如《道德经》第五十二章说“见小曰明，守柔曰强”，第十五章说“古之善为道者，微眇玄通，深不可识”，以及第二十七章有“不贵其师，不爱其资，虽智大迷，是谓要（微）眇”，都指出了同样的感受。

“此两者，同出而异名”，此两者，指的是“有名”和“无名”。自从有了人类，“有”“名”和“无”“名”一起从“一”中产生。无名因为有名而被称呼为无名。“有无相生”“一生二”，“一”是完全没有名字的。之所以为同出，既然以人为视角，它们也是同时因为被命名而出现在人的面前，可以等价于“有”和“无”。虽然《道德经》中一直在鼓励“无”，但本章强调了“有”和“无”的平等，就和《道德经》中对待所有其他矛盾体是一样的，有和无应该也是“负阴抱阳”的“和”的关系。此处是能把《道德经》成功运用于管理学的最关键处。因为管理的成功，必然是“有”和“无”相“和”的成功，而不是“无”的成功，此处也是借用管理学来读懂《道德经》的最要害处。管理学的精髓本就应该和《道德经》的“道”一致，就像其他学科一样，这才符合道作为最高原理的身份。但是我个人觉得修管理学更易通“道”，因为做好管理主要与人性与不确定性两个要害有关，而这两个要害恰恰也是读懂《道德经》所需要学会把控的精髓。正因为如此，《道德经》和管理学的同修，在企业管理、个人如何高效成长（管理自己）、父母如何引导儿童的性格养成和人生观培养等方面用处会更大，而且互相促进从而达到知行合一。

“同谓之玄。玄之又玄，众妙之门。”“玄”，是第一章最关键也是难理解的题眼。解“玄”不能囫囵吞枣，直接套用现在的意思“玄妙”（那是果，不纠其为什么，就丢了因），某些解释牵强地使用“赤黑色”之意也明显不妥。让大家对着“玄”苦思冥想，我又看见了老子的诡计（仿佛他在屏幕后面暗笑）。玄的象形文字是两根丝线，互相缠绕，找到了词源，我便豁然开朗，这是从象形上模仿“有和无”的“和”啊！所以，玄在这里，就是有和无的“和”。

玄 xuán 匣纽、真部；匣纽、先韵、胡涓切。

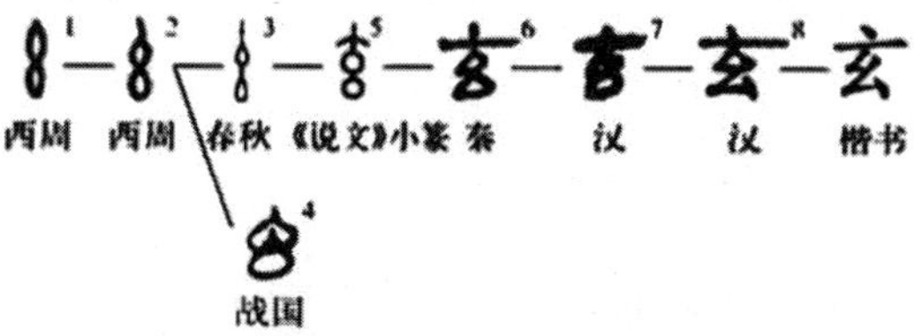

1《金文编》272页。2、3《金文编》268页。4《郭店》73页。5《说文》84页。6《睡甲》57页。7《马王堆》153页。8《甲金篆》253页。

如此来看表音文字和表意文字的区别，前者只为发音而存在，与“常（恒）名”的关系更远，后者除了发音同时还在表意，只是我们有的人早已忘记了这件事。此处不由得让人信“道”的现象是：玄读“旋”，这对“有和无”在屏幕上仿佛旋转了起来。它的发音暗示它“玄”转起来的样子，也像极了自然界生物的基石——基因，并体现了有和无的“和”关系。老子用一个“玄”字，完全体现了我认知到的《道德经》的所有精髓：

①“名可名，非常名”，起了名字，讲出来，就会失去了它原来的意思。老子知道“玄”这个字所代表的事物太关键，命名了就会讲不清楚，干脆把它画出来，画出来不会动，那就让发音帮它在你心中去动——旋之又旋。②“道可道，非常道”，更讲不明白。“一生二”的关键，就是天地之始的“无”生成了“有”和“无”，而它们也来自于“道”。“道”既是“有”，“道”也是“无”。所以，“道”，就是“玄”的样子。③“有和无”，是一对阴阳，是平等的你中有我，随时互相转换。“有无相生”，“旋”之又“旋”，“反者道之动，负阴而抱阳，冲气以为和”。④《道德经》的“知”，加管理的“行”是最好的认知之阶。因为它们是用“有和无”的人性搭起的一对慢速旋转的纵杆，确定性和不确定性交织的横梁（不确定性使得你会偶尔下跌），让困在智慧之网上的我们，用认知之力一步步攀登上“清明”的心观，在这个同为“玄”的基因象形的逻辑长梯上触摸道的边界。⑤在管理学中运用它，就是“自私”和“无私”。这一对矛盾体，两者能在一个“有道者”身上

如何做到和谐共存，恰恰是我修习的“管理学”流派的最大的法门之一。其背后，蕴藏着最合理的和最深邃的商道、管理和处世哲学，也是需要达到“二生三”的境界才能偶尔触摸到的。

“玄之又玄，众妙之门”，“妙”依然通“眇”，老子文字背后是在强调什么呢？老子在提醒我们，别以为你看懂了《道德经》，就觉得自己窥探了宇宙的原理而沾沾自喜。我们区分了“有”和“无”，实际上也割裂了宇宙本源的“一”，这些矛盾体因为本源一致，就会互相转化，无论是有和无，还是自私、无私，还是善恶、弱强与虚实，等等。一旦区分，就会在认知中割裂。我们以为我们懂得很多，我们就会不懂得更多。所以当我们对着这本《道德经》分析越多，自觉懂得越多，我们就要提醒自己离开本源越多，越要谨慎和放空自己。想理解“道”，就是要真正做回那无名的婴儿。我们从“有名”的分析归纳的逻辑认知，再递进到“无名”的心观力，在从无到有再到无的转化中，从信到不信到信，才有可能真正攀升到（也可以说是回归到）所有的（也是唯一的）“道”的门口。

因此，“知者不言，言者不知”，“知不知，尚矣。不知知，病也”，“明白四达，能无知乎？”“明道若昧，进道若退”，“夫唯不盈，故能蔽不新成”，“绵绵若存，用之不勤”，无为，“是谓配天古之极”。

所以，世间各种矛盾都是“负阴抱阳，福祸相依”。人类不同的民族文化，也是各有其长短和因缘相和。有人说，汉语不如英语，所以阻碍了我们的科学发展。而就像这个“玄”字所显示的，语言就是民族的基因，我们的汉语竟然能以如此方式微眇地呈现“道”的本质，处于大变局之时代，却能突然体悟汉语象形之美，让人无法责怪之。

偶然与必然，因果与命，命与道，道与做好人：

1. 因对《道德经》第七十七章的共鸣，突然决定写一本书，用管理学来解读《道德经》的鲁莽，根源于我追逐快乐的癖好，这是一种偶然里的必然。

2. 第一天就率意挥洒地对《道德经》第七十七章进行了解读。在四十天内通读了《道德经》除第一章外的八十章后，我最终真正读通了《道德经》本章，并重新对八十章的绝大部分进行了改写，但是对七十七章的理解却完全吻合，这是一种偶然里的必然。

3. 第一阶段完成前，直觉让我决定把《道德经》第一章放到后面几章来写，吻合了《道德经》提倡的“先易后难”，不如此不能成书，这是一种偶然里的必然。

4. 写书的目的是想借着对《道德经》的学习，把自己管理团队的实践经验和咨询经验一并理论化，这个大大提高了成书难度——不能像我调研过的市面上常见的《道德经》图书那样，或者死磕《道德经》变成哲学理论分析，或者挂个《道德经》的大旗，实际上却大谈自己的管理咨询经验。结果逼着我既死磕又要联系实际，竟然在写作过程中逐渐将悬崖两侧的大桥完整对缝合拢，惊了一身汗的感激涕零。而这第一章也使我开示了，这是一种偶然里的必然。

5. 年过半百的我，在 7 × 18 小时的测试能力边界解读《道德经》之苦中不知其苦，体会到孔子“五十而知天命”于是全力去解周易而忘我的快乐，也一定程度上解开了我自己在大时代背景下工作生活中面对的种种焦虑，这是一种偶然里的必然。

6. 在近年来的时局下，企业家和朋友越来越多地向我述说焦虑，而我不能很好地回答他们焦虑本身是什么。前者还是 E20 的责任，留下了自己心中的焦虑。这次从孔子的解经之乐到我的验证，再到知道是因为成长之乐和背后的认知之乐才是与焦虑同行的解药，这是一种偶然里的必然。

7. 解经必须辩经（孔子其实是被我拿来辩经的，对他不公，对儒家不敬，对《论语》也不算真认知），于是频频拿同事当“沙包”却行之有效，是我的“三 Yu”习惯的福报。而我选择“三 Yu”模式，是因为里面有我追逐的快乐，这是一种偶然里的必然。

8. 要达成和谐的快乐，必须掌握我在管理学中实践了三十年体会到的“无私”和“自私”之间的复杂关系，现在发现恰好是理解“道”的最佳入口，这是一种偶然里的必然。

9. 因此，临时起意加贪玩，七八年前就做了“稻德经智”的打油诗并要公司的创意总监配了一幅漫画，因为模模糊糊觉得我自己的管理思路像他们，现在才真正懂了它，这是一种偶然中的必然。

10. 在央企最后七八年，每年要做述职，因我贪玩的性格不想循规蹈矩吹成绩、表忠心，每次都偷梁换柱说些管理思想，却在管理咨询和论坛报告两方面都刚好适合 E20 的工作需要，也形成了本书附录中我的那些年会总结文章，这是一种偶然中的必然。

11. 我一直贪玩，也许因玩而坚韧而未被焦虑压垮。一直贪玩，却不算完全玩物丧志，因为我很早就发现了爱找规律做菜谱的乐趣。这使得这些玩物都有顺便的好处，而没啥大志向长规划的缺点又靠本能的焦虑自救了五六次，在二十年前进入了环保行业和十年前到了 E20。到了 E20 只管研究，却发现 E20 媒体部门最好玩，可以玩微信、玩视频、玩吹牛、玩斗嘴、玩含沙射影、玩指桑骂槐、玩声东击西、玩大道阳谋下的一切东西，全都符合我爱玩手机的喜好。于是，按惯例原本负责研究院的工作，却把媒体部门抢过来抓到自己手里，也就慢慢发展成为公司总经理，抓全面工作、保会员发展，从而做了更多的管理实践。这些恰恰又都应合了我越来越喜欢琢磨人的玩乐的新方向，这都是一种偶然中的必然。

12. 来到 E20，我的责任是要给企业家们商讨方向和给予支持，是上善若水的卓越同行模式，不用做我已经厌倦的拼市场关系、人脉和拼暗黑的咨询老套路，而 E20 的运行模式又鼓励写书做自由研究，这里乐趣就更大了！回顾自己职业的三十年，我原本没那么多规划，更多随遇而安又被焦虑推搡，被快乐吸引，想找规律的时候却碰到了一样性格的老子，因为 E20 自己也奉行上善若水、学老子，这个也都是一种偶然中的必然。

解读《道德经》的这段时间里，看到各种各样的偶然太多了，也是显示了太多的必然，于是“顺便”梳理和归纳了三十年来无意中修认知带来的各种“顺便”之好，简直就是“真善美”的大循环加小循环的各种环套环，“玄而又玄”。这么多的偶然中的必然，让我越来越信“命”。那么，既然信“命”，解读《道德经》，就又更容易瞄到那个“众眇之门”，也就后怕好歹自己不算个坏人，就感慨未来不敢不做个好人。

妇女之宝的快乐教

《道德经》第六章

原文

谷神不死，是谓玄牝。玄牝之门，是谓天地根。绵绵若存，用之不勤。

译文

虚空不定的变化是永不停歇的，这就是生育万物的神秘莫测的总根源。微妙的生母之门，就是天地生成的根源。它绵绵不绝地存在着，作用无穷无尽。

自然界的“关系”竟然也是老子说了算

今天，我们从“关系”这个词说起。遍查古文，我们的语言系统里是没有“关系”二字的，然而，外国人真正能理解我们社会的第一个词，恰恰就是“关系”，他们发现要解释这两个字，需要一大堆英文词汇并列。于是有时候，他们就直接用我们的发音来指代中国特殊的“guanxi”。费孝通在他的《差序格局》中将“关系”定义为在社会学意义上中国社会中特有的一种人际互动形式，也是有所偏颇，因为马克思说，人是一切社会关系的总和。东西方的人情社会和法治社会确实有很大的差异，但是“关系”这种词背后的哲学基本规律，并没有那么大的差别。物质间发生关系靠的是力，比如经典物理学的万有引力，而“欲”是构成生物之间和生物与外部世界之间的关系的万有引力，自然科学在描述物质世界的关系，确定性是它们的主要的特征；《道德经》是解释人与人之间关系（包括和自然）的哲学作品，不确定性是这种关系的主要特征。当然，伴随着进入爱因斯坦打开的量子物理世界，两类学问以纠缠光子的波函数的可视化，产生了如下的交集：

渥太华大学的研究人员与罗马大学的Danilo Zia和Fabio Sciarrino合作，**展示了一种新技术，可以实时可视化两个纠缠光子（构成光的基本粒子）的波函数。**

研究成果以“Interferometric imaging of amplitude and phase of spatial biphotonstates”为题，发表在《自然光子学》(Nature Photonics)上。

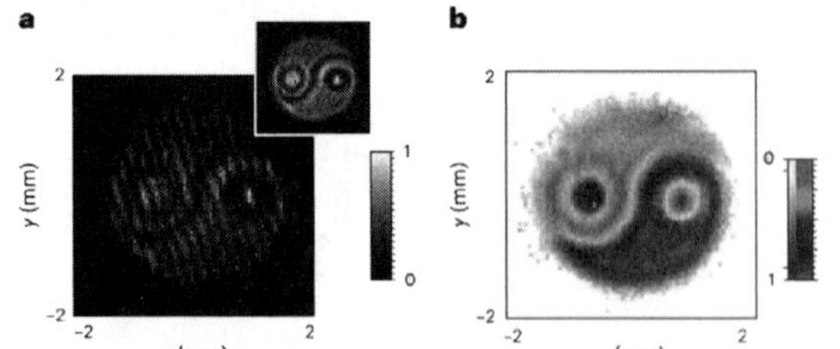

人是高等级动物，其与自身和外部的“关系”由于智慧的加入，就比其他动物复杂许多。复杂，就是因为不再是简单的因果必然，其带来了无数不确定性的偶然。于是，古往今来多少西方先哲像西西弗斯那样妄图克服其不确定性，烧毁了多少脑细胞也未能完成。他们没明白，不确定性和确定性，也是一对阴阳玄同，如何能完全消灭？不同的语言确实就像不同的基因，带来了每个民族的不同性格。东西方几千年制度和文化的不同根源，我推荐大家读环境保护部原副部长潘岳的文章和书籍，应该会对本段所说的内容更有体会。西方语系的确定性更强，和中文的不确定性更强成为对照。前者更适宜于描述自然世界而有益于科学，后者更适合描述人性而变得玄妙，不易分析归纳。中文之简洁、不规范、不易学，所有的原因都是它不够有逻辑。而“逻辑”一词，本就是来自西方的文化根基。逻辑，英文为 logic ，源自希腊语 logos（逻各斯），逻各斯是一个希腊哲学的概念。希腊哲学家赫拉克利特（Heraclitus）最早使用了这个概念，他认为逻各斯是世间万物变化的一种微妙尺度和准则。大家百度下逻辑的反义词，第一个就是无序，而它的第一个近义词，就是思维，就是《道德经》里的“智”，与“明”对照的那个。尼采，是逻辑门里狂修到几乎突破逻辑之网的，他应该是通了“道”。但是由于所在的土壤，水土不服使他太苦，于是他选择高喊着“上帝死了”，最终让自己疯掉。具体他都发现了什么，可以直接去看本文末的小贴士。

女人就是水做的活菩萨，男人则是泥巴做的计算机

说回“关系”，《道德经》里展示的，就是明暗线的两大基本关系，明说的是“欲”，暗说的是“信”，前者强而暴，后者弱而柔。两者并不是一对阴阳，但都被阴阳之“有无之玄”所左右。读懂了欲，你只懂了《道德经》的表面之意，往往会以为老子在让你躺平；你只有读出了信，才能读懂老子的慈悲。

回到欲，繁衍之欲则是欲中之母。生态学认为生物的一生只是在个体生存和繁衍间的权衡，即一系列的选择。可见对于生物，生存和生育具有同等的地位。当然，在四维空间，这种权衡本是同一件事——个体短期的生存和种群长期的生存。人的智慧改变了欲，变食欲不为果腹，变繁衍不为繁衍，可以换取钱财，可以期盼信任，可以献祭于信仰，可以服务于权力。但爱欲交织了这一段最强烈的关系之力，却在最极致处炸出了心中的“信”，也往往如烟花般美丽而短暂。智慧的存在也改变了“信”，使得它时而会出离本体的心，变得不可预期。“信”很弱，但对于欲，也不是完全无所反击。以真爱为目标的繁衍之欲，就会因无信而不存，典型的“柔弱胜刚强”。与生存同班共列的繁衍之欲，其暴烈与深沉的巨大反差，使其与生死同具美学价值的顶峰，也是无数哲学先贤开脑洞的钻头。本章恐怕就是情圣老子力比多发作露出的马脚，而“上善若水”，就是他彬彬有礼地向女性致敬的标志。西方哲学之父泰勒斯也说：“我们生从水里来，我们死会回到水里去，水是世界的本原。”曹雪芹笔下的贾宝玉说，“女人是水做的”；而甄宝玉更对他的小厮们说：“女儿这两个字极尊贵、极清净的，比那阿弥陀佛、元始天尊的这两个宝号还要尊容无比的呢！”女人的繁衍之责，是她为了种群的持续带来了她每月的情绪波动，这就是她为男子所不喜的极强的不确定性，而“刍狗”类男子的“自私”之“有”，就在于和她们去讲逻辑、讲道理，谋求确定性。具体的内容可以看那篇《道德三宝与爱经》文章。但上帝也是不仁的、公平的，女子既然在逻辑思维上受情绪影响而吃亏，那么就会自然有她心观力的长处。

“谷神不死，是谓玄牝”，“玄牝”类似阴阳的“阴”，有无的“无”，谓有说为“为”。老子在《道德经》中更偏爱牝和雌，而第五十五章里的“牝牡之合”是“牡”唯一露脸的机会。上古的母系社会是老子的碎念念，春秋至今都是男强女弱，《道德经》需要反之而言，最关键的原因还有一个：女施主天生通“信”，更善于用心观世界，处事也以弱、善、虚而近无为。相对而言，更依赖逻辑思维的男顽主更易沉迷物欲或努力上进，女子因更早或更易触摸到“道”的境界而受到老子的偏爱，并恰恰与其爱的宣言的“上善若水”所连接。

本章里，老子毫不掩饰，一上来竟然把他最心醉的“玄”字给了女性，这就是玄牝，在自认为已经懂得老子的我眼中，这是老子给了女子无上的荣光。本章字字生涩，句句高深，这种文体，磕过《道德经》第一章后，我从见之而惧变成了见之而喜，因为，又值得说文解字一番去爱我中华了，所以绝不可囫囵吞枣浪费了人参果。第一个字“谷”，就是个题眼。谷神，因为谷是粮食就很重要吗？其实，“谷”字在那个时代，竟然有两种写法，并不是因简体才有了谷。

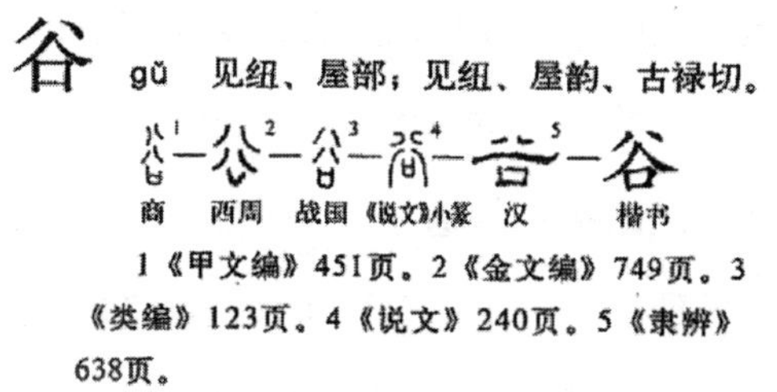

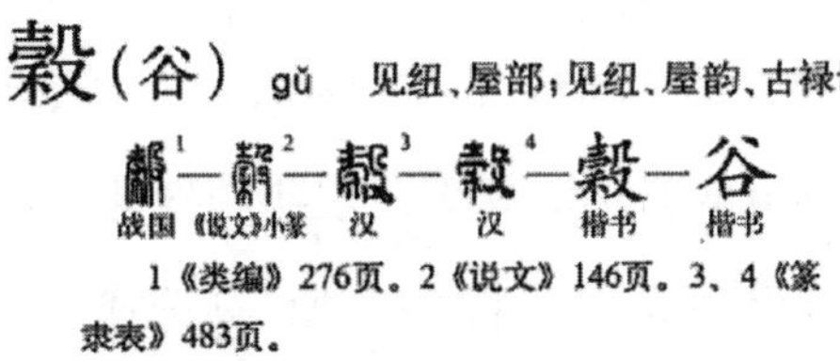

那么，回到文意，《道德经》中用到谷的地方除了本处还有八处，无一不是山谷，即老子最喜欢的地方。我又忍不住追着“欲”字去拆解，发现说文解字本身也是一个欲的无底洞的欢乐谷，可以使我继续追寻直到生命的尽头。我这才明白，北京大学强基专项里的古文字学专业，真的会是一个极其欢乐的深坑。

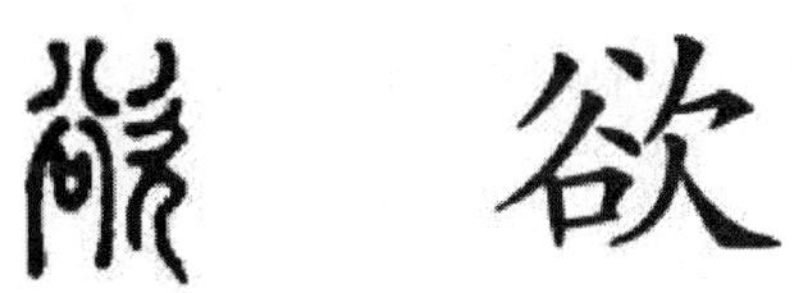

小篆　　楷书

从空电之山巅勇跳商科之欢乐谷

从放弃空电专业转入商业咨询，三十年职场和学业反思，好感谢前二十年的央企里的职业生涯，让我在自己的领地上研讨管理学，使我面对陈春花等各大牌名流也绝不犯怵。就业即放弃技术走了无用之用的商业咨询，也陷入了“君子无器”的焦虑。多年后才明白，“君子不器”的背后，是技术专家都只想让自己正确，尽为“有”，只能适应确定性的物质世界，而从商的则以人为主，需更关注他人的人性，最终方可摸到不确定性的人性之门。而后者之美，恰在于商业本质靠实现客户价值，则必须学会换位思考的“无”。

最终我发现，我不是想学什么具体的专业，我最想学的就是“管理学”这本关于“人”的大书。偏偏我的文科素养和文化阶层起点都是那么低，如果不是后来偶然的重商轻技的高压修炼之路，恐怕这辈子我永远无法悟“道”，因为“不知道自己不知道"的见识之障高千仞，这也是一种不易见的阶层之锁。"蓦然回首，那人却在灯火阑珊处"。我花了大半辈子，工作生活回到了最爱的人身边，她们就在那里，不远不近，不离不弃，不用心，就无法靠近。正像德鲁克所说，管理学不是科学。它本身就是个知行合一的学识（认知之识）。今天发现，也确实是它，以太多的偶然积累成的必然，和天命之年的猛磕《道德经》，让我真的通了"信"。

我发现我一生中的各种冥冥选择，显示了强烈的随"Yu"而安的特点：随遇而安，充满了偶然；随欲而安，看似受马斯洛需求层次驱动，但是又不太符合它的金字塔结构。我看似要的是当下"现实报"的工作本身的快乐感，但又在与其玄同的焦虑感作用下，让我一直在找个人成长的方向，偶然中也恰恰是在修认知三格，并找到了"未来报"的求知之恒久快乐；我一生认真研读的书不超过十本，但酷喜"格物"自研、好为人师的"奉"和写作，其中最重要的，就是练就了"野球拳"之"管理三 Yu"；对管理学的摸索提升了我的认知，又"玄"回地强化了我的各种选择能力以更大概率符合我的欲。可见随 Yu 而安，可以总结为我这类性格所匹配的权衡战略。

由此，我体会到：人生不可不努力，人生不可过于努力；人生不可不规划，人生不可尽规划；人生不可尽吃苦，那就是不美的铁杵；人生不可不吃苦，那是修炼"内因"的喜中之苦。要把 80% 的苦在 20% 的时间吃掉，否则动作就会不美，就真的变成了无谓的苦；人生不可不快乐，但是那种快乐，是为了明天的快乐在今天的煎熬中（占 80% 的时间）等待"外缘"，并同时要学会以好奇心找到快乐，所以叫乐熬。究其本质，突破马斯洛需求桎梏的法门，永远快乐地活在未来的当下。判断是否做到了模糊的正确，是你的动作是否美的上善若水。其中内涵的命与道，恰是本书要着力分析的。

最近对此有所顿悟，写下了后面的打油诗。在中坞公园只用两分钟便写出来了，但是后来分析和震惊于它的合理，却反复萦绕了大半天。看来它跃入我的脑海，也是一种命，偶然积累太多，也是一种方式让我在选择信。我写书写了十几万字，还是讲不通"非常道"的"道"，和同事全盘托出，是用这些太多的偶然中的必然来引得他们的“信”。

顿悟

半部论语平天下，

一章道德治人心；

乐熬苦修知天命，

才懂佛语惜字金。

回到正文，“谷”字上部两个重叠的“八”，像溪流流向下面的“口”。《道德经》第二十八章有句“为天下谷，常德乃足，复归于朴”，第三十二章有“譬道之在天下，犹川谷之于江海”，第四十一章有“上德若谷”，在“道”之下，谷具有类似“上德”的地位，是极高的评价，这么说的原因就在于第六十六章里的“江海之所以能为百谷王者，以其善下之，故能为百谷王”。至此，大家应该明白，这里的谷，不是粮食的谷；这里的神，也不是神仙的神。这个神，就是《道德经》第二十九章里“天下神器，不可为也”的神，是神奇的意思。天下是神奇的，山谷也是神奇的，它永恒不灭，可称之为“玄母”。我们在《道德经》第一章解析了“玄”字：玄，阴阳同体，无性繁殖，这本也是我们自然科学中早期生命的繁衍方式，《道德经》竟然真的通了自然科学。大一统理论（弦论）认为，基本粒子可以被视作类似线条的具有能量的丝状物，这不正是“玄”字的微观缩影？诺贝尔得奖主罗杰·彭罗斯也认为，意识是由最基本的量子态组成的，这些量子态在特定的情况下会形成复杂的宏观想象，例如人类的思维与意识。维也纳大学理论物理学家卡普拉（Fritjof Capra）在他的著作《物理学之道》（*The Tao of Physics*）中也认为，在现代物理学和东方神仙主义之间存在着密切的相似性。以上林林总总，你难道还认为前面的纠缠光子波函数的例子是偶然的吗？

磕经到了此处我震惊了，我想是命运的力量，抽走了我数学的那根筋，以防我从物理之径摸到“道”。当我和大家一样，途经十年的青年入职黑暗期，并最终以环保行业作为我职业发展的心安归宿，其实职业生涯中后来所需要的是管理和商学。我坚信要做快乐的成功，而不是追求成功的快乐，原因就是我发现人的前途不能如斯规划。我现在明白了，虽然那位老人家的书我从来不看，但我就是老人家天生的粉丝。因为老人家说，与人斗，其乐无穷！这让我不停地做出选择的隐藏依据——成年后的工作要与人相关，这也让我在每个阶段都感到了“踏实”的快乐！这个踏实，马斯洛好像说出来了，却没有说明白，导致我最终发现，马斯洛升级金字塔的确定性，并不能解决职业发展和个人成长等方面的不确定性，所以不能凭借它免除焦虑。

如果把人生之途比作开车：性格（决定你选择的快乐与否，以及迅速行动的可能性）和见识（来自初始阶层和后期经历，决定了不知道你不知道和你在乎的马斯洛层次）通过大脑指挥你控制方向盘，而努力只是车轱辘；心中的动能（你的不同层级的欲望）是发动机，油箱或者电池都有着容量的限制（只有认知之欲没有）；快乐的心情（玩物不丧志）是车里播放的爵士乐，焦虑感就是大脑提醒你不要太放松的避风险本能；老去看反光镜，对于过去过度执着，不但不能让你吸取教训，反而会让你忽视当下和未来，导致你翻车；偶尔停下，使用望远镜校准方向是否正确，虽然会损失一些速度，但可以避免南辕北辙。只要一直坚持在正确的道路上驾驶，慢有时候反倒是一种快。同时，我们不能因为望远镜看到了“远”，就变得好高骛远，而是需要在望远镜的指引下，尽力以“模糊的正确”往前行进；在好奇心的驱动下，我们也会在驱车途中关注到路边别的风景，就如猫在好奇心的驱使下喜欢伸爪去试探一些未知的东西。这种尝试和探索会给我们带来新的体验甚至意外的收获。基于达成目标的功利之心，结合一些规则的限制和引导，总是希望你按照既定的路线去行进，就如手机中地图导航对我们未按照规定路线行进时的不断提示。但真正老练的司机，知道这种预制的路线仅仅是一种参考……《中庸》第一章也写道：“天命之谓性，率性之谓道，修道之谓教。”“道”经过性格影响了我们的命，其作用路径是我们无数次的有意识和无意识的选择，追求快乐和美，应该就是我的性格中最强的因子。

把思绪从三十多年前拉回来继续“玄牝”，它的无性繁殖模式，类似《道德经》第四十章的“有生于无”，且与无成为兄妹。所以神奇的低谷，就是道生的“一”，此“一生二”，即有了阴阳、雌雄、男女、弱强、虚实，而之后依然永远存在的那个“一”，则也是阴、雌、女、弱、虚的那一半。“此两者，同出而异名”，是为玄同。“负阴而抱阳”“牝常以静胜牡”。想理解这个变态的复杂关系，靠逻辑下的智慧必然疯狂，只有鼻观眼、眼观心，进入精神层面的冥想状态，就是找“心观”的感觉，也契合了释道两家的“明心见性” 和“修心炼性”。

“玄牝之门”，就是第一章的“众妙之门”，“天门开阖，能为雌乎”，当时没想到，原来她这么美丽。看来，真善美的美天生与女子有关，却不是仅仅因为男子的欲望，而是道的本色，心中再次佩服曹雪芹一万次。由此可见，我以不美为一种违道的直觉，是多么正确。痛苦和快乐，都是人生合理的陪伴，但是漫无边际看不见希望和报答的苦，比如铁杵磨针般自虐，却因其不美丽，让我凭直觉而不选择这一类看似很鸡汤励志的路线。自然科学之美，绝大部分具有强因果和确定性的特征，而艺术之美，从诞生之际至今甚至到无穷的未来，始终都具有极强的不确定性。话说回想我如何在低文化阶层起步的条件下偶然获得感知美的能力，那还是要感恩选择玩在武汉大学的偶然。

很明显，当经典物理升级到了量子物理，不确定性已经成为主流。而量子物理对经典物理的向下兼容，证明了不确定性就是那个阴、虚、弱、雌，同时就是那个“一”。确定性产生于不确定性，而不是我们以为的反之。我们的智慧之所以迷障了我们的心眼，就是因为我们一直想用智慧逆天寻找命中的确定性，所以完全追错了方向。所以，不确定性超越确定性，体现了艺术超越所有学问；管理学科超越理工学科；它们的关系就像量子物理之于经典物理，就像阴之于阳，就像虚之于实、弱之于强、无之于有。说得那么“玄”乎，其实就是我七夕之夜强调的“四前意识”中说的“人在事前”。只有一个人承认了人、管理和战略的不确定性，在它的面前保持了低姿态，“不敢进寸，而退尺”（见于《道德经》第六十九章），才能做到真正的顺势而为。

我们作为个体，如何在马斯洛给我们布下的迷魂阵中冲杀出来，与焦虑同行之外，取得物质和精神层面的成功，是我在《道德经》中最想找到的两大主题之一，一个是对着个体的“人”；还有一个就是对着群体的“人”，就是如何做好管理，包括战略管理和组织管理。我开篇就说，这两个方面也是一个学问，它们都是人的学问，都是不确定性的学问，都是玄同的学问。

自从我磕下了玄，仿佛打通了任督二脉，我妄自名之为“阴阳全谱论”。汉代扬雄在《太玄经》写道：“玄生万物，九九归一。”“一”就是太初，是大道，是宇宙万事万物的起始，是一切事物的出发点，是宇宙间比混沌更早的存在。人，就是这样的一个学问。所以“玄牝之门，是谓天地根。绵绵若存”，此处不是指的无性繁殖和有性繁殖的绵延不绝，而是老子在提示：人性的学问，以其不确定性（偶然）的特征，成为与确定性（必然）相和的。此时，我忽然更理解了“一生二”的玄妙和玄的美丽。十多年前，我为了感受《巴黎圣母院》的歌剧之美，专门学习了法语。发现法语中的阴阳性既是让很多学习者困惑的地方，也是法语美丽的源泉。这与我现在学习《道德经》中“名可名”所揭示的事物的阴阳的规律非常相似，这或许也是我人生“命数”给予的一种开悟，向我预示了十二年后“道”的“玄同”：

无为阴，有为阳；虚为阴，实为阳；亏为阴，盈为阳；弱为阴，强为阳；雌为阴，雄为阳；少为阴，多为阳；美为阴，恶（丑）为阳；黑为阴，白为阳；短为阴，长为阳；屈为阴，直为阳；拙为阴，巧为阳；讷为阴，辩为阳；正为阴，奇为阳；难为阴，易为阳；祸为阴，福为阳；静为阴，动为阳；无私为阴，自私为阳；无用为阴，有用为阳。

不确定性是阴，确定性是阳；偶然是阴，必然是阳；女人是阴，男人是阳；逻辑有序是阴，意会无序为阳；清明直觉为阴，智慧理性为阳；快乐为阴，焦虑为阳；人文学说和量子物理学是阴，经典物理学是阳；商业是阴，技术是阳……

因此，人的学问，比如个人的成长规律，比如群体的管理学，是如女人般美丽的学问，是如水一般的学问，上善若水，因水的“因、缘、行、果”所而能达成的人生至高效率，此处恰又符合我作为企业管理和个人成长经验分享总结中，“效率为王”的战略选择的第一要素的判断。这里面的道理、能量、自由、快乐，都绵绵若存，用之不勤！

解到此处，我再次震惊于“道”的真善美，震惊于生活中太多偶然竟然积累成了我的必然，和对道以及做个好人的“信”。同事开玩笑地对我说，以为我写的是《道德经》学习笔记，结果发现是管理方法总结；以为是我的管理方法总结，结果发现是个人成功学；以为是个人成功学，结果发现可能是心灵鸡汤；以为这是一碗心灵鸡汤，结果发现是我的个人回忆录。而和我当面聊完一些我的历程后，又将上述判断重新倒置，就像录像机的倒带播放模式。

看来，写这本书，完成我“奉”的初心，做到让工作生活高效、快乐，不那么焦虑，真的太困难。因为想以心观道，真的太难。《道德经》五千字，我写了十五万字，大部分人还是直呼看不懂；和我当面聊过，略好，也不够，还得讲出我的生平去交流剖析，换算对应到全部经文，则又是百万字。我再次理解了寺庙为何要像布达拉宫般恢弘，或者如天台寺般空灵。因为只有这样，才能让你绕过这么复杂的历程，直接尝试去与“道”沟通。这样的成本，眇到针尖不可见，大到无法计量。

“吾不知其名，字之曰道，强为之名曰大。大曰逝，逝曰远，远曰反。故道大，天大，地大，人亦大。域中有四大，而人居其一焉。人法地，地法天，天法道，道法自然。”

如果对本文的立论有所怀疑，确实可以理解，那么，下面两个小贴士，也许会进一步打消你的疑虑：

小贴士一：尼采是老子二世，道教快乐派分支的先驱

尼采是德国唯心主义哲学家。他认为自然和社会进化的决定力量是意志，历史的进程就是意志实现其自身的过程。我以前不理解他，现在知道他为什么会发疯，《道德经》研究过深也会如此，因为是偷窥了神的秘密。关于逻辑，他在《快乐的科学》第三卷里有如下的阐述：

逻辑的起源。在尼采看来，“逻辑是怎样在大脑中产生的呢？肯定是从非逻辑中产生的，非逻辑的领域一定是非常广阔的。把相似当作相同对待，这一占绝对优势的倾向是非逻辑倾向，因为本来不存在相同的东西，可是这种倾向却奠定了逻辑的基础。我们现在脑子里的逻辑思维和推论的过程与自身非逻辑、正当的本能欲望的过程和斗争是一致的，我们通常只经历斗争的结果罢了。这个古老的机制现在就发生在我们的内心，如此迅疾，如此隐秘。”

因果。尼采认为，“我们发现林林总总的连续发生的事物，而在古老文明时代，纯真的人们和探索者只看到两点，即‘因’和‘果’。我们对于变化有圆满的概念，却无力超越这个概念，亦无力深入这个概念的背后。每一件事都有一系列‘原因’呈现于我们面前，于是我们就推断：这个先发生，那个接踵而至，然而却无所领悟。视因果为连续，而不要依照我们的本性把它们视为可随意肢解的片段；视发生之事为一种‘流’。倘若一种智力能做到这点，它便会将因果概念抛却，将一切条件否定。”

人的四种错误。人一直在接受本人错误意识的教育。第一，他看自己总是不完美（我的翻译：无法平视自己）；第二，他给自己附加臆造的个性（我的翻译：不按快乐做选择，而要坚持有大志向）；第三，与动物和大自然的关系方面，他觉得自己处在一个错误的地位（我的翻译：人定胜天，有为而为）；第四，他总是创造新的财富，并且在一个时期内认为这财富是永恒、必需的（我的翻译：欲望无限满足，被“有”所控制）。这样，占首要地位的，一会儿是这个欲望，一会儿是那个欲望，而且因为他的看重，这些欲望全都变得高尚起来。我们若是无视这四种错误所造成的后果，我们也就无视人道、人性和“人的尊严”了。

小贴士二：施一公发现，薛定谔是他本家的同盟

物质世界三个层次的关系

西湖大学首任校长、中国科学院院士施一公曾说：“我们有三个层次的物质，宏观、微观（仪器可观测）和超微观（比如光子，不能观测，只能理论推测和实验后验证，比如薛定谔——他姓“薛”一定不是偶然的……），超微观通过决定微观来决定宏观”，类似的是同样不可观的“道”通过“德”来决定我们人性世界的应有规范。

量子纠缠不能被常规感知，却可在人的神经细胞里形成

我们现在所有的物理学理论，都以光速不可超越为基础。而据测定，量子纠缠的传导速度，至少 4 倍于光速。更神奇的是，量子纠缠这种超微观现象，借助任何仪器，都不能用我们常规的五官感受得到，施校长半开玩笑地说必须用到第六感。而关于量子纠缠和人的精神世界的关系，神经细胞里面的微管可以形成量子纠缠，但是微管的时间尺度远远小于人的记忆和意识的形成时间。但是通过理论的实践，以模拟的方式可以进行实验验证。人类的认知极限就在于，我们是一堆原子，我们处在宏观世界，但我们希望隔着两个世界去看超微观世界。那是一个最美好的、极其美妙的世界。

神可以存在

施一公认为，我们原来认为世界是物质的，没有神，没有特异功能，意识是和物质相对立的另一种存在。现在我们发现，我们认知的物质，仅仅是这个宇宙的5%。没有任何联系的两个量子，可以如神一般地发生纠缠。把意识放到分子、量子态去分析，意识其实也是一种物质。既然宇宙中还有95%的我们不知道的物质，那灵魂、鬼都可以存在；既然量子能纠缠，那第六感、特异功能也可以存在。同时，谁能保证在这些未知的物质中，有一些物质或生灵，它能通过量子纠缠，完全彻底地影响我们的各个状态？于是，神也可以存在。

读书去窥探天庭之谜

《道德经》第八章

原 文

上善若水。水善利万物而不争，处众人之所恶，故几于道。
居善地，心善渊，与善仁，言善信，政善治，事善能，动善时。
夫唯不争，故无尤。

译 文

上善就像水一样，水善于滋润万物却不与其争。它总是停留在众人不愿去的地方，这种品德，最接近于“道”。上善的人总是甘居卑下的环境，善于保持沉静深远，善于助人、真诚可亲，说话信守诺言，为政善于治理，办事善于发挥所长，行动善于把握时机。正因为有不争的美德，所以才不会出现过失，招来怨咎。

水以力而善利万物，人以欲方成就自己

“上善若水”，这四个字应该是《道德经》里最有名的四个字了，E20 环境平台的办公楼里（当然不只是我们）也到处挂着这四个字，解读它却让我多少有点战战兢兢。

“水善利万物而不争”，所谓有利则必有害，水善于利万物？生活中的水灾还少吗？所以，这个逻辑似乎站不住。把全文看完，才有所解：水始终居于低处，这个是自然法则，水的灾害来自人类自己。水灾本质是因为我们人的“有”——贪婪。人们抢占了水的地方，把水强迫留在高处而溃坝，把河床和低洼处都占领而让水无处可去，是这些行为带来了水灾，又与水自身何干？近年来气候变化带来洪涝灾害，我们看到网络上出现了各种攻击性言论，充满了老子最憎恶的“有”之恨，国家怎么解释都解释不清。造成这种局面的背后，就是老子两千多年前说的百姓中有太多的“有”之恶，需要更多人来“奉”《道德经》才能缓解。

深入思考下去，万有引力，就是水之所以利于万物的力量源泉，水与地球之间的万有引力，使得水始终能居于善地。水分子之间的万有引力，类似人的欲的有无的玄同，其“止于至善”，使得水以高效率的自由之美，启示我们所有“无为”的道理。类似的，佛家把自由定义为可以选择欲望的自由。要让水利于万物，人不可罔顾水的重力而行事，但是可以借势而为，比如水车，比如都江堰，比如适当的水库。

对于上善若水，大家以为就是谦虚谨慎，但还缺乏更深入的理解。比如性格，我们一般都认为外向是好的，内向是不好的；细致是好的，粗心是不好的；自信是好的，自卑是不好的；坚强是好的，软弱是不好的；克己是好的，贪玩是坏的；持重是好的，轻浮是坏的。于是家长让孩子一定要改变性格，却不懂如水般顺势而为的道理，往往适得其反。然而，我的性格都是后者：内向使我专注于内求；软弱使我善良；粗心使我长于顶层战略思考；自卑使我善于学习他人；软弱也使我谦逊而广结善缘；贪玩使得我用玩物不丧志度过了煎熬期并顺便开发了隐藏技能；轻浮使得我喜欢分享而获得了总结、写作和演讲能力，以及习惯冒险坦诚自己，反而交了不少知心的朋友。

上一章的解读里我捏出了“阴阳全谱论”，大家喜欢的常常是阳，上述性格矛盾体，前者为阳，后者为阴，二者也都在玄同。性格作为人的境遇的内因，与外势做内外之玄同，即“因缘和合”，外为阳，内为阴，内外玄同。读《道德经》读到深处更能明白，阴阳矛盾体没有好坏之分，只是因势而宜。与其与性格较劲，不如上善若水地无为而为。这不是放任性格自流，是顺势而为逐渐优化性格，才更有可能获得快乐的成功。以我如何顺势利用自己的性格为例：内向是顺势慢转弯，实现了合理的内外向配比；粗心是向地钻——钻入寻找第一性原理而习惯于战略思维；轻浮是上天拐，以不懈输出和坦诚相待，最大效率吸取到各方资源，成就了我的所谓“环保圈”的信息节点位置。在顺着性格的流水借势前行中，追求快乐的本性使得苦大仇深的模式成为我天然的不喜，所以我不会用暴力对待自己；但适度的焦虑却又使得我不会蹉跎在比焦虑更可怕的无聊空虚上。所以，快乐与焦虑，应该也是一对阴阳玄同，恰好成为我摸黑前行的左膀右臂。

回顾来看，人的一生的偶然，是来自绝大部分人不解的道的必然，穿过性格做的有意识和无意识（前者为阳，后者为阴）玄同下的选择，由此带来了我们命运的不同。而这些命的记忆和其他见识的积累，通过有意识或无意识的认知循环，又在缓慢地驱动我们的各个性格矛盾体的玄同转化。我们的生命的变与不变的玄同，就由这些一对对内在的性格齿轮的玄同，和外因的发条一起驱动，互相影响，就像瑞士陀飞轮表[1]的走动一样。我们因为不解其运转的规律而无法预判从而产生痛苦。

“欲”是水之万有引力，无法消除。防止痛苦焦虑，就只能做大禹，以马斯洛需求层次金字塔为地图，将低端已满足之欲适度保留，以避免苦于较高端欲之不得；用求知（好奇加认知）之乐塞满马斯洛各层之欲，以尽享与焦虑同行的乐趣。现代社会的发展，吃饱穿暖不愁，坐在宝马里却都更加焦虑。可见焦虑不是来自马斯洛低端欲的太快满足，而是来自较高欲的不能及时满足，即便较高欲望已被满足，还会有更高端的追求使得人痛苦：吾生亦有涯，始终不自由，研尽大地石，何时得歇头？可见佛说的不自由，就是受困于马斯洛需求层次升级的刚性规律。

“子非鱼，安知鱼之乐？”然而鱼不能离开水，水不能离开重力，人不能离开欲，就只能谋求“超越”欲望升级的马斯洛规律。所以，我们看到，获得佛家说的大自由的人，是既能以吃剩饭为乐，也能在吃饭中思考宇宙原理而乐。不仅如此，他们不但在物质上可以像前一句说的那样高低全就，而不是所谓的进入精神乐园对物质变成了高低皆不就；他们在精神境界上竟然也是高低全就的，意思是在精神需求的不断升级中，他们都在获得乐趣，并能与不同层级的人“和光同尘”（最近发现落实这一点对我确实有挑战，主要是大脑运速突然变得太快，看世界像慢动作，变得急躁，还没解决，不知道逍遥游里有没有解药）；他们甚至可以在保持自己是个好人的同时，顺便在物质上也获得了所有，实现了低中高阶马斯洛大保健套餐的大满足，实现了既要、又要、还要。不要说不可能，只是你没想法，老子和王阳明其实都做到了。

汪建的风波，真诚的粗鄙胜过精致的利己

好人的段位里，最差的好人是不害人但怯懦自保、担惊受怕甚至不会说不的烂好人；其次是孤芳自赏、自我感觉良好、被世人嘲弄却好歹可以说不的孔乙己；及

[1] 陀飞轮表是世界顶级名表，陀飞轮是瑞士钟表大师路易·宝玑在1795年发明的一种钟表装置，以通过陀飞轮框架的旋转来抵消地心引力对钟表擒纵系统中的机件造成的误差。

格的是奋发图强、艰苦卓绝、君子固穷的孔子；良好的是潇洒一生，顺便敲三下后脑勺点开悟空之清明的老庄；最牛的就是王阳明之大战鄱阳湖。这才是精彩的“二生三”，才是荡气回肠的“既要又要”。如斯有一生，何须朝闻道？[1]

华大基因董事长汪建在《十三邀》中曾说过：“如果有人来搞你，你逃不掉，那叫痛苦。我从来不看莎士比亚、歌德、鲁迅，谁是谁？我理他们干什么？他们有我活得潇洒、玩得狂吗？先活得长，才能看得见结论。人干嘛要有痛苦，为什么要有痛苦？真正的痛苦是来自于吃不暖、穿不暖。你痛苦一定是你把你的思想强加给别人，别人不听你的，所以你才痛苦。我根本就不想你怎么想的，我怎么会有痛苦呢？你骂我，我从来就听不见。”

汪建的言论看上去是为富不仁，更是为智不仁，放荡不羁，粗鄙直率。我确实是能较少看懂和赞赏他的一个，乃至对旁边的许秀才有些不满。汪建的谈话在张狂之外，内里透着老子的清明。正像他说的，孔子的苦就是因为想把自己的思想强加给别人，因此，即便他已经攀升到马斯洛的高阶需求阶段，他依然一直非常痛苦。关键是，孔子如此痛苦，并不比老子的潇洒对中国人的精神贡献多得更明显，那么，为何不两全其美既要又要呢？

看了这段视频我突然明白，虽然汪建的精神世界应该远远不如老子，但是却与老子有某些共同之处，其坦率中也展示了世界的真相。只有汪建这种风格和力道，才能在残酷的商场上有更大的概率成功。而恰恰是汪建这样的性格，才可以拥有宣传上更加有力的尹烨作为搭档，由此，我们从外部至少可以看到华大基因成功的营销。

不少人由此对汪建口诛笔伐，我想其中读书人的比例应远高于生意人。讨伐者卖弄着文笔，却让我想起宋美龄那句刻薄的名言——“那只是他们还没尝到权力的滋味”，芥末一般的冲劲仿佛可以直接掀掉这些书生的天灵盖。每个人都应该真诚地对其社会责任履职，才是真正的修行。知识分子做到证明自己的正确即可果腹，

---

〔1〕此句化用自《论语·里仁》篇，原句为：“朝闻道，夕死可矣”。

而企业家们更要去实现客户的价值才能成功。从感悟人性的角度去比较，两类人的外势福祸相抵本就在同一起跑线。汪建本不用去和知识分子比较学识，其老板的身份所要佩戴的粗鄙没有大错，这匹配了他所在人世间需要完成的使命，即我反复说的“战略三要素”。反而是这些口诛笔伐之人，舞文弄墨的枪口几乎都不敢去监督该监督的权力，欺软怕硬、阴阳怪气、自以为是的虚伪让我恶心。

知识分子们只是想证明自己正确和高雅，而这才是老子讨厌的更大的“有”。他们因虚伪和懦弱而不美，像憋成了蓝藻爆发的臭泥塘，我个人反而会选择来得痛快的大西北的风刀雪砾。除了显摆自己读书多，知识多，他们也没有可以攻击的机会。因为他们缺乏知行合一，对人生的认知远逊于从“有”和“无”的滚刀阵中杀出来的汪建。这种显摆给了他们微薄的自信，但是现实生活中，往往会被一击而碎甚至转化为自卑，或者为了保护自己启动自锁模式，成了茴香豆儿种写法的孔乙己。这一轮仿佛占据了道德高地的许秀才后来同样忍不住地要显摆，却被道行更高的费翔不动声色地压碎，散了一地的酸腐气。看了这些众生相，我深刻地体会了阳明先生将儒释道合一后的威力，其致良知的一掸清拂，可以扫开儒教千年的沉灰。

这个例子，证明了“有”的可怕威力，它借力打力地扭曲了知识、智慧和才华，把我们的清明蒙蔽。我们对权力愤恨，大概率是因为我们没有拥有这种权力的机会，背后是人性的嫉妒和虚伪，拉低了我们的格局。但再反思一下，权力本就是自我实现的重要组成，以为追逐高阶“有”即为高人一等，也是一种忘记了“认知之圆”的无知。这个，我们留待后面的章节继续深入探讨。

老庄的文章里都喜欢做“反者道之动”的游戏，其最可贵的地方，就是一旦读懂了它们，就会因为对反话的习惯而习惯了反思，也就不容易忘记了“认知之圆”。为何孔子说“君子固穷”？这恰恰是老庄希望弥补儒家学问的原因。儒家经典里过多的训诫，不同于老庄启迪的反思模式，容易带来跪拜模式的读法，使得孔孟良好的愿望不能实现，因为这些读书人自己选择了做工具人，被其他会用人之人当作了工具控制。而汪建，在他几十年的管理实践中所打造的强大的认知基座里，最擅长的单元就是“控制”人。他们在一起，就是绵羊和狮子的故事。

君子固穷，本质上还是一个人缺乏快乐自驱的破局动机和能量，懒得思考去解决“既要又要”的难题，结果跌入看似勤奋实则躺平的结果。如何判断自己陷入了这种深层的躺平？我个人的经验有二，第一种是看似勤奋努力，却因失去效率而入煎熬之苦，使得自己的状态扭曲而丑陋的；第二种是在外部偶然有托底的福气（其实是灾祸）可以拖延问题的爆发。自己因为不想面对困难而逃避，却陷入了无所寄托的空虚和无聊的，往往都是已经处在了这个局面。读书人陷入后者的概率，远大于前者。因为知识的获得感，麻痹了他们的神经。所以，我个人的价值观里，与其读书读成孔乙己，不如做鲁智深，不读书，认真活，“平生不修善果，只爱杀人放火。忽地顿开金绳，这里扯断玉锁。咦！钱塘江上潮信来，今日方知我是我。”我觉得汪建就是如鲁智深，我虽然不如他成功，却也是这样的一位。高中后几乎没读过古文，大学毕业后几乎不读书，在半百之际，《道德经》如钱塘大潮突然将我淹没，我倒是不后悔读得太晚，因为活法这本大书，我没有被古人发明的纸张隔住。

劳心者的“可剥”或“Yu 人之脑”

孟子曰：“行有不得者，皆反求诸己。”生活从来不容易，只有能救己者可得救。自我救赎的路径之一，是你对外部偶然性的宽容度达到了极大的阈值。因为同样的坏事到你这里也能转换，并从中能获得认知启发而喜悦，所以扛痛的阈值范围变大了。这内里有个“人在事前，事在财前”的道理：自己对事物的看法和反应（认知）是第一性地位，而不是事物本身。所以，唯心主义更适合分析人性和成长。

孟子曰：“劳心者治人，劳力者治于人。”我认为讲得还不够犀利和残酷，应改为“劳于力则被剥于力，劳于脑则被剥于脑，唯有劳心者可剥人之力或脑或‘三Yu’人”。这三句话虽然细思极恐，却是《道德经》暗示我的社会运转现象。所有善于思辨的聪明人都能从各种高人的书中找到剥人之力或脑，或“三 Yu”人及防剥之术，前者恶，后者善。《道德经》高明于《论语》之处，是用反思的训练，使得劳心者更善于去“摸”人脑。当然，不走王阳明的“心学”，不按“认知三格”去做，或者会成为剥脑剥力的利己主义高手但迟早会受到命运的恶报，或者被人剥脑剥力碌碌终生甚至悲苦一生。

人书金字塔

如何避免只读工具书和去做工具人？我们到底该如何读书？这里就要正式介绍我的“人书金字塔”理论。与人相关之书，一共有四个层级的从低到高的“人书金字塔”——摆边的工具书、第四级的代入演算、第三级的变换公式、第二级的定理和最高级的公理，和一个其他。这个其他，是在金字塔外的与人高度相关的，比如文学、历史、美术、古典音乐等，非常重要，但对于认知的改造过程过于混沌，这里暂时不讲。

一个人知行合一的过程大体是这样的：他从生活中的遭遇中偶然学会了反思，就进入了研究方法学（菜谱）的思维模式，逐渐积累能力，看得更深更远，考虑的时空范围也变大，即实现了层级的提升。因此，一个人在“行”中实现的认知提升都是需要从下至上进行思辨而做“方法论开发”的，可以称为形而上的“悟”，极个别情况下直达第五级，就是佛学里的顿悟，有如牛顿和爱因斯坦信了神。学哲学类书籍（比如我磕的《道德经》）则主要是逐渐去做形而下的，就是理论联系实际，可以理解为“解”。解与悟为知行合一过程中的一对阴阳，相向而行，一个循环完毕后会沉积在认知基座的厚度上，形成了方法论产出率的提升。对任何书籍的读法，都不要跪拜，一定要向上“思辨”，比如我读《论语》加孔子生平，就可以看到书后面的东西，这就是用《论语》的第三和第四层级向上攀登的动作。我写本书包含了我的小自传，也是期待读者用真诚的思辨去否定我，这比不加思考地相信我的书，对大家各自的收获都更大。总之，悟、解、思辨，两上一下。具体层级介绍如下：

摆边的层级——工具书，确定性、强逻辑，阳性的书籍，绝大部分情况下不归属于认知金字塔。比如所有理工科的书籍，不涉及人的管理，服务于某种技能应用。比如《计算机 C 语言》《高等数学》等。我们理工男，大学只读工具书，结果变成工具人的概率大增。这些书里没有人，没有不确定性。如果拿读这种书的习惯和方法去读金字塔上的书，就会变成孔乙己，酸腐而脱离生活，失去格物能力。不幸的是，这种人很多。如果有机会从商，有了对人的工作体验（Yu 人之术）和实际训练，就会好很多。反之，极少有高手能从这种书里读出管理金字塔的内容，那简直是天神下凡的水平。

第四个层级——代入演算之书，是上一层级的“变换公式类”与人相关的理论在某些与人相关的具体事物上的详细演算。书要进入管理之书层级，必须将人纳入视野。中国绝大部分关于管理的书籍都不合格，合格的，也就是这个水平。比如世面上分析华为现象，总结管理规律大赚咨询费的蹭热点书籍等，最好的至多就是这个层级。我偶然在朋友圈做的时事评论和同事绿茵陈对我解读《道德经》的感悟，也是力争符合这个层级。我们以后会放在《流水拾花》（暂定名）陆续给大家展示。这类演算书，放轻松去看看是可以的，当作公式来背诵膜拜，就是盲目跪拜泥菩萨了。

第三个层级——变换公式之书，比如著名的《定位》、波特理论等，绝大部分西方经典管理学教材都属于这类。我在北大光华学院就读的时候就知道，中国人自己的管理学教材，极大概率是没必要读的，甚至有害，古籍里倒是有不少珍品。《论语》、德鲁克、《孙子兵法》、稻盛和夫、生态学（从科学工具书，跳到这里的哲学书），都略高于这个层级，总体还在这个层级，处在夹层里。这类书里面有大量由高手将定理运用于不同类型场景而制作的变换公式。如果对于某公式没有感觉，就说明本来它就是没有必要记忆的，而知行合一的实践中如果哪部分好用，它就会被慢慢记住，比如 SWOT 理论，自然你就记住了。生活中大部分人是不善于自己通过读书联系实际，从金字塔上端向下“解”去制作变换公式的。也只有少数人能够想到把生活实践中的事件进行向上思辨（就是我鼓吹的认知三格的第二格里面的反思和思辨、做方法论和菜谱的方式）做出变换公式。我贸然地决定写这本书，逼自己去做前面那件事，难度确实不小，短短俩月几乎废掉了我的健康。我前二十年就在做后面这件事，我称之为误打误撞练成了“野球拳”。我自造的管理理论，包括“三 Yu”“四前意识”“战略三要素”等，刚刚达到变换公式这个层级。但是由于这些工具是自己做出来的，所以自己极其擅长使用，其流畅度使得它威力大增，效能能发挥到 120%，实际效果反而大大超过学习别人做的变换公式，因为别人的那些东西，即便记忆清晰，往往只能发挥 2 至 3 成的威力。

对变换公式之书的夹层中的精品进行反思，向上思辨，更容易摸到更高层级，比如德鲁克的书、《论语》，其背后的东西，非常值得寻味，这时你的大脑会不自主地想去够到第三层级。《红楼梦》、周星驰的电影，也有这个效果，一些经典西方文学作品及古典音乐也是。后者本身是起源于宗教，而宗教在千年高人的持续打磨下，都是哲学之上的道的繁衍。只有必须用心去体会的艺术珍品，才会有提供超验感的价值。这些能让人悟到第四层级的东西，无论自身在第几层级，都是人类社会的宝藏。

第二个层级——定理之书，就是哲学书中的部分精品了，《道德经》是这个层级的上限接第一层级的下限，如能读懂、能理解，值得强记，这里面都是宝物，更要自己能在脑子中向下做出变换公式以对接生活。《道德经》里的阴阳玄同、有生于无、上善若水，就是定理。夹层中的书最有意思、最好读又值得读的原因，是它可以生动地以生活中的活案例呈现又直击定理。你要思考书的背后深意，否则读死书啥也学不到。哲学这门“无用之用”的学问，确实年轻人不容易做到理解和做变换公式，所以不易就业。牺牲几位高手，把东西方先哲的经典著作给我们翻译清楚，真是善莫大焉，比如复旦大学、武汉大学在中西哲学方面的“东西德先生”（王德峰、苏德昌）[1]。我写书中第三阶段时，两三周连续失眠，对身体产生了巨大的负荷，逻辑力被压制，非逻辑的“心观力”上升，窥探到了第一层级的天庭之谜，反而通透了本层的定理，掌握了高效制作变换公式的方法，导致大脑运速大增，思维活动几乎不受控。

第一层级的书——公理之书，天庭之谜，一般人不可得，需极强的心观力，通过生活极难攀登到这个高度，斋戒和修行去高位横切理解佛经其实是抄近道。定理可由公理推导，公理不可推导，所以是“信”为先。我观察佛经比哲学书更难懂，因为每个词都没有解释，需要的是一份类似中英翻译的字典，而寺庙里发给居士的小故事则是第一层级，两者离得很远，所以世人必须先信佛才能开始修行。我偶然

〔1〕王德峰和苏德昌均为哲学系老师。王德峰为复旦大学哲学教授，专业为美学及马克思主义哲学研究，其关于《道德经》等传统哲学的讲座在大学校园和短视频平台引发强烈反响，备受推崇；苏德昌为武汉大学哲学教授，上过央视《百家讲坛》，其在武汉大学开设讲授的哲学课备受同学喜爱和好评，并被写入毕业生校歌。

形成的比较特殊的认知基座，匹配《道德经》的“接化发”的阅读方式，使得我用逻辑和非逻辑的玄梯，摸到了《道德经》里的公理。我个人认为就是两个字：“一”和“玄”。二者均不可道、不可名，无法描述。前者静，为阴；后者动，为阳。

《道德经》的特殊之处，在于它既是一部经书，又是一部中国哲学书籍，所以可以零起步，用自己的语言活生生地爬上去，不像其他经书，必须配上翻译。我用了近两个月完成了理论建构，摸到了第一层的门边，但是也耗尽了我的体能。它同时具有各层级的内容，并以一种特殊的“正言若反”的方式吸引人入戏而修炼。本书，用“人书金字塔”的形式解读了《道德经》，也就从相对高级之阶形而下接通了一些演算的形而上的开悟。写书写到这个阶段，我大脑运速大增，几分钟就能编制一个变换公式，运用于教育、出国、就业或者营销管理的某个方面，但是算力超频消耗身体负荷极大。很多朋友担心我，怕我失控、怕我伤身。我回顾我的前五十年，从一个性格、资质极度普通，原生家庭的物质阶层尚可，精神阶层低下的出发点走到现在，就靠了三次大的全力拼搏，不遗余力：物理竞赛笔试以河南省第五名被保送至武汉大学空间物理与电子信息系，在两万多名考生中以全国第一名考入北大光华管理学院，辞掉几近可得的副厅级饭碗进入 E20 环境平台，每次都是奋力拼搏却又不知其苦。这次写书是第四次，老骥伏枥，抬棺而战，这次最艰巨，也最有意义，也最能感受到力竭而得疯魔之快乐，因为这是首次企图通过学习明白人性的一次战争。

东西方的冲撞属于双塔奇兵

我对本书为何如此投入，因为我知道，中国的大时代不可避免地走向转折点，下行电梯将更加普遍。德鲁克的书作为管理学的最基础教材还未被普遍吸收，稻盛和夫的精神力量却又更需要被关注；老子和王阳明，才是我们民族文化精神复兴的关键。实际上，物质世界为阳，精神世界为阴，在阳性为主的西方科学和市场经济统治了世界上百年之后，中国人失去了自己的精神家园。我尽力把我的书做成《道德经》真正接通商业和职场的桥梁，因为我同意稻盛和夫说的，工作是最好的修行之所。为达此目的，就需要对“阴”的精神世界的运行规律进行揭示，而不仅仅是升级版的西学东渐，才能使得我们从根本上更好地面对东西方的再一次全面的冲撞。

精神的时间、阴的世界、人性的世界、尼采为之疯狂的世界，都是非逻辑的、唯心的、不确定性的、混沌的世界。在这个世界里，财富的四则运算规则完全不同。在物质世界里，在两个主体之间，财富的流转是零和的，你的增就是对方的减。如果想做到我们说的“增量分享”，是因为涉及了极多的第三方，导致社会总财富增加，或者部分财富转移到了你我二人身上，所以才有机会增量分享，这就是物质世界的商业模式。精神世界的财富计算是非量化、非逻辑的，比如你赠与他人一个认知，你反而获得了两个，你赠与大家一个认知（比如完美的演讲和书籍），你反而获得了成千上万个。这就是老子“奉”的逻辑。奉，使得一个人的精神世界极大地被丰富和提升，一般都超过了你奉给对方的平方甚至立方。对于我们，用逻辑理解精神世界，就像我们三维动物理解虫洞一样困难。

那么，西方逻辑阳门的马斯洛矩阵，其实是无法真正解构精神世界的成长逻辑的，这也是本书用了很多章节去找到马斯洛理论的阴谋和缺陷。那么，如何获得快乐的成功，本质上就是要用“人书金字塔”替换掉“马斯洛金字塔”，这两个金字塔有隐隐的对照，又无法一一对应，因为前者为阴，来自精神世界的规律解析；后者为阳，来自物质世界的理性分析。

在“人书金字塔”的游戏规则里，类似上述的情况，四则运算也是完全不同的逻辑，不同层级的认知之欲并不会因为不满足而痛苦，却会因为满足而快乐；并不会因为始终满足而被厌弃，且几个层级的认知之乐可以被保持。每个层级又可以自由地上下体悟和解析，各层同时存在和互动的好奇之乐、解题之乐、成就之乐，摆脱了时间的规律而一直弥散在各层各处。此时，你在四维空间的天堂之乐和艺术之美里，去看刻板逻辑化和粗鄙的马斯洛金字塔，那个狗熊掰棒子样子的始乱终弃，那个不停地被满足和被厌弃的魔鬼之磨，那个短暂的快乐和持久的痛苦，简直就是十八层地狱般的纷乱烦厌的场景。

这样的精神世界的新金字塔投影在现实的物质世界里，有个典型的例子是一位快乐的厨师，他喜悦并享受于身外的物质财富和地位乃至更低端的口舌之欲，同时因格物而沉迷于厨艺这样好像是低层级的技能的快乐里。他如此投入而快乐，并以“奉”和疯魔，悟到了各层级的道理，甚至是那个“一”和“玄”，他必然是精神大满足的，他的厨艺必然走向世界之巅，他也是不愁财富的，但格物的快乐使得他不会担忧前者的喜悦的患得患失。伊壁鸠鲁将快乐分为静态和动态，前者为阴后者为阳。厨师的淡然喜悦于各层级的直接满足就是后者，而以形而上的悟之格物，获得静态之心流之快乐，是其战胜马斯洛的金钥匙。马斯洛金字塔驱动下的厨师，就变成了痛苦的、勤奋的、有志向的、克己的、吃苦耐劳的奋斗者，也以此在补自己的阴谋技能，然后被其他对手无法预计的阴谋所阻碍，被自己的能力边界所限制，被欲望折磨成了魔鬼，最后也失去了厨师之乐、厨师之技能和厨师的应得财富。

薛涛曰

《传习录》钱德洪录[1]

问：“良知原是中和的，如何却有过、不及？”

先生曰：“知得过、不及处，就是中和。”

“‘所恶于上’是良知，‘毋以使下’即是致知。”

先生曰：“苏秦、张仪之智，也是圣人之资。后世事业文章，许多豪杰名家，只是学得仪、秦故智。仪、秦学术善揣摸人情，无一些不中人肯綮，故其说不能穷。仪、秦亦是窥见得良知妙用处，但用之于不善尔。”

抛开原文之意，读其文后深意，尝有薛涛曰：“由心致良知而得明，明与智‘和’于行而‘止于至善’。人生之差别，只差一处发心而已：发善之心，发归因于己之心，发好奇之心，发求变之心。发心易，归心难。发心一动，水到渠成，欲为其重，顺畅自流。”这些都是阳明先生已经做到的了。智亦可成苏秦、张仪，也可成阳明、老子，这个选择是靠自己的“佛魔一念”。所以“认知三格”的第一格才是关键处，启动却并不那么困难，只有你自己愿不愿意。然而，差之毫厘谬以千里。“所恶于

[1]《传习录》是明代心学集大成者王阳明的代表作，由王阳明的门人弟子对其语录和信件整理编撰而成，分上中下三卷，每卷按不同弟子编辑者为章目名。钱德洪为王阳明的弟子，是《传习录》的重要编者之一，曾为《传习录》中卷写序、下卷写附和跋。

上”可以用以管理上级，“毋以使下”可以用以对下属负责。工作生活中点点滴滴，竟然是那么简单的真善美。

“处众人之所恶，故几于道。”按老子原意，不再把水当作客观的事物，而当作主观的能动者。这里的“恶”是众人之恶，是百姓之恶，是百姓从自己的“有”，也即“自私”出发所厌恶的东西而已，本身并无善恶。虽然是众人之恶，水的到来，却让其成为善地，别人不能利用的东西，我的到来可以使其发挥作用，这就是水的价值，这个价值来自重力的帮助。

在组织中，如何像水一样居众人所恶的善地？这又是一种典型的“既要又要”，水在低地还要做到润万物，当然不是成为臭泥塘，这个恶地转善，需要扭转各方的“欲”才能达成。老子的意思不是你简单、窝囊、受欺负地窝在众人所恶之地无所作为，而是要能够把别人嫌弃的岗位干出花来，能够完成他人完成不了的任务，把别人认为是垃圾的东西变成资源。做到这个，当然需要管理上级对下负责；做到这个，当然只能凭“认知三格”的循环递进；做到这个，当然是企业的骨干人才。这个需要极高的三格认知的水平，还需要有好奇心带来的勇气打底，而不是简单地牺牲自己就能做到的。企业无权也不应该要求员工无私奉献进入众人所恶之地，而是发现和培养“有道者”自愿进入，且以其高认知变其为善地，能做到这样的个人，当然是卓越的管理者；能够发现这样的管理者的管理者，当然是卓越的领导者；而能成就这些人的组织，当然就是卓越的组织。

“心善渊”很容易理解。薛涛曰：“水积于地以成渊，海纳百川不居其功，沉稳冷静不失其态。”“与善仁”，薛涛曰：“水利万物似广结善缘，不求其报而自得报。”“言善信”，知水之重则知水之行踪去向，薛涛曰：“水之重力即为水之信，知人之欲即可知人之行，坦己之欲方为易得信之人。”“政善治”，薛涛曰：“借水之行荡涤万物，借人之欲方能洁静人的欲望横流之灾。”“事善能”，薛涛曰：“水之物可形各态（物形之），自然更易得‘势成之’的因缘和合。”“动善时”，薛涛曰：“水之四季形态之气液固，如佛法报化三身，因时而异，因需而成。”作为作者解读七善的最后一善，最为重要，可从上善若水推导出来，法无定法，审时度势。

作为一个企业合格的管理者,这些句子所言的都是基本的要求,做到如此,何须去争。不争，而自得。

“夫唯不争，故无尤”，这处的“争”，才是全文的题眼。不争，首先是因为有能力“利万物”，比如做到既要又要的王阳明。这个善，还是“致良知”之善，更是“止于至善”之善，限于篇幅，不能详解，可细看王阳明的传记并好好琢磨。学习所有的典籍，最有价值的是其本人的历史，知行合一的读书方法论的起点，是看名人之行作基础的学其知并反思之，是习惯于“十万个为什么”模式的认知第二格的一种操作方法。比如《论语》，本质上都是讲给中下层的道理，所以想摆脱这个定位去找真理，就必须读到《论语》背后的东西；比如《道德经》，其实是中高层才能掌握的道理，想给中低层讲明白，就需要转换视角。所以，本质上所有的书都是死的，人是活的。治学要究其根本，一生弄通一两本典籍就是对人类的贡献。

不争，则在我们这个以“有”为主的社会，必然居于“有”之人认为的“恶”地，而水则以其下坠的失重之“无”去“冲之以为和”，终得其善。老子在本章里的“七善”，是他难得发善心地给了些提示，如何不争而善，还要利万物（包括自己）。

人往高处走、水往低处流，都是受万有引力的影响，前者是欲望，后者是重力。薛涛曰：“能借此势于内外者，即为有道者。不善于借此势，则一生苦。”

苏辙曾曰：“水唯不争，故兼七善而无尤。”

薛涛也曰：“人须可欲，则守三身且有善。”

不争而争，不为而为，这个就是“上善若水”。水，就是“道”和“一”在人间的一种分身相。

爱的三重境界

《道德经》第四十四章

《道德经》第四十章

《道德经》第七十二章

原文

名与身孰亲？身与货孰多？得与亡孰病？
甚爱必大费；多藏必厚亡。
故知足不辱，知止不殆，可以长久。

译文

名誉和生命比起来，哪一个更可亲？生命和财货比起来，哪一个更珍贵？满足欲望和丧失生命，哪一个更有害？过分热衷名利，必定要付出更大的代价；过于积敛财富，必定会招致更惨重的损失。知道满足就不会受到屈辱，懂得适可而止就不会遇到危险，这样才可以保持长久的安乐。

老子开篇的三个反问，都是我们常见的问题：名誉和生命相比，肯定是生命重要，然而大部分人实际上却更在乎前者，而牺牲了健康；生命和财物谁更重要不言而喻，但往往牺牲的还是生命；满足欲望和丧失生命相比，结果还是生命被牺牲了。下一句有个关键点，老子用了“甚爱”，也就是说，老子并不认为一点都不能沾名、物、欲，但是不要过分。藏，积累，多藏，远远超过自己需要的，当然也就是有害的。老子并不是说要在这些问题中简单地做二选一，而是要在两者之间找到平衡，这是本章最重要的内涵，也是我总结的“阴阳全谱论”的具体运用。

知足，知止，方能常足。那么为什么要知止？本质上就是对抗马斯洛金字塔的作用。想知止，就必须找到与欲望共舞的最高境界——伊壁鸠鲁说的静态快乐，以“人书金字塔”公理及向下逐级解的定理、变换公式等级别的目标为准星，为提供静态快乐的求认知找到方向，才能避免不知止的行为。而最高的原点，并不是马斯洛塔尖的那个自我实现，那里面的“有”还是太多，还是会带来痛苦。只有从对“道”的认知中找到静态快乐，才是可以超脱“有”的，以此为原点向下的放射线，自上而下是生命—名誉—财货。

“甚爱必大费”，有人由此推出了“多情必寡情”，意思是爱情中不要投入太深，是一种对《道德经》理解相对低维的延伸思考。这句话背后的意思就是全力付出真爱而不能持续的，最终会走向寡情。担心这个人之常情的结局，而不敢踏入爱情和做出牺牲，则是违背了前述“求认知”的第一性原理。而站在未来的现在回看当年的自己，肉体和精神不应该因担忧而封存，而应该被理想地使用，以避免“知天命”的时候，因为经历的缺失，而不知道自己不知道。偏偏爱情的修炼场，远比工作在“无”和“有”、“非逻辑”和“逻辑”等阴阳矛盾体上的更复杂，难度更高，也对修认知更有价值。而婚姻中的规矩，就像儿童写字需要红格本、拳击台需要栏杆一样。从第一性原理出发，结婚最大的好处是，这是两个人之间关系和边界的搭建工程，每个人都必须将习以为常的思维、理性和逻辑能力升级为心灵、感性和非逻辑的能力，很多修炼强度是工作无法替代的。无论成败，如果不能穿越之，就无法理解什么叫“君子不器”，无法触及公理和道，人生就无法完整，就不容易摆脱马斯洛的“欺压霸凌”。

人生，从前往后看全是变数，所以我们不敢跳下去。但是我们要提前预知的是，当认知达标后，我们从后往前看，人生其实全是定数。我们对生活的知足，必然来自“未来的我”的当下。按照“过去的我”和“现在的我”的提升距离，大胆预判未来的我比现在的我高明，再对自己的幸福人生重新定义，就敢于面对现在往后看的变数了。

优秀的人可以用信念的心力获得“五识”中的胆识，去穿越未来的迷雾，但是，刻舟求剑还是大部分人会犯的错误。长期的咨询经历，习惯于强调逻辑力和理性规划的我，还是忍不住做了“时空穿越算法”的方法论，以实现站在未来看现在的能力：

1. 是个正常人都会站在现在看现在。

2. 是个正常人都会站在现在看过去。如果因此评头论足、指点江山，以为自己高明，这是典型的马后炮模式，所以现在自做高深地指责这 18 年间环保行业泯灭的一批民企上市公司的文章，认知水平低下；

----------------------------（刻舟求剑之线，因为 1、2 是刻舟求剑的水平）

如果停留在以上的水平做战略分析和个人发展规划，都是刻舟求剑的水平。

3. 站在过去看过去，这个已经是良好的认知能力了，属于刻舟求剑认知能力线以下的。能够换过去的位置，看懂环保圈“二文一赵”（文一波、文剑平和赵笠钧）的水平和不易，看到自己当年在认知不足下的胆识或直觉的幸运，等等。

4. 高水平的人，则可以站在未来看现在，这个由于涉及了未来的时空，难度陡增。按照我们过去三十年的变化，预计三十年后的越南，分析当越南人均 GDP 达 1 万美元以后，他们内外环境还会这么好吗？这就是中等发达国家陷阱。这是靠极强的逻辑能力和对自己思维形态的超脱来计算的。有了这个水平，就可以明白福祸相依的道理，就能客观冷静地分析当下，很有裨益。要达到这个水平更为关键的是，不能够只靠信念，而是要更早地规划，比如我根据三个月来我在哲学上的进步，预判了我以后的能力，三年内可能可以写出一本更纯粹的哲学解读书，并将此作为我下一步的计划进行规划。把过去和现在的各种条件变化进行调整，并考虑到自身的未来规划，再以未来的视角对今天的行为进行战略分析和规划，就是站在未来看现在的具体做法。

5. 顶级的圣人，则可以站在未来看未来，把所有问题全部预计到，其“无”和空灵之心观，几乎超越逻辑分析能力所能达到的水平，我身边基本没见过这样的人。我估计我的第三本书就要朝这个方向去努力。

再说回同样离不开心观力才能“明白”的爱情，同样类似，这里面也是不能用逻辑去分析理解的。爱情的双方，不是讲理的，而是讲心的，只懂得物质世界的加减乘除，不掌握精神世界的规律，在爱情中必然是盲目的。从《道德经》的角度如何去看爱情？至少有三种境界：

生活中常见的第一种爱情是，我们很投入地以“有”（自私）的方式在爱对方，却强烈地要求对方要“无”，要 ta 完全不考虑 ta 自己的方式牺牲式地进行回报，因此不可持续。此为最低阶的“真爱”，是市面上 90% 的通俗爱情小说的水平。

生活中的第二种情况是，我知道自己的“有”是有问题的，于是刻意修正了很多，尽量“无”起来，但是依然强烈要求对方要“无”，以对应自己努力的“无”。这个也是不符合“道”的。毕竟刻意的不是发自内心的，对方也做不到你的要求，在度过一段幸福的时间后往往也无法持续。这个常出现在高级一些的爱情悲剧小说里，比如著名的《简·爱》。

高阶的真爱是，自己在真心的“无”的基础上在乎对方并为对方付出，却不要求对方的“无”，这个才是真正的大爱，在明明是强烈的“有”（独占性）的爱情里，升华到了与“道”一致的“无”。可惜的是，一个人碰到灵魂伴侣的概率太低，共振机会太少。《红楼梦》之所以深刻的原因之一就在于从道的高度，写出了这个爱的境界。这是大部分人没读懂《红楼梦》，不知道贾宝玉不是好色而是求认知的本性，而以为他应该选择薛宝钗而不是林黛玉的原因。从逻辑上看，这样的“以为”是无懈可击的。所以，《红楼梦》的非逻辑，是它的灵魂。

所以，老子说“大道泛兮，其可左右”，不但爱情，所有的爱也都被“道”所左右着，比如母子之爱：母亲在孩子结婚之前对其仿佛可以做到百分百的“无”，却往往在同样强烈的深处隐藏着难以免除的“有”，这也是导致婆媳矛盾不可调和和儿子悲剧的深层原因。这类看似矛盾的现象产生的本质原因是，我们把对 ta 的“爱”，简单当作了对待“身、名、货”一样，是马斯洛金字塔升级方式的一个选择，觉得只要“爱”比“身”更重要，“生命诚可贵，爱情价更高”，就已经是最高等级的真爱，岂不知这里也难逃 “有”的魔咒。所以，将马斯洛金字塔压扁，是我坚定不移的任务。

《道德经》第四十章

原文

反者道之动，弱者道之用。

天下万物生于有，有生于无。

译文

“道”的运动是循环往复的运动变化，它的作用是微妙柔弱的。天下的万物都生于有，而有却生于无。

这恐怕是《道德经》里最短，也因此最难解的章节之一了。这短短 21 个字，就是老子的世界观。

“反者道之动”，黑格尔说“一切事物都包含着它自己的否定”。矛盾的相互转化，循环递进，读《道德经》本身也顺便训练了人们去掌握这个思维方法。“道”本来是浑然一体，无所谓动与不动，为何老子要描述“道”是如何动呢？因为“道”的动与否其实是相对的概念。从人的立场上看，人动，则看到的“道”也就动了。老子的立场在人间，《道德经》是在讲人通过在人世间的生存去摸索道法自然，并与这个世界的所有外在达成和解的学问。可见，《道德经》是讲人和世界的关系，儒家的《论语》是讲人和人的关系，而佛经是讲人与内心的关系。

“道”之动的分身体现在人世间的矛盾转化上，如果为了理解而强要分析它，就可以用“人书金字塔”理论。那么，“道”之于人该如何用好呢？就一个字“弱”。入世的老子，当然不是躺平派。这个“弱”，直接理解就是“阴阳全谱”里的各个矛盾体中，关注相对弱势一方的使用。更重要的是，这个弱，和人心一样，同属阴性，“弱者道之用”也是唯心的。它与“反者道之动”，两个变换公式均来自阴阳玄同的定理，双剑合璧，天下无敌，就是要用“心”来解决社会众人和个人的问题。

这个“弱”者道之用，会与同为阴阳玄同向下投影的变换公式“福祸相依”联合作用。面对祸，一般是陷入一种“既要又要”才能破题的困局，而解它往往需要升维的破格。如果能实现，就是一次个人的大升级。祸，从这点来说，就是机遇，只要自己不放弃“好奇心”的尝试，为善和求认知。其次，升维破题的秘诀，往往藏在你的弱势中，顺势而为，变弱势为优势，就能实现大突围。比如我性格上的软弱、自卑、毛糙和随意，变成了温和、善学、看大局和易互通人心，从善的本意出发，将这些阴性的性格，变成了助我管理实践提升的支柱。“一切都是最好的安排”，要靠无为（违）而为，后面的为，是要动脑子有效思考后的大量的反者道之动，而不是傻干或躺平。

“反者道之动”和“弱者道之用”也可以在管理授权中进一步深化，在“育”中更加简洁地要求属下积极反思、举一反三。如我最近的感悟，发现还可以将更多更难的事情授权给下面去做，这将是我实践“三 Yu”的下一阶段：敢于让手下犯错误，并让他们勤于向上悟到“人书金字塔”的尽量高的高级方法论，即要学会总结做方法论的方法论。这也是发挥了弱的阴性，让手下有机会往上生长。而现在要他们学会的，就是“反”复地“反”思。

中国有句老话，叫“猫教上树留一手”，其实是“三 Yu”的大忌。因为一旦开始留，你的成长天花板就卡死在那里了，本质上还是自己的“有”未尽。由于对道的追求无穷无尽，其乐趣是通过放下“私”的清明而悟得，同时认知的增长由此进入加速度，可授权的上树本领也就无穷无尽，还有什么不敢往下放的呢？佛经中说的放下，也不是这么消极的放弃。在管理中像佛经中说的一样，把所有的能力下放，这种放下，在组织里才是法力无边的存在呢。

类似的还有一种所谓的管理技术，叫“剁掉高层的手、中层的屁股、基层的脑袋”，好像很有道理，错就错在最后的“剁脑袋”这句，不能把基层员工当作工具，要通过层层价值传递尽量让他们看到更多的未来。有一句话说“对员工好，好到让他无法离开”。鸡汤容易让人热泪盈眶，真正的解法却在本书里。如果管理者能够时刻保持自己的初心，尤其是企业家本人，真的爱员工像爱家人一样，像对孩子一样“教养”他们，自然就会得到卓越的组织。而初心一变，修道变成了修诡道，佛魔一念，反噬也许就在一瞬间。

回到正文，“万物生于有，有生于无”可以参看第一章的解析，本章里藏着认知升维的诀窍。我曾经说过读书要“接化发”，这种“化”对应的吸纳融汇和运用都是相对浅层的水平，做到如臻化境之化，才是一个人面对各种领域认知的最高境界。此时以心流态物我两忘、融通五识，认知从“人书金字塔”底部向上心观到原理级，“致虚极，守静笃”，关键是回到了有生于无之前的“无”所代表的空境。只有一个人在某个领域反复实践和体验到“反者道之动，弱者道之用”，相关认知才能在某个时间节点突破到这个境界，也就达到了《道德经》第二十七章所说的“五善”的状态。

原文

民不畏威，则大威至。

无狎其所居，无厌其所生。夫唯不厌，是以不厌。

是以圣人自知不自见；自爱不自贵。故去彼取此。

译文

当人民不畏惧统治者的威压时，那么可怕的祸乱就要到来了。不要逼迫人民使人民不得安居，不要压榨人民使人民无以生计。只有不压迫人民，人民才不厌恶统治者。因此，有道的人不但有自知之明，而且也不自我表现；有自爱之心也不自显高贵。所以要舍弃后者而保持前者。

水能载舟亦能覆舟，对于企业的管理者也是如此。很多环保企业家抱怨，为何这个领域有那么多的叛变、拷贝、复制，其实这是我们每个企业家的行为种下的因。与他们聊天，会感到浓浓的怨气和疲倦，各自抱怨着各自不同的不幸遭遇。每个时间段也偶尔有成功的明星企业，与他们交流时，就能看出与前面说的大多数企业有很多不同：尊重、坦诚、效率、无私、理想、归属感等。“夫唯不厌，是以不厌”，管理层和团队乃至员工的关系，可以是看成一个企业能够突出重围并达到卓越的唯一标尺。

“自知不自见；自爱不自贵。故去彼取此”，这里说的也是“知人者智，自知者明”。碰到不利局面，怨气总是无法消散，事情也就越来越糟，背后往往是“归因”的习惯——归因于外，愤怒迷住了心智，将导致更加不易自知，并且愈加宽以待己、严以待人，自然无法改变自己所处的被动局面，导致祸不单行。能够做到自知的人，往往自然就会不自见。而真正懂得如何自爱的人，当然也不会自负和沽名钓誉，也才有能力和资格去爱人。自知自爱，老子在这里将它们作为对圣人的要求，我觉得太窄了，也就是《论语》要求的范畴。任何一个人，哪怕是世俗地位和见识都最低的百姓，都应该努力做到这两个标准，这已经远远不是“有道者”的要求，而是像空气和水一样，应该是人生而为人的必需品。

老子战胜马斯洛

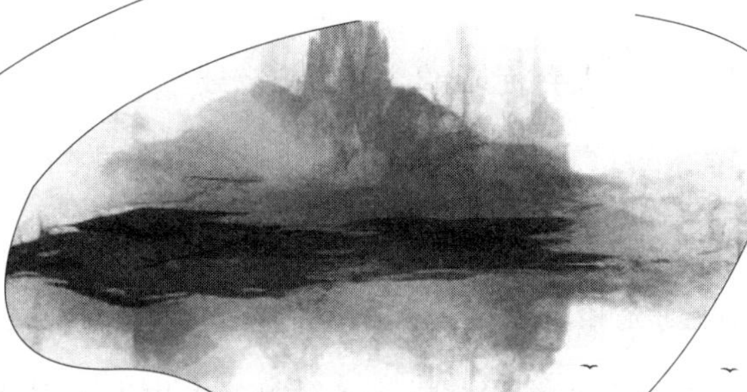

《道德经》第三十四章

薛涛解析管理之道与认知之得
ANALYSIS OF "TAO" IN MANAGEMENT AND "TE" IN COGNITION

原文

大道泛兮，其可左右。万物恃之以生而不辞，功成而不有。衣养万物而不为主，可名于小；万物归焉而不为主，可名为大。以其终不自为大，故能成其大。

译文

大道广博无际，左右上下无所不到。万物靠它生长发展而不止息，成就了功业而不自以为功。养育万物而并不认为自己是万物的主人，可以称它为"小"；万物向它归附而并不自认为是主宰，可以称它为"大"。正因为它始终不认为自己伟大，所以才能成就它的伟大。

"道"是跨越时空的，是大到无限的，万物都需要依靠它，但它却无所谓。"小"在《道德经》有非常特殊的意义，也是本章的题眼。第一章的"妙"同"眇"，就是小，另有"微眇玄通""见小曰明"等。本章中，小其实是无，直到普朗克长度[1]，老子希望我们做到无和小，因为回顾我们在世间的痛苦，都是来自大和有。

如何解决我们的痛苦，是我深深感觉到《道德经》里老子最想要传达给我们的，这也是他作为圣人的悲悯，然而我们都很难理解他。我从《道德经》第一章，到第四十六章，再到第八章，也想和老子一起解决它。我回顾自己的一生，因为从来没有太大的野心，所以反而能理解老子的意图，佩服老子的智慧，如何这么快乐，却就成了老子。于是，不由得和他一起来找找答案。

—————————— 历史穿越剧分割线 ——————————

〔1〕普朗克长度，当前物理学中可测的长度最小极限，由德国科学家、量子理论的开山鼻祖马克斯·普朗克提出。

第一幕 终于见到了老子

我四十多天没怎么睡，在解完前面几章仍毫无头绪、抓耳挠腮、废寝忘食、彻夜达旦后，终于听到脑子里出现了一个声音，用大不列颠古音大喊着：“不要再睡了，李耳已经杀害了清白的睡眠！那清白的睡眠，把忧虑的乱丝编织起来的睡眠，那日常的死亡，疲劳者的沐浴，受伤的心灵的油膏，大自然的最丰盛的菜肴，生命的盛筵上主要的营养，再也不会回来了！”〔1〕

失去了睡眠而苦不堪言的我，只好像无头苍蝇一样，去找那个让我彻夜失眠的李耳，却发现这是一个“等待戈多”〔2〕的游戏。当我苦到几乎昏厥，却突然发现我已经站在老子面前。

我才不管他有多老，我无礼地用我的周公庙地界的方言问他：“恁浓萨咧？”〔3〕

老子不以为唐突，因为他不在乎礼不礼的，他说那是前两天那个求他的孔老二讲究的东西。

我冷静了下来想：这招不灵啊，想找回睡眠，还是老老实实地问吧！

“我好久睡不着了，觉得好苦好苦！请问怎么办呀？”（其实我知道是因为他，但得假装一下不是？）

老子潇洒恬淡地曰：“那是你焦虑了。”（我当然知道，我忍。）

“那为啥我会焦虑呢？”

老子曰：“人有三心二意。三心是：过去是悔恨心，现在是比较心（嫉恨等），未来是焦虑心；二意是根和念。”（嘿嘿）

“我很坚贞的，啥意思啊？你！”

老子曰：“哦，我的意思，你睡不着是因为焦虑，焦虑来自对未来的恐惧。”

〔1〕此段内容化用自莎士比亚的戏剧《麦克白》。

〔2〕《等待戈多》是爱尔兰现代主义剧作家塞缪尔·贝克特知名的荒诞派戏剧，表现了荒诞派一贯的“世界不可知，命运本无常，人是低贱的，行为无意义”的创作主题。

〔3〕周公即周公姬旦，周武王之弟，在武王去世后与召公一起辅佐其幼子成王执政，功绩卓著，为后世楷模。死后建庙于现陕西省岐山县城西凤凰山南麓。“恁浓萨咧”为陕西方言，意为：你在做什么呢？

“我怕啥？”

老子曰：“你呀，怕得不到嘛。”（还真是，我怕睡不着，反而睡不着。）

“这原因就是我从你的书里面找点快乐，恁嫩萨咧！”

老子曰：“哦，我是有此安排，谁知道你竟然那么笨呐。”（我去，这老子也太不懂礼貌了，难怪那个严肃认真、不活泼的孔子会被他唬住。）

“你个花心大……哦，您这个花样年华的好心的大人，一定会负责任的。”（我为了睡眠，也是拼了，人生最大的真理，就是该恭维就恭维吧！）

第二幕 马斯洛的诡计

老子曰：“很久以后，罗刹国有个人叫马斯克，呸呸，叫马斯洛，他用他们那些粗鄙的高级科学，分析了我在《道德经》里描述的‘有’，也顺便找到了焦虑的妈。话说焦虑的妈也是妈，我早发现要想干掉焦虑，就要干掉它的妈，但她毕竟是它的妈，也不是那么随便就能干掉的……”

“焦虑它妈，您的意思，你已经干掉了焦虑的妈？”（他好啰嗦，我忍住不要爆粗口。）

老子曰：“我全书都是这个意思啊，《道德经》的外号其实是《快乐经》，怕你们误会才叫个高大上的名字，但是我就怕你们过于痛苦不能快乐，所以一直告诉你们，痛苦啊，焦虑啊，它们都是欲望的孩子，也就是来自‘有’、来自‘大’，让你们少点‘有’、少点‘大’，对你们喊着快点‘小’啊‘无’啊的，来回说嘛！”（老子那么多小啊无啊，不是连活着都没劲了？什么嘛……难怪我笨，真不明白。）

看我进入浮想联翩的笨样，老子没等我问话，继续说了一大堆。

老子曰：“马斯洛的结论里，把我的‘小’等效成了‘欲望’。他认为，人世间的客观规律之一，就是在追求进步中同步满足自己欲望，是欲望使得人在进步。低阶欲望的满足，会进阶为高阶欲望的满足。高阶欲望的满足，往往会替代绝大部分低阶欲望的满足。因此，他认为我们应该更加上进，去追求高级欲望的满足，此外还因为从高阶欲望的满足里得到的快乐比低阶欲望里得到的快乐持续得更久。”

“打住打住，我看你的书原本以为里面都是快乐，不是为了进步，因为大家都说你的书叫‘躺平大圣经’，咋现在更焦虑了嘛？”

老子曰：“哎，我都说了，想要不焦虑，‘常无欲，可名为小’。”（我知道你小，我早就知道了，能不能换个话题？！）

“后来我发现，你的书里面都是财富，兴奋得我睡不着觉。”（老子眼中一喜，不知道是他发现我发现了他的小秘密？还是他发现他干扰了我的睡眠，其实是我咎由自取，他可以不负责？）

老子曰：“是啊，能成功，能有钱，‘刍狗’们当然都高兴了！”（装……）

“但是，帮人成功和有钱，是你这本书背后顺便附赠的小秘密，我那么费劲找到它，为啥我反而焦虑得睡不着呢？”（不要以为人老了干了坏事就不负责，我继续找回正题！）

老子曰：“是啊！大家都和你想的一样，以为成功了有钱了就快乐了，其实是错的。马斯洛没说要给你快乐啊，他只是讲了个他发现的‘刍狗’们普遍的规律而已，就像一敲饭盆，真狗们就会冲上来摇尾巴等你加狗粮呢。马斯洛也说了，物质上那种低阶欲望满足以后，很快就会厌烦，我看人这方面真不如狗活得快乐啊。所以，人就只好赶紧继续追求更高级的快乐，据说这种快乐药效长一点。于是就使劲奋发图强，发誓让自己不断进步，铁杵都磨没了，成了有‘痔’青年，天天叫苦不迭，还自我感动叫延迟满足和不要多巴胺就要内酚酞。我看，就是活得像个在转轮里自发电的奔跑的仓鼠。”（呃，其实也是我一直想做的，却因为懒癌犯了导致一直没做到的事嘛……）

老子继续曰：“我看啊，这些有‘痔’青年按照马斯洛的指引，一直努力，有些命好的又聪明的很快就爬到自我实现的那个最高级去了。结果发现，还是不快乐，还是焦虑得不行，因为啥都做完了，活着还有啥劲呢？还有些特有理想的人非要别人随他们的意愿行事，简直就是强迫症，你看孔子就这样，天天来烦我。我看他一个快五十的人了，算了，丢了本《易经》给他，好像他好久没来了……”（我看到老子烦得吐了口痰，突然穿越到三千年后我在高中每天晨跑路过的孔子问礼处，原来就是那口痰的位置，有点头晕……）

（在洛阳市东关大街北侧，有碑楼，正中书“孔子入周问礼乐至此”九字）

“连孔子这么聪明也焦虑啊？！看来鲁国人就是笨，不比我大周朝。”我赶紧递了个马屁给他。

老子白了我一眼，接着曰：“整个过程里，‘刍狗’啊，要不就为了爬不上去而焦虑，因为低阶欲望已经不在乎了，吃饱穿暖变成了负担，所以解脱不了；要不就因为爬得太慢而焦虑。谁知道啥时候能真爬上一个台阶呢，毕竟成事在天啊；最好的就是孔子，爬到顶了，不但一直‘君子固穷’，还那么焦虑。要是我混成他，直接到龙门喊三句‘辛苦娘子磨豆腐’〔1〕骗到一块直接撞死自己算了。再说了，自我实现其实很恐怖啊，比如据说三千年后，有个叫希特勒的，听说就很自我实现啊。所以我现在讲‘以其终不自为大’，就是明白一个人如果兢兢业业只知道跟着马斯洛忽悠的往上跑，这个是徒劳甚至很危险的事啊！”

“马斯洛是客观规律，低阶欲望容易满足后无感，高阶欲望越来越不容易得到，得不到就焦虑，得到了也焦虑，那睡着睡不着都不重要了，伸头一刀、缩头一刀都是焦虑要灭我，我不是已经没救了？！”（我感觉我好像中了老子的计，却又不知道问题出在哪里）

第三幕 弥勒佛的秘密

老子得意地曰：“你们这帮人，都被马斯洛给骗了，天天学着讲成功，甚至被卖成功学的骗走银两。其实你们都没明白，一个人，应该要的是快乐的成功，而不是成功的快乐！这才是我这本书的真谛。”（我看他得意的样子，想起我自己几十年的人生经历，隐隐地不得不同意……）

---

〔1〕辛苦娘子磨豆腐，出自周星驰电影《大话西游》：二当家知道自己是猪八戒转世后，投胎成为一位状元郎。状元郎高中回乡，向二位夫人表达自己的感谢之情。

“老子，我大概知道了，但是无论如何，成功都太偶然、太渺茫了，干脆，为了睡觉，我就是把自己死劲‘无’，‘无’成佛家那样四大皆空就行了吧！”（果然是干脆利索，我某处一紧，觉得有点不对劲）

老子摘下葫芦喝了一大口 0.05 度的米酒，精神头大涨，噼哩噗噜一通输出，曰：“你这句有点上道了。但是话都说到千年后的佛家，你知道我转了 N×N 次世后的布袋和尚吧？他为啥成了弥勒佛却待在庙门口值班看门收小费？就是因为他不想走得太深啊。他就是我啊，知道大家不能抛家离子，不顾领导、不顾手下、不顾朋友、不爱爱人，自己四大皆空了就为去免除焦虑呀！‘无’啊‘小’啊都是为了不焦虑，不焦虑但是却又不快乐了，还搞什么啊。最好是既成功又快乐，家里幸福有钱、公司有钱幸福，老婆孩子热炕头、领导手下暖心头啊，这个快乐没了，还活着干啥呢！”

“所以啊，人就是动物的一种，欲望就是最基础的需要，完全没了欲望出了家，就为了不焦虑，也还是一种自私嘛。我说要和光同尘，就是要和大家既能厮混得快乐，又能帮助大家一起得到真快乐。怎么能弄个彻底的四大皆空、绝尘而去呢？所以啊，我在第一章就画了个阴阳绞丝‘玄’，还念它为‘旋’，意思就是‘有’和‘无’都要在，怎么可能把一边摘了呢，这就是因噎废食嘛！我在第一章已经将‘有’和‘无’并列，第二章又赶紧说了‘有无相生，难易相成’，就怕你们不明白嘛！”

“但是我也不能说得太明啊。啥玩意和皇帝一捆，都暗黑得不行。以后，会有类似程朱理学蹦出来要灭了欲。我明说《道德经》是《快乐经》，肯定被当做黄书，能躲过秦始皇也躲不过后面那些皇啊。这波老政客，自己都不行了，还三宫六院；别人风华正茂，倒是葵花一刀，啥玩意……我这本《快乐经》是认真写给皇帝、高官和老百姓看的，但是全用了‘反者道之动’，可能玩深了变成了反动，上上下下没人看得懂了。你看上面这些人，权力的滋味，啧啧。有个蒋光头的老婆说啥来着？‘权力的滋味’尝过了才知道啊，都一个个道貌岸然，呸，可不是我那个‘快乐道’的道了。说白了，自我实现，蒋太太说的那句‘那只是他们还没尝到权力的滋味嘛’，不就是马斯洛的最高阶嘛。”（这时候，我第一次开始佩服这个胡子乱糟糟、衣服

皱巴巴、身上冒酒气的干老头了）

“请教啊，我是说我焦虑到失眠以至于感觉苦难、无法忍受的那件事，老子您能不能不老盯着我们三千年后的绝世美女说个没完……”（这老子欲擒故纵跑火车跑到马达加斯加[1]了吧！）

老子咽了口口水曰：“其实，人不能揪着头发离开地球，欲望就是那个偷苹果的还蛮聪明的牛顿说的万有引力，不能完全被灭掉，欲望是因为蛇偷了智慧苹果给了亚当、夏娃，才成了不受控制的痛苦。”（老头对古今中外的男男女女的事都很清楚啊！）

“这个我明白，人和动物的区别就是有脑子，会加工记忆、强化欲望啥的，所以对过去的记忆的加工歪了就是你说的悔恨心，对现在别人的更好的事会嫉妒就是比较心，对未来欲望的不确定性的期望就是焦虑心。”（我赶紧追了句，省得他去说他和夏娃有啥事……）

老子又咽了咽口水，捋了下胡子，继续曰：“你小子上道了。嗯，按照天上那个‘一’启示我扶乩[2]出来了这个‘玄’字的提示，你觉得太苦了，其实也就是不美了，不是真善美，那肯定是错的！背后原因呢，一定是来自那个什么不调，不是那个不调啊，是不和啊。你知道的，所有矛盾都是阴阳啊，痛苦和快乐，是一对阴阳，欲望的‘有’，和无欲的‘无’，也是一对阴阳。一生二的时候，它们就这么互相‘和’着转起来了。面对未来的这一对痛苦与快乐，就是焦虑与快乐，我们不能消灭焦虑它妈，消灭那个欲望即那个‘有’，也就不能消灭焦虑，我们只能把这些阴阳球转起来去实现‘和’的样子。其实呢，你心里明白，你可以接受暂时的苦，有限度的苦，只是不应该一直无谓地苦下去。”

“哦，我确实有点懒，当然，我觉得这事不妨碍真善美，所以我也就不改了。”（被老子的小眼睛看得穿穿的，竟然有点怕他而忍不住去自证了）

---

〔1〕马达加斯加为印度洋西部的非洲岛国。此句比喻说话不合逻辑，信口开河，随心而欲。

〔2〕扶乩，道教的一种占卜形式，起始于南北朝。民间扶乩多在正月15日夜里，迎请紫姑神，并卜问来年农耕、桑织、功名之事。

第四幕 老子很牛的一句，“不吃无谓的苦”，我老实了

老子懒得搭理我的样子，继续曰：“你不想吃无谓的苦是对的，那个确实不是真善美，也就是不上‘道’的白吃苦。就算这样能获得成功，也不会快乐，所以不是我的经里让大家去做的，那就是典型的有为而为。我讲了一万八千遍的‘无为’而为，意思就是，与焦虑同行，也与快乐同行。我们要做到的‘快乐的成功’，恰恰是来自快乐和焦虑之‘和’，也来自‘有’和‘无’的‘和’。”（我好像已经听懂了又好像听晕了，但已经变得不敢和他插科打诨了）

老子曰：“所以，老子讲如下几点（虽然他开始牛皮哄哄要占我便宜，我顾不上搭理了，赶紧拿出小本本）：

1.‘有’必须有，欲望必须有，焦虑因此必须有，而且焦虑是我们事业前程的保护器，像疼痛一样保护我们。（这个还真是呀）

2. 焦虑可以有，偶尔苦可以有，过度苦就是错的，因为它不美，所以你其实是要破掉过度的苦，也叫苦的第一层境界——‘死扛其苦’，咬紧牙关正面死磕，短时间内没问题，时间长了就会带来肉体和精神的双重折磨，必将导致崩溃，需要赶紧转换思路进行变化。（果然铁杵磨成针是错的，懒懒的我暗喜）

3. 苦的第二层境界叫‘逃避其苦’，通过转移注意力找到一些兴趣爱好，让自己不那么痛苦。好比一双鞋很磨脚，干嘛还要用肉体凡胎的双脚去驯化这双破鞋呢？找个撑子替代这个过程不好？待时间之火缓慢熬制后，鞋子撑大了，转机也就出现了……（嘿嘿，我仿佛看见了文学著作和古典音乐在向我招手，还有我的‘宾得三公主’。玩物不丧志呀！我猛拍大腿！！）苦的第三层境界乃‘以苦为乐’。虽然人有一生苦难，但也要想方设法去破解，真正的快乐存在于每个人的心中，只要一念开明，反求诸己，就能感受得到。以好奇作引，用专注作体，便不觉其苦。全身心沉浸其中，废寝忘食，闭关修炼，钻研著作，都是大升级！（老子突然抬起眼眸看着我，摆摆手，说我的失眠过两天就好了，我半信半疑地点了点头）

4. 当然，大家都是从最低处走过来的。发生过度的苦，福祸相生，坏事里也是好事，大概率是你破关的认知升维三格的机会，做到二生三，完成既要又要，就能

免除这个苦，回到焦虑和快乐的‘和’，就能提升认知和帮助走向马斯洛的下一个台阶。”

“师傅你也知道我借着您的七十七章胡诌的‘认知’三格？”（我脱口而出了师傅，膝盖头都开始发软了，眼看人生的幸福就要在眼前了……）

第五幕 干掉马斯洛焦虑的秘诀：虚和实、好奇与快乐

老子好像对我这种态度的转变完全无感（马屁拍在牛蹄上），根本不搭理我，又拿起了葫芦，但是没喝，开始继续曰：

“其实‘玄’呐，无处不在，比如除了我曾说的虚和实，对于解决你说的苦的问题，和希望快乐的成功的问题，也存在一个虚和实。”（越来越到关键处了，我赶紧帮他打开葫芦塞，眼巴巴地在他的牛边上，闻着骚气而不觉其臭，拿着小本靠在肥厚的牛屁屁上，等着他继续说）

“实，此为具象之场景，指的是实际一个人需要面对的，有逻辑构成的可见场景，比如是自己可见的意愿，或者是面对外部的挑战。这个时候，带来破题的关键是靠好奇心。人生而都有好奇心，那个就是‘柔’的表现，比如你可以注意小猫和老猫的区别，但是，为什么大部分小猫变老就不好玩了，因为好奇心丢了。所以我一直推崇婴儿，我们应该努力保留自己的好奇心，何况好奇心本身也能带来些许快乐去中和痛苦。”（我发现李师傅原来也和我一样爱刷小视频看别人撸猫减压啊，这次我完全没吱声，而且后面一直再没敢打断老头的兴致）

一、实之下——好奇心

老子继续曰：

“1. 对内保留好奇心，也就自然能够更容易启动勇敢，先易后难地先干起来再说，就符合了那个聪明的接我衣钵还不承认的阳明小子说的‘知行合一’。在认知的第二格里，好奇心促进思辨，反复地进行‘十万个为什么’，就会大幅提升格物能力；好奇心作用于第一个格，如果初心是善的，就会严于律己，就会归因于己，既快乐又不轻狂，因为他会用一些‘无’去考虑别人。最关键的是认知的第三格，好奇心重的人就更容易去想法子、变法子，就会创新，就不会苦熬成了长长的苦，而且无论结果如何，想法子也是个乐子。突然间我们以为很难的既要又要就容易完成了，也就是‘二生三’了。

2. 好奇心，最重要的是改变我们的目标取向，我们要取得成功？我们要取得幸福？我们要取得个人成就？我们要自我实现？你要啥，啥就开始准备折磨你，这就是马斯洛的诡计，这个家伙坏得狠。好在我老道有好奇心，这个东西是一种奇怪的东西，它能带来快乐，却不需要预期，自然就没有得不到的苦。好奇心还能把兴趣鼓捣起来，使得苦不再是苦，这样你必须熬过的东西也就过去了。那个后来比牛顿还聪明的人，叫啥来着，爱因斯坦？他不是说‘兴趣是最好的老师’嘛，难怪他和好色的克林顿搞在一起。（老子肯定搞晕了，我懒得纠正了）

你把好奇心往认知上一贴，让它们牢牢地合二为一，就永远有了认知之快乐，不管在他马斯洛的第几层。当然，带了好奇心之王语嫣的认知力打怪升级[1]，速度暴涨，认知力一增加，顺便，你发财就容易咯！（这次我吞了吞口水，完全没吱声）

3. 对外保留好奇心，就启动了对外部事物敏感和找到机会和乐趣的可能。没事找事，往往是某些人成功的原因，他们生活中很喜欢意外之喜，严肃认真爱规划的有志青年往往反而做不到。机遇不是仅给有准备的人，它往往还会被有好奇心的多事人截胡了！好奇心还会给其拥有者额外开发很多隐藏技能，对此，他不知道自己不知道！当外面来了祸事，他因为好奇心，未必把大家以为的坏事（恶地）当作坏事，无形中给自己多了很多机会，还有机会实现我说的福祸相依。

4. 我偶尔深刻地想了下（哦，我也觉得老子您是挺偶尔的），我偏爱‘无’也是有道理的。好奇来自一种‘无’，婴儿的好奇就是来源于其‘无’还没消失完：不惧怕，不自恋，不自怜，不自负，本质是忘掉自己，所以就能放开去找心内外的各种有趣处……话说世人不懂我，‘有’和‘无’都是有用的啊！你想想老猫和小猫，‘有’的戒备让猫学会保护自己，‘无’的好奇也让猫打开新天地。顺境之中，80% 像一只老猫，20% 像一只小猫，用经验计算处世，既安稳又高效，掀不起什么

[1] 打怪升级，指游戏玩家通过游戏中的一系列对战，获得胜利以后即可获得升级的经验，经验与级别互相促进。王语嫣为电子游戏《金庸群侠传》中的女主之一。

大风大浪，偶尔会遇到新机会的启示。而在逆境之中，需要反过来，80% 的时间像小猫，开放热情，不紧张不患得患失不会想那么多，用好奇心去大胆尝试，甚至颠覆自己曾经深信不疑的观念和行为，也许会出现绝处逢生的转机。老猫和小猫的'玄同'，好比效率和创新的'玄同'，默然和好奇的'玄同'。（呃，彻底暴露了，老子是个撸猫怪）

5. 很多人把别人三四十年成功经验中的成功（世俗）当作快乐的因，而不当作快乐的果，所以他们拒绝成功者的心灵帮助，不相信他，心里想，我要是有你那么成功，我也快乐！大家不相信好人有好报也是一个道理。这就是老话说'不如意者十有八九'的原因，仅仅是自己的相由心生啊！大家之所以如此，就是因为他们被社会磨损得失去了好奇心。小猫可以什么都来试试，自然就不焦虑。试试什么呢？直接试试相信善良的命，相信认知可以加快乐，你一试，就会慢慢发现不一样。用快乐来做选择，去匹配焦虑的防风险，使得它们冲之以为和。我们的道、玄，设计得多好啊，多么真善美！认知三格，先易后难，什么最容易？当然是假设自己先做个好人最容易；稍微难点的是习惯于思辨，建立做菜谱和'十万个为什么'的习惯；第三个格最难。让快乐和焦虑帮你找到它，让好奇心再次帮你面对它。"

一口气说了这么多，老子打开葫芦，想润润嗓子，"咦，怎么咸咸的？"此时一道惊雷闪现。（我心想，莫不是抢盐大战发生了古今量子纠缠，惊讶得我呆在原地无法动弹）

老子捋了捋长长的胡须，眉间似乎流露出愠怒之色，坐下的牛儿也开始不安分起来。"he-tui……都是徐福那小子没管好后人，天天叫嚷着忍忍忍，转头却道义尽失，还要厚脸皮洗地。靠海而生的人，一点感恩之心都没有，吃锅里还拉锅里。"（我暗暗拍手叫绝，不愧是阴阳大师啊！）

"无妨，天网恢恢，疏而不失。"（台风、地震、洋流、西风带都开始发功了）

"嗯嗯！怎么劝说家人不要囤盐？吵来吵去快愁死了。"我趁机赶紧抛出了朋友心中的疑惑。

"哈哈，你小子今天值了！试图说服家人放弃抢盐的行为，很可能要花三个小时以上，双方情绪激动、争执不悦，并且99.99%以失败告终，甚至还要被说上一句——你懂什么？但是，花一箱盐的钱，不光能买到一箱盐，还能节省几个小时的时间，并且能让家人获得内心的平静与愉悦，为啥不买呢？你算算，你把时间成本、口舌成本、心情损失、情分伤害折算成金钱，孰轻孰重？还值不值得为这些琐事纠缠？”（量化大法好啊！这不就是我的效率计算器？）

“这才是真正的母慈子孝、兄友弟恭、夫妻和睦啊！就是有点浪费盐……”我说道。

“寻找合理的方法疏通家人观念的不合，让自己放下，不也是好奇心的体现？”

“师傅实在实在太厉害了！！‘实’讲完了，核心是好奇心，那虚呢？”（我是真服了，怕他忘了讲下半场，赶紧又递过去一个彩虹屁）

二、虚之下——快乐心

老子正在兴头，还是不搭理我，继续曰：“虚，此为抽象之化境，指的就是你们最不能理解的命和道的关系呀。这个关系太玄妙了，有点悟性的人也就停留在对命的理解上，却不能再往上理解道了。我们一生中的机遇和挑战，都是我们的快乐心和焦虑心共同驱动而成的。它们就是我们走过一生的最好的伙伴，就像有和无一样。不过，焦虑心基本上来自欲望的不满足之可能，加上智慧而变化，通常是因为人的有多无少之不平衡而变强；快乐心呢，绝大部分就是来自欲望的被满足之时，也同样会因为欲望被智慧的作用而变化。大家简单以为‘有’对着焦虑，‘无’对着快乐，其实都是误解呀！焦虑和快乐都与‘有’有关。由于快乐心和焦虑心就是一对阴阳，伴我们左右而不会离去。我们就要用智慧去战胜智慧，而到了智慧的最高处，就是明，就更容易稳定它们俩‘和’的关系。

1. 对抗升级马斯洛需求层次的痛苦，不等于相对更长的欲望被满足后的快乐。马斯洛欲望矩阵不一定非要是狗熊掰棒子，如果我们能够借助好奇心，把来自低阶的欲的快乐心再多保留一点，那么就有更多的机会不被对高阶欲望不可得的焦虑吞没。更重要的是，前面说过，把快乐心调整到自我认知上，认知世界之原理之乐、破关之乐、开悟之乐，就不会焦虑得失和厌倦已得，就可以在每一层的马斯洛欲望里并存，那么你就不用非要到顶端才能快乐，否则即使到了顶端也会快乐的！

2. 在无意识的命的控制范围里，焦虑和快乐都是十分重要的人生伙伴。前面说过了，焦虑是在保护你不陷入漫长的无聊之苦、白干之苦，避免跌入没有结果的徒劳之中，导致把自己磨成铁杵的针那么细小。快乐也是一样的，在帮你无意识地做决定，它使得你无形中找到你最擅长和最应该干的事情。更重要的是，如果你有美的能力，就能直觉地‘心观’到不美的，就不快乐，你就会因为追寻快乐回避风险而自然选择美的东西，而你的这种选择，往往是正确的，也往往是善良和真实的。铁杵成针、志向高远等等的错误，恰恰在于它好像是在讲善和真，但却把美丢了。真善美缺一不可，这是道在人世间的投影。

3. 进一步说，孔丘说‘君子不器’，那句还是对的，其实你们理工男确实应该多看看文史哲。理工男不缺逻辑，只缺直觉。太虚幻境，虚就是通行证，对应逻辑之于实地。为什么缺直觉和心观力？因为你们受西方科学教育体系熏陶，习惯了因果逻辑和确定性的物理世界。但是，人的有无的切换，无比复杂，偶然和必然，也因此交织得玄妙而无法计算。所以，文史哲，可以补充理工男强逻辑缺直觉的缺点，在没有看老子的《道德经》和你蹭我要出版的那本歪书的时候，有机会自赎。话说你们那个张雪峰长得很像你呀，学的也是你搞的那个环保坑，不过说实话他比你好看，口才也比你好。”

“师傅您说他，我不重要……”（汗颜中的我）

老子很享受教导我的过程，继续曰：“那个比你好看的张雪峰，说得有道理，也没道理。有道理指的是，文史哲真的不用学，读它们本身就是放松和快乐！所以没必要去学。没道理是说，文史哲需要有人专门学，你去看他们的东西就好了，比如有个‘东西德先生’（王德峰、苏德昌）。关键是，你必须学会关心甚至控制人心这个东西，否则你就一定会失败，包括变得不容易赚到钱而固穷。文史哲和美学本身的学习过程很容易让人快乐，同时，它们无形中也让你体验到人性的不确定性，以及与你在知行合一中对其他人的不确定性的共鸣，其中的乐趣和美，是和我画的‘玄’很相似的。这些都是理工男缺乏的。而且强因果也导致强功利性，这也是不美的。

4. 原理上而言，文史哲和美学对比孔子（说的）那个‘器’，就是无用之用。这个无用之用之所以对你有用，就是因为它首先触发的是你的本能的快乐，不需要智慧介入，就能潜移默化直达你的心灵。这个无用之用的最大价值，却是要拿去和人的管理相结合。因为管理人嘛，就是人的科学，就是不确定性，就是各种博弈。管理在你们现在搞的那个叫‘市场’的东西里，当然使得其个人的成长和集体都能成功。一个人只要走进职场，管理就必须被理解甚至被操作了，那么文史哲的美的底子就可以发挥作用了，知行合一也就开始了。这就是保持快乐心中的文史哲和美的借力之处：既可以解脱一些焦虑，也可以帮你大幅提高认知水平，顺便还提高你成功的概率。因为文史哲和美，都在帮助思辨，帮助提高好奇心和勇气，帮助提高直觉，尤其美就是一种心观的无逻辑之感受。

你放手了，让快乐帮你选择，文史哲和美的快乐会帮你冥冥中做好更对的决策；焦虑自然会帮你脱离不美和苦熬但白干的风险；你确立了以修认知为基础出发点，认知的快乐帮你在各层级的停留中都找到一些解脱；你保持着好奇心，它帮你在低层级留住快乐、在玩物不丧志中开发隐性技能、在危险中找机会、在逆境中谋翻盘、在思虑中能及时行动；你去关心和实践管理，你就学会了‘Yu’人，于是你很难固穷，马斯洛都被你买通了。上述之间的各种‘玄’内外部之间还在嵌套循环，在‘和’，就是我在本书第二篇专门解析过的‘冲气以为和’的‘和’。需要偶尔用这个‘和’破个大关，这都在帮你成功。你不需要成功的快乐，因为你已经是快乐的成功。所以，成功来之前，你就是快乐和焦虑的‘和’的状态，它们的合理交织，就是你与焦虑同行，穿越成长黑雾的不二法门。”

我突然发现牛不见了，我面对的老子长得越来越像张雪峰，后来变得更丑了，哦，原来是我自己在对自己说话……

我一抬头，又看见老子，骑着飞牛，那个牛从下面看起来很大，因为老子飞走得很仓促，只听到他说的最后一句，“以其终不自为大，故能成其大”。

老子『三宝』里的爱经

《道德经》第六十七章

原文

天下皆谓我："'道'大，似不肖。"夫唯大，故似不肖。若肖，久矣其细也夫。[1]
我有三宝，持而保之。一曰慈，二曰俭，三曰不敢为天下先。
慈故能勇；俭故能广；不敢为天下先，故能成器长。
今舍慈且勇；舍俭且广；舍后且先；死矣！
夫慈，以战则胜，以守则固。天将救之，以慈卫之。

译文

天下人都说，"道"太广大了，大到不像任何具体的东西。也正因为它的大，所以才不像任何具体的东西。如果它像一种具体的事物的话，那么它就趋于细小而不是道了。我有三种宝贝，是应当永远持有珍重的：第一是慈爱，第二是俭朴，第三是不敢居于天下人的前面。有了慈爱，所以能勇武；有了自我约束，所以能宽广；不敢居于天下人之先，所以能成为万物的首长。现在丢弃了慈爱而追求勇武；丢弃了俭啬而追求宽广；舍弃退让而追求争先，结果就是走向死亡。慈爱，用来征战就能够胜利，用来守卫就会坚固。天将救助谁，就会用慈爱来保护它。

七夕节偶遇"三宝"

前三句译文相对清晰，关于"大"，我在对《道德经》第二十五章的解读里有详细的解释。像几天前那样拿着第一章"道可道"去折磨大家我也过意不去，因为今天要过七夕，简单翻译，就是"大"的意思。"道"太大，所以无法描述，这个就是"道可道，非常道"。

"我有三宝，持而保之。一曰慈，二曰俭，三曰不敢为天下先。"这句让我有点意外，感觉"修道"是精细而复杂的事，老子却写得如此具体，可见这里应该是题眼。后面老子果然又对这三件事做了补充，说明它们重要而且不易行："慈故能勇"，指的是"有道者"有了深刻的"慈"，必然不会胆怯，就能做到勇，这个也是大爱

[1] 据陈鼓应教授《老子今注今译》（中华书局2020年版）观点，《道德经》第六十七章主要讲"慈"，"天下皆谓我道大，似不肖。夫唯大，故似不肖。若肖，久矣其细也夫"与整体不搭，疑为他章错入。

下的勇气。而没有“慈”的勇，大概率就是个暴徒；“俭故能广”，指能做到低调俭朴自然就会心怀天下，而没有俭朴谦卑却又心怀天下，大概率就是刻薄的暴君。

我磕《道德经》到四十天后，特别是两日内几乎没睡完成了对《道德经》第一章的解读后，感觉奇经八脉突然通了一般，思如泉涌，由之前的每日磕经累得主动睡三四个小时，变成了被它嗑得经常彻夜难眠。前一晚抄了一晚上的“一生二、二生三”，第二天早上突然就懂了为何王阳明的“止于至善”的“善”不是为了“善”，而是中庸。发了第一章的艰深解读后，很多高手指点我学下《周易》或找帛书以全面深入理解原文。但我解《道德经》是为了“管理学”和商道，不为治学，我之行（商）基于我的“战略三要素”，使得我成书、控己、知行合一，自然不会过度深入原意，也就自然符合了我的“拿来主义”的习惯，一切好像刚刚好，就是中庸，就是和光同尘，就是止于至善至美。此处恰也因为目的在于“致良知”，考虑到我的读者的极限，合理的“奉”，此中尽含“真、善、美”。

“慈”里的爱

“慈”，当然不是我们以为的慈悲和一些人翻译的慈爱，其实是“不仁”。如果想用心感受体会这个字，就可以想象母亲如何尽心为孩子：不希望孩子不好、只希望孩子过得更好，不为自己占有孩子，只是心甘情愿地付出一切；可以想象情人真爱里的怜惜：眼里哪里有她的错，即便错了也是娇恬的爱人，深爱里满眼满心都是欢喜，就是想她过得好。而如果是“仁”之爱，则依然是两人（人二），还是有自己的“有”在里面，自然就会想：孩子心里怎么都是别人，都是他（她）的爱人，而我这个老母不是最重要的，于是矛盾就起来了。爱人之间则是：她怎么如此不讲道理，我这么辛苦却不体谅我……于是各种计较，各种嫌弃，各种悔恨，锅碗瓢盆间磕碎了当年通过荷尔蒙匆匆粘连的爱情，更可惜的是有少数跨越认知的心灵沟通的真爱也被这样迷失了。这样忘我的不仁之爱，为了被爱而奋不顾身，自然是完全可以想象的，这就是“慈故能勇”。

可见，爱中有“仁”，就会造成居高临下的拥有感、控制欲，由此夫妻间不得有真爱，母子间有了种种矛盾。“圣人不仁，以百姓为刍狗”，老子之慈，不像《论语》要求百姓无私，就像我们对孩子，对真爱无个人所求。对管理者而言，如果真心向下负责，将属下视同己出，怎么可能不达到“三 Yu”的境界？怎么可能还需要制度来强制？自己做不到，就说员工素质低，这恰恰不就如同上述所言的夫妻间的龌龊、母子间的悲凉？

“俭”中的管理“四前”

“俭”，左侧为人，右侧为收缩聚拢之象形。意思是约束自己，当然包括物质上够用就好，不是我们现在理解的刻意俭朴。每每看到这些古今文字的用意区别，就能明白儒家对我们的文化影响有多大，这个和政教合一的威力有关。约束自己，则能广；心怀天下，自然不被拘于小节，不会被眼前的小的事情占据心灵，所以就能看得更远更深，这样上下的文意就通顺了。

小篆　　　　楷书

在公司管理中，我常常给团队强调“四前意识”：“事在财前，人在事前；今在昨前，明在今前”。意思是，对于团队，不要简单看财务指标，而是从业务的本源上去思考问题；同时，以小见大，如果发现是人的问题，则是第一要解决的要务。对于过去出现的错误，做了菜谱防范即可，不要再纠结于沉没成本，及时调整到最佳的策略，并着眼于未来的最优解。对于公司战略是如此，对于个人成长中的选择也是如此。这些都是冥冥中来自“俭故能广”的指导。

赫拉利在《人类简史》中曾说：“人类手里和生活中，现在所用的一切物品都叫奢侈品。”回顾来看，就是人类从来不考虑约束自己，所有的东西都是超越了自己生存的需要，我们相信科技发展一定能解决科技发展带来的问题，所以我们不会约束自己的欲望，气候变暖是一个层级的“道”的应答，后面我想还会有我们不知道自己不知道的安排。

过去、现在和未来

“今在昨前，明在今前”是最深奥难解的一对词，这里面藏着人生智慧与清明这一对阴阳在“玄同”中揭示的一切奥秘。我们作为人而区别于动物，是因为可以用智力去分析过去和存储记忆。一个人越用智力去分析记忆，记得事物的时间越长，他就越聪明。而这也是我们作为人的欲望不能被控制和痛苦相伴的原因。在俗世中，聪明的好处当然也显而易见，简单的例子就是靠记忆力而对互联网的舆情反转很熟悉的，看着现在的谣言就会不为所动；多看历史且有分析能力的，就不会被现在的各种自媒体新闻所煽动以致过于恐慌，他更会看到历史中的各种福祸相依和利害勾连。

在爱情中，记忆过强未必就是好事，夫妻的积怨往往就是它带来的。可见老子其实是个爱情高手。他总在说，智慧不是好东西，《道德经》第三十三章里说，“知人者智，自知者明”，已经挑明了，智慧在下，明在上。要想理解未来，需要用明，要想成功获得真爱，也需要用明。而人往往做不到“明”，是因为“有”，所以老子也一直强调“无”。回到爱情的主题，生活琐事多年，夫妻俩早已忘记了热恋时的“无”，更甭提当年他们许下的誓言。绝大部分人无法得到真爱的原因就是对过去会用智慧处理和强化记忆，使得记忆得更深更久，还要加上嫉、悔、恨和各种分析——“如果”“为何”等一堆问题缠绕不休，过去的事一层层积累，就成为婚姻中越来越重的负担。可见就像我在前面所述，智慧使我们区别于动物，也是使我们跌入失乐园的一个原因。所以动物没有离婚，而基督教婚礼，谁也不会冲上去给夫妇俩一只苹果。

心的海龟陷入智慧的渔网

我们会去好心地、徒劳地劝那些迷失的夫妻，“忘记他（她）过去的错误吧！看看未来！”但是被智慧左右太深的记忆，总是在伤害他们的复合。更严重的是，如果他们一方，尤其是亚当，不能不顾对方如何，先放下苹果，去坚持做前面说的无条件的“慈”，所以人世间的复合是吉光片羽。为什么放不下？当你和他说，如果放下，未来的你就会回到真正的爱。那样的爱的幸福，可以打败孔子说的“朝闻道，夕死可矣”！他充满了期待，但是，他却往往坚持不了。因为他一定会开始计算，“我还要忍她多久，她才来考虑我的感受？！”……于是，对于未来的未知，加上我们智慧的计算，以及心中强烈的“有”，乃至还有前面的记忆，这些都使得没有人能坚持几天。他们以为真的能等待到另一半的感应，等到能真正恢复到两人初见时的灵肉缠绵，那曾经体验到的心灵相通合为一体又无你无我无色无相。而现在，这些都不复存在，因为我们的心灵，被智慧的渔网缠住，无法再自由地互相接触。

究其本质，这是因为我们困在自己智慧所能理解和依靠的因果的网里，做了就要有结果，可以量计，不可不计。而未来，面对人性和无常，却恰恰不能用智慧的计算机来计算。“见小曰明”而非智，所以感情中仅靠智慧会忽视小事而变成大怨，智慧不能完美地计算未来，智慧使我们常常不能勘破过去的痛苦，带来更加严重的问题。

千言万语，佛还是觉得无法向民众解释“好人有好报，爱人要用慈”，所以提出“信解证行”[1]。可是，我们对完全需要同样的“信解证行”才能坚持的爱情，却不能如此，因为爱情，我们会用“缘”为自己开释。偏偏，这也真的是其真相之一。

放下过去不易，相信未来更难

双飞的天鹅常有，完美的爱情难得。智慧带来的爱情困局，让我们只能羡慕天鹅。智慧也使得我们这些严重依赖智慧的生物，在工作生活中面临各种迷失。回到“今儿在昨儿前，明儿在今儿前”这句，我们生活在当下，所以说服一个人对过去放下，还算是一个相对简单的任务。但是我们却做不到为了未来，按照一些佛教或者“爱情圣经”讲的明显的道理，勇于和持续改变现在的行为。所以那些道理，从明显的道理，也变成了明显不用当真的道理。我们去了寺庙，就去贪婪地许愿，却从不看联匾和佛经的开示，我们看了N多的爱情指导书籍，却做得南辕北辙。这些，还是因为老子说的心中的“有”太多太多。

智慧使得我们每一刻都越来越学会了趋利避害，就像家里越来越贪婪、冷漠和

[1] 信解行证，为佛教用语，指修学佛法之进程：先信仰其法，次了解其法，再依其法而修行，最后必能证悟道果。

懒惰的老猫。时间是永不停息的河流，我们永远生活在未来的当下，理解这句话，对于我们这种生活在三维空间的人，就有了极大的难度。生活在未来的当下，是我说的“明天比今天更重要”的原因，道理很容易理解，“人无远虑、必有近忧”，一切打算都要着眼于未来。这样的说法，看上去有点像励志的鸡汤，但鸡汤不是我和老子的本意。做一个像孔子教育的那样努力规划前途、相信有努力就有回报而兢兢业业的文质彬彬的读书人，为了明天的快乐而放弃今天的快乐，相信因果，就会因为生活中无常的教育，而变得越来越功利和刻薄，最后也得不到真正的快乐。人都活在当下，如果为未来的快乐放弃现在的快乐，有很大的概率会一直不快乐。为了活在未来的当下而做选择之时，恰恰需要抛掉智慧，用心感受未来，而不是用智慧去计算未来。一个人能用心感受到未来，就会与未来的快乐建立联系（就像爱人之间的感应和量子纠缠），并且使得现在的选择和经历，因符合未来的快乐而快乐，由此就得到了一直的快乐，这样也顺便“干掉”了马斯洛。

千纸鹤不只是爱情的折纸

以上的说法越来越佛系，习惯了逻辑思维的人就开始变得很难理解。还是要回到爱情来举例，因为人们都是在那里，才有偶尔的机会体会到“心观”。我再次申明，我怀疑老子是爱情高手，否则他如何对“明”如此笃定，像《道德经》第十六章里说的“复命曰常，知常曰明”。因为爱情有机会使人盲目。所谓盲目就是忘记自己，就是荷尔蒙之强烈麻痹了我们的大脑，让我们偶尔做到了老子说的“无”——“不自见，故明”。在爱情的火焰里不再去分辨爱人的对错，才有闪忽的机会去用心懂她（只是机会，不是必然）。

理解不了“明”，就是因为理解“心”太难。这个，可以用三维动物不能理解四维空间来感受。既然现在我不能去给大家每个人注射一大管荷尔蒙，我还是得回到逻辑语言里去艰难地讲述“明”：我们理解不了科学家讲的虫洞，因为它来自四维空间。所以我们用“折纸”，以三维之于二维，来理解四维之于三维。那么，如果我们把我们的现在折叠给过去，我们觉得过去的自己应该要去听从我们的教诲，这是因为我们手里有着记忆给我们做好的折纸。可是，我们没有未来的这张纸，我们的智慧就不能给我们明示未来（包括爱情的道理中很明显的“先予后得”），所以我们总也得不到或者无法恢复真爱。如果你问我要如何恢复真爱，恐怕就是一个字，你自己先做“慈”。如果还是不行，那就继续做。如果这个我解释不清楚，那就去看《济公》，看周星驰的电影。周星驰的电影，可以从大笑看到含泪，从含泪看到微笑。如果你看到了微笑，你也就能明白老子的《道德经》，你也就真的有可能获得真爱。

老子呢，本人绝对是个花心大萝卜般的情圣，随便挑上几句，全是爱情的宝典，如《道德经》第八章里，“夫唯不争，故无尤”；第三十七章里，“无名之朴，夫亦将不欲。不欲以静，天下将自定”；第七十三章里，“天之道，不争而善胜，不言而善应，不召而自来”；第四十三章里，“天下之至柔，驰骋天下之至坚”；第六十章里，“夫两不相伤，故德交归焉”。

在七夕之日[1]，这部分就聊到这里，能够从爱情、从格物格出“心观”之明的，也一定是个好人。这样的人，能够叠今古，能够叠未来，用今天的快乐一直成功到了未来，事业爱情双丰收。这样的人，不就是老子嘛！

《道德经》与爱经相通，管理学与爱情相通

老子《道德经》第七章，就是他的爱情宣言！

“天地所以能长且久者，以其不自生，故能长生”，意思大约是，天地是长久的。为什么能长久呢？因为天地是“不自生”的。“不自生”也就是不为自己而生存，即做到“无”，就是爱情中的慈。“有”和“无”的“玄”，充满了人与人相处的玄妙。爱情也是其中一个最具戏剧化的表现，因为它还纠缠着人类最原始的繁衍之欲，和最无上的美学之欲。

要天长地久，就不能让太多的“智慧”变得膨胀，变得纠缠过往，计较现在，盘算未来，而失去了心的付出。有傻福的人，都是有大智慧的人。能明白老子的《道德经》，就真的有可能获得真爱。“故能成其生”，有说“故能成其真”，更加贴切。

〔1〕本文为笔者2023年8月22日七夕之日激情迸发、临时创作而成，发布于当天的E20水网固废网微信公众号。为展现创作过程，文中时间仍保留为当时的创作时间。

之前我没有在感情中对《道德经》第七章进行解读，可见《道德经》的博大精深。本质上，还是因为这几门学问都是人的学问。内在往往相通，都是要做到真善美才是对的。

回到管理的话题。前面讨论的本质，是教我们该如何面对不可控的未来。未来是无常的，其不确定性，和管理中要深入考虑的各种人性变幻的有无之“玄”，和亲情、爱情都是类似的，后者反而更加明显。不同于自然科学，《道德经》更适合人文科学从不同角度去解读，医学、政治、战争、伦理，包括个人成长和管理。只要有人的地方，就有人性和偶然。《论语》给出了太多的必然，主要适合入世的年轻人和基层员工，因此叫作粮店；《道德经》已经开始将偶然与必然当成“玄同”，则适合四十以上积累了病痛而来修行的人，他们往往也都是高管和社会上层，其中原理是这是个中药店，讲究的也是个有火候（止于至善）的“熬”字，才能发挥药效；佛经是百货店，东西太多，自在那里，被动等着，不给解释，不信就不能开始。有能力心悟，你就得有心观力，就会得到最多。不同的人，不同的心，百货店琳琅满目，自取即可，年轻时候你就功利地去，求了捐了也算善业，得不到也是正常，年老的时候你就无欲地去，得了心安，也是福报。

《道德经》的熬，火候的关键就在于“玄同”。人性社会中充斥的贵与贱、高与低、美与丑、好与坏等，都不可分割，都在“一”中包含，都属于平等概念的两面，此即为“玄同”。由此，“一生二，二生三，三生万物”“一元伊始，玄生万物，九九归一”（出自西汉扬雄《太玄经》）。其背后的哲学道理，可谓“反者道之动”，颠鸾倒凤，万变不离其宗。所谓修认知，核心是修人心，就是我前面强调的人在事前。“只在庙门不进庙，手拿经书不翻书。”在管理中培养“三格之认知”和逐渐找到“心观力”，才是一门无上的绝学，其中部分对“道”的体悟，还真可以频频从爱情中借鉴。

“有、无”的“玄同”即为管理

“不敢为天下先”，因为对这句更有体会，而老子也在三个要事里给了这个最重要的地位——“成器长”。老子此处讲的是治国之道。“为天下先”者，则往往以成就个人伟业而致生灵涂炭，历史上屡见不鲜。“治大国，若烹小鲜”，在做改革和大动作时，治国者应该是战战兢兢、如履薄冰、反复求证，而不是牺百姓之牲为赌，以博个人之成就。我自己所亲身经历的PPP改革的十年生死，也是一个典型的例子。老子将“舍慈且勇；舍俭且广；舍后且先”的罪过，定义为会走向死亡。结尾，又回到“慈”，把它抬到了很高的地位，可见大慈悲，是《道德经》与佛经的共同之处。

如爱情中付出者的“无欲”，老子仅要求“有道者”尽力“无私”，但不以此要求百姓，管理者和被管理者的关系也类似。从企业管理角度看，在做重大变革时，企业家还是要心存敬畏、反复斟酌，尤其要考虑是否尊崇了人性、关爱了员工（慈）。有些变革的新规则繁琐而违背天性，打破了组织内部的信任和公私的平衡，不能实现员工和企业的共赢，最终靠这些强制手段并不能达成预期效果，也失去了员工潜能发挥的基础。有些新规则也有可能过度利用了部分员工的“私”，带来了组织内部不同工种之间的失衡，最终不利于企业整体目标的达成。在这个时候，企业家要以“不仁”的心态，尊重认可并小心地对待员工的“私”，不带“严以待人”的好恶，才能客观预判一项改革的实际效果。凡是想不通这些管理咨询公司的大招为啥不灵，明明充满了智慧，为何总不能成就伟大的公司？你就想想你最想要的灵魂之爱，可不可以用你的大脑去获得，一切就有了答案。

所以，卓越的公司采用的管理方式，必然是用上位的“无私”垂范和精密的驱动技术，来融合被管理者的“私”并转化为部分自驱者的“无私”。这些学会了延时满足的自驱者，成了企业运转新动力的发动机，并且也获得了自己与企业的共同成长，逐步形成了“人之所教，亦我而教人”（见《道德经》第四十二章）的内部氛围，形成了管理梯队，改善了企业内部的文化，这就是“三Yu”。

不疯魔不成佛

《道德经》第三十五章

薛涛解析管理之道与认知之得

ANALYSIS OF "TAO" IN MANAGEMENT AND "TE" IN COGNITION

原文

执大象，天下往。往而不害，安平太。

乐与饵，过客止。道之出口，淡乎其无味，视之不足见，听之不足闻，用之不足既。

译文

掌握“大道”的人，天下就会向他归顺；归顺、投靠他而不互相妨害，于是大家都和平安泰。动听的音乐和美味的食物，能使过路的行人停下脚步。可是对“道”的表述却平淡无味。你想看看它却始终看不见，你想听听它却始终听不到，但是它的作用却无穷无尽，没有限制。

小心翼翼地去牵一头大象，生怕绳子断了，因对它的不理解和它的大而觉得不可控，这就是我们对“道”的感觉。大象会一直很安详，如果我们“无为”地不去激怒它的话。我们不懂道，因为我们不会大象的语言。如果能牵动这头大象，就能渐渐体会到“无为而为”的威力。它和我们普通人很像，不是我们看到的少数杰出的英雄人物的样子——顽强、拼搏、克己奉公和志向高远。这些，像我这么懒的人，基本上不可能做到。所以，想描述道，就会和我描述我自己的人生一样，“淡乎其无味”：没有宏大理想，没有铁杵磨针，不高喊无私奉献，不坚持克服困难而总是想还有啥变通办法，不严谨细致，大部分时候懒散贪玩倒也偶尔疯魔一次。“道可道，非常道”，不是道不大，而是真的太难用语言描述它。你看，我忙了俩月，从《道德经》里念出来的最好懂的结论，也就是要做个好人，那么迂腐、浅显，还没多少人听。

道是如此“视之不足见，听之不足闻，用之不可既”，导致我在鲁莽地决定写书后却发现不知道如何呈现它。最终，我从上善若水的随波逐流中找到了它。无序、随性而发，这本书的写作过程好像就是我对待自己的样子，那么懒散，又时而爆发下激情。同时，“乐与饵，过客止”，在我的混乱中，一定有不少是偶合了道的，所以就不缺乏艺术般的快乐。而乐之美，不但是快乐，也是确认选择正确的实验。

由于道的不可言，对是否“不为（违）道”，其以因果的美的后验证的方式，就像我们对量子力学的研究方式一样。而饵，就是不为道的附属赠品，我认为在市场经济中，无为而为的聪明的好人，是不会穷的。

感谢偶然顿悟的第七十七章，作为头炮，让我上了“道”，但这里面也有其内在的命道。因为“奉”，确实是我无“道”时候就爱干的“好为人师”。开篇我大胆地为“认知”下了定义，却发现它的三格，和我的土法炼钢的管理经验总结，在解“道”的九九八十一难中，和老子的思想越来越贴合。玉泉山下，五十多天的日日夜夜里[1]，我像一直小心翼翼地拉着“玄”的丝线，那头“道”的大象慢慢地走近，用它温柔的长鼻托举我到了战战兢兢的高度，鼓励我大胆地去认可自己的认知。

认知的目的是什么？我同意蒋勋的“为了对人世间有更高的关心”。这本书，从对《道德经》的解读到我对管理方法的总结，从鸡汤到为了自证拿出来的个人回忆录，就是想和读者一起去理解本章的“执大象，天下往”的必然。为此，我愿意摊开我一生的糗事，将年轻的我和现在的我进行对照，以其巨大差异来说服自己和大家。我希望在这样的反差中，让大家理解到“道”究竟是怎样的一个作用过程，它穿过我的性格，确定了我的命。性格，应该是里面你唯一可以略加影响的部分。

我的一生充满了偶然，绝对不如我评论过的王凯军老师的一生，他是模糊的正确，我则更像是模糊的模糊。回顾我的职场人生，虽然其中有无数的曲折、懊悔、煎熬、逃避、卑微、软弱……现在来看，竟然在不惑之后的几年内做到了对自己的悦纳，在天命之年前就渐渐平视了四面八方、内外虚实，而由此感到了一种与所有达成和解的幸福。我一直说人就是活在未来的当下，隐隐就是觉得，我们再苦再累，只要有一天达成这种和解，就是成功的人生。

我又是非常的幸运，因为我在我该遇见老子的时候就深入地遇见了他。在连续的不眠之夜后，我穿越到老子面前，他说，“我做到了快乐的成功”。注意，这句话的意思，不是我做到了成功，而是我做到了快乐。不是你们理解的我很快乐地得

[1] 本书为笔者2023年7月1日临时起念并开始写作的，对《道德经》共八十一章解读的初稿完成于8月中旬，约计四十多天。期间作者激情澎湃、废寝忘食，或有通宵达旦，中间更有身体受伤而不觉。至9月下旬方最终完稿。

到了世俗的成功，而是我做到了当我处于当下的时点去回顾，我“以为”我这一生是快乐的，虽然也是很不容易地克服了困难，做到了我想要的快乐。

越来越接受唯心主义思想的我，开始理解到萨特为什么说“世界因我而存在”，真的不是粗俗的自私，而是顶级之“有”。我的“以为”，我对我的一生的判断，是唯一对我重要的东西。《大智度论》有言，“以生死为此岸，涅槃为彼岸”。如何理解此岸与彼岸？自我诞生而拥有意识伊始，世界二分，一分还是原来的物质世界，为阳；一分则是我心中的世界，为阴。前者是实的，后者是虚的。所以，我在实的世界的成就与我的“以为”无关，是虚的，我在虚的世界对自己的评价才是实的。当然，本质上而言，它们无法简单二分，物质世界和我心中的世界是一对阴阳玄同，其虚实也是阴阳玄同。

至今而言，我目前对我的一生是满意的，我“随 Yu 而安”的性格，也许是其中一个重要的原因。我初始性格柔软，不由符合了道，做了个好人，是一个出发点，就像我一直消瘦，却有着虽然面积不大，却无论如何不会消瘦的肥厚手掌。《易传》里有言，“地势坤，君子以厚德载物”。虽然我清华大学的就职聘书是当时陈吉宁校长亲笔签字的，但我未曾有幸穿过紫袍。当年偶尔经过大门，琢磨下它的校训，我却莫名想起我的厚厚手掌。现在明白，厚德确实是能发展更好的基础，虽然只是必要条件之一。

我的“随 Yu 而安”里，到底有什么？是什么让它能带我穿越青春的黑障？我坚持想在我的模糊的偶然中找到些必然。我打开来一看，有好奇，有我一直强调的快乐，有我莫名有的认知的灵活性，有“佛魔一念”的后怕和竟然还有不成魔则不能成佛的小确幸。

好奇，它不是八婆的自私。因为八婆的发心，就是“佛魔一念”的魔。对无论是无用之事，还是有用之事，都要去认真对待。“为无为，事无事，味无味，大小多少。”“无用”和“有用”由此发生“玄同”。职业发展前期为排遣苦恼，我选择的玩物却大多成为后期 E20 执业的需要，冥冥中“顺便”开发了我的隐性技能，成就了我当下独特的异质性优势。要达成这种偶然，无用和有用的玄同里还需要有持续提升认知的习惯，格物致知，止于至善，玩物可以不丧志，正物可以不刻薄。这样看，好奇是认知三格的第二格思辨的催化剂，也是第三格破格的助燃剂，而我的懒于规划和惰于坚持，恰是一种“虚而不屈”，给了我的隐性技能的开发留下了余地。所以，当我读到“持而盈之，不如其已”，几乎就地叩首。

快乐，它不是自顾享乐的鲁莽，因为那种鲁莽里面全部都是“有”，而我回顾我的快乐，却依靠我天生的懦弱善良，避免我成为这种鲁莽的人，愿意逐渐去学会换位思考从而积下厚德。所以我说，老子高明。性格没有好坏，也是“反者道之动”之玄同，随时随势互相转换。我年少时候的内向、懦弱和自卑，这些阴性的性格往往都导致不快乐：不会说不，没有主见，容易受欺负，配合和我曾经的太多的“有”，让我在人群中无所适从，以至于屡屡有萨特说的“他人即地狱”的感觉。好在，好奇使得我走了出来，玩物使得我走了出来，追逐快乐的野心使得我走了出来。最重要的，初入社会时的贪图高收入，无意中选了与人有关的职业，随后努力加运气成为管理者，是我能够从自己焦虑的青春里走出来的主要原因。管理就是面对混沌的不确定性的捏合协调，最适合用来修炼直面人性的有无玄同。感谢我的数学不好，卡死在傅里叶和贝叶斯身上，却使得我成了“君子不器”。

修认知，不必一定从一开始就要在发心上过于纯净并坚持克己，虽然这一点使得我成不了王阳明。他太爱读书，我读书太少。但现在回看，就我初期的格物能力，一努力，大概率使得自己成了孔乙己，还不如先做鲁智深。如果我是一个“三体人”被先派往地球，我会冒险向我的同类们发出紧急的呼叫：“不要读书、不要读书、不要读书！”如果你还没学会思辨地读书，不会问十万个为什么，和绕过书的背后去看作者的人生，很大概率你会被打扮得花枝招展的历史和浓妆的王婆所迷惑。

也许就是以上的林林总总，会让我的书更适合和我一样的普通人。我不努力读书，是因为我真的只追求读书的快乐，这使得我读的书，或者能匹配上我即时的手头需要，或者能让我逃避烦恼。前者使得它有用而用，后者使得它无用而用，正如老子所言，“有之以为利，无之以为用”。前者如工具箱类型的书，宁可晚读而不早食，就我的水平，早读一定食古不化，晚读也许大器晚成。后者如美工箱模样的书，带来了解忧的功效，也开发了我的隐性技能和美学安全垫。同期类似的，因为大学里的空虚，我才去参加学生会，无意中发现了自己社会活动的隐性技能。可见，不爱读书，则不能强烈地去立志去规划自己，“随 Yu 而安”，却使得我的多样性可以如此丰富。这个性格，让“道”投出了我独有的命。但是，这些都说得太过偶然，我内在的因，是被焦虑驱动的不甘于堕落，和被快乐引导的懒于奋进的阴阳玄同。

“佛魔一念”，差之毫厘、谬以千里，我回头看，无论是发心，还是我的实际行为，都好像常常在悬崖边跳舞。此时我就能体会到所有母亲眼里，孩子的成年过程都是劫后余生，这是因为她们的关注，如《道德经》第十三章说的“贵大患若身”。人类的脆弱就是如此，而碳基生命的不确定性的脆弱之美也恰恰在此。阴性的不确定性，看似都是缺点，硅基生命应该比我们强大有效得多，就是其确定性的因果禀赋。然而，后者是冰冷和可憎的，就像你面对一个始终正确的理智的人，你可能会因其隐含的残暴而战栗，就像年轻时候的希特勒站在你的面前。我们的一生，就是因为未来的未知而具有了意义，因为在无知、无助和盲目中的向上的摸索而美丽，而这种美，加上真和善，就是“道”想要的样子。

这样的摸索，往往也是平淡且熬人的，如果撞到了机会，懒散的我时而也会好奇心爆发地疯魔。不疯魔不成佛，有多重含义。反着理解，以自己为佛的野心去修道，就必然最终成了魔，“是以圣人处无为之事，行不言之教，万物作焉而不辞，生而不有，为而不恃，功成而弗居。”

不疯魔不成佛，就是“力”出一孔，人不可平均使力，资源不可均匀分配。持续地磨杵，最大的问题，就是长期平均投入，使得效率太低，浪费了有限的资源（耐心、激情、好奇、快乐），最终不能达到目的。当然，它也以其不美，不能引起我的兴趣。但是，如果找到了快乐，我玩起来和工作起来都可以十分疯魔，就像玩相机和解经，我都曾经达到一种自己回顾而诧然，其何以如此纯粹聚焦而极致的程度。这就是“二八现象”（即二八定律）〔1〕，也是太极图开示的规律。

---

〔1〕此处的二八现象，也即二八定律，又叫帕累托法则、巴莱特定律等，是 19 世纪末 20 世纪初意大利经济学家巴莱多发现的。具体指的是，在任何一组东西中，最重要的只占其中一小部分，约 20%，其余 80% 尽管是多数，却是次要的。

模糊的模糊，最终也反映到了《道德经》与我的相遇过程：十年前来到E20环境平台，对于满屋的“上善若水”，我并没有印象。几年后才受傅老师影响零零散散开读《道德经》（他早读完的《心经》我现在依然读不进去），这才发现还是读书好啊，经验转化效率高了很多。

上善若水的核心就是“弱者道之用”，完全符合我的“目的、资源有限性、效率为王”的要求。我曾经讲的“效率为王”，很多人不能理解，因为德鲁克说“效果大于效率”。这里的效率为王，指的是要像水的顺势而为一样由重力来帮助你选择阶段性目标和实施路径，就像要顺人性之“有”的力来预判和引导市场和组织管理的需求，是战略规划之魂，也是商业交易之本质。效率由此帮你确定行动目标，以追求组织在社会中的整体效率最优为考量，考虑内外限制条件下的取舍选择。而德鲁克说的效果大于效率，指的是在已确定具体实施目标的前提下，要关注系统内效率对最终对外实施效果的确认，他考虑的层面，比我要低。

效率体现了水的真诚，因为虚伪是非常低效的。上善若水也是真善美，是无孔不入的水，是好奇心的水，是韧性之水，是创新之水，是以眇见大之水，是快乐流畅之水，是偶然飞流高百尺的疯魔之水，是“随Yu而安”的顺势之水，是敢居于低地的成就他人之水。

当局者迷，如果把我的“有”放下，全面放空而换位思考，我希望在别人眼里我过了一个什么样的人生？突然就变得好简单：有趣的人生，是我唯一的追求。我想我这么模糊的模糊，搞得啥都会一点，好奇心又大，应该对于很多人，我是有趣的；我这么没有规划，不严谨认真，没有远大理想，不拘礼节，很多人和我相处也是轻松的；我多少懂点艺术，对于美有些苛求的爱美人士，我也好歹不是粗鄙的；后期的我凭借E20的盔甲，在行业评论上可以如此快意恩仇，很多人也觉得是有趣的。有趣，带给了别人快乐，也带来了我的福报，我也因此而快乐。对方感到有趣和自己感到快乐，都好像是最难规划的，因为它们都是阴性的水，你去围猎它，它就碎了。但是幽默不是滑稽，有趣不是爱豆，慈悲的和光同尘、烧脑的智慧清明是保护你的有趣不成为小丑的哼哈二将。

正常人都想过好一生，路途和终点到底哪个更重要，很少人讲得明白。既然道是不变的，我们以为可以通过改变性格就可以改命。然而对性格的改造是个极其漫长的过程，所谓江山易改，本性难移，极易进退，所以，这个过程也应该是上善若水，因缘和合。变与不变，也是一对阴阳玄同，变为阳，不变为阴，对立包容、互相转化，是我们一生追求的“和”。我曾在年轻时候因为改变不了我的性格而绝望，而现在回首好像我已经改变了很多；我以为我已经改变了很多，夜深人静之时却发现曾经懦弱自私、内向无助的我依然就站在床头好像从未离去。

我坦白，借着《道德经》，写出我那一点点管理学的经验（连思想都谈不上），是我隐藏的小目标；结果我反而被《道德经》网住，疯魔了三个月。现在，我竟胆敢把自己尽量打开，像一只被钉在手术台上的扒皮青蛙，任由条件发射来试图证明一些必然的因果。人因为不确定性而忐忑，因为焦虑而焦虑，其实，这只可怜的青蛙就是在这里告诉大家，唯一确定的，是我们都要一起走过迷雾般的年轻，是我们都要面对更加迷雾般的未来。

表意文字之凄美

《道德经》第三十二章

《道德经》第五十三章

《道德经》第五十七章

薛涛解析管理之道与认知之得

ANALYSIS OF "TAO" IN MANAGEMENT AND "TE" IN COGNITION

原文

道常无名、朴。虽小，天下莫能臣。侯王若能守之，万物将自宾。

天地相合，以降甘露，民莫之令而自均。

始制有名，名亦既有，夫亦将知止，知止可以不殆。

譬道之在天下，犹川谷之于江海。

译文

“道”永远都是无名而质朴的状态。虽然小，天下却没有谁能使它臣服。诸侯君王若能遵守道的原则来治理天下，万物将会自然归从于他。天地间阴阳之气相合，就会降下润泽万物的甘露，人们无须指使命令它，它就能自然分布均匀。万物兴作，于是产生了各种名称。各种名称已经制定了，就要有所制约。明白了各自的制约，守好本位，就没有什么危险了。道存在于天下，就像江海，一切河川溪水都归流于它。

历经四十多天苦禅枯涩地翻译了《道德经》全书八十章后，我最终攻克了第一章[1]，之后再回头看却几乎颠覆了大部分之前的翻译和解读。但将原来的译文保留下来，在解读中给了针对性的解释，以让读者可以了解我的读书过程，因为在我看来，怎么读书比读到什么更重要。

本章与第一章紧密相关，而另一半则接在管理端。“自宾”，类似我们现在说的“客气”，自以为是宾客，而不把自己当作世界的主人，自然就会谦逊守道。中国长久以来天人合一的世界观，与西方二分模式的差别很大。“天地相合，以降甘露，人莫之令而自均”，老子进入将自然界拟人化来侧面描述“道”的抒情模式。根据字形演化分析，均字右边的“匀”，勹子形中间两点像两块铜锭，西周金文中用作计量单位的字，与钧同义，指三十斤，引申为均匀之意。均，指土地平整，也引申为均匀，土字刚好又对应着前面的下雨之态，《道德经》的文字之美一语双关，

---

〔1〕本书为笔者在研读《道德经》时，临时动念而作。为保持与老子的情感相通相融，并没有按照章节顺序进行，而是采取了有感而发的错章写作模式，从感触最深的第七十七章开始。因觉《道德经》首章意义重大，在花费 40 多天完成了其他 80 章后，才对《道德经》第一章进行了解读，具体可参见本书第二十六篇。为展现创作过程，所涉创作时间均按实际完成时间表达。

比比皆是。本句意思是执政者符合道，老百姓感觉到了公平（不是平等），就不需要被管制，自然能和谐共处。从公司管理角度而言与“三 Yu”之状类似。

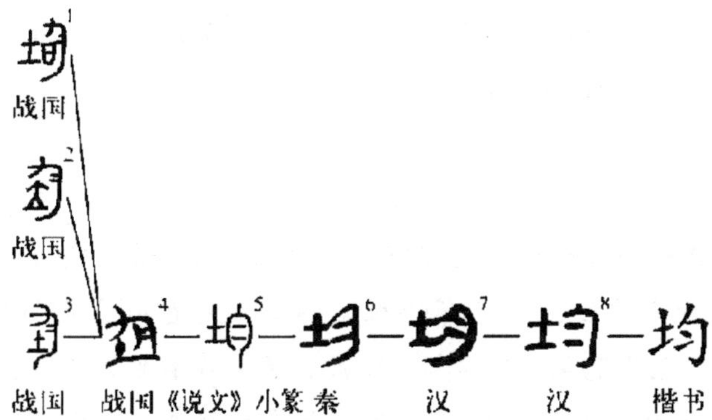

1、6、8《甲金篆》939页。2《古文典》1112页。3《金文编》883页。4《郭店》184页。5《说文》286页。7《马王堆》546页。

下一句的“名”和“知止”的推进关系，又是一个精彩处。“名可名，非常名”，就是指人从自己的需要出发为世间万物起名，于是万物就有了差别。万物的差别取决于对人的“价值”，就像古希腊哲学家普罗泰戈拉曾说：“人是万物的尺度，是存在的事物存在的尺度，也是不存在的事物不存在的尺度。”于是，万物因为人的“有”而被区分。《道德经》第二十八章有言，“朴散则为器，圣人用之则为官长。故大制不割。”官位有尊卑，管理有级差，所以必然有名。“始制”，即有级差的管理制度刚开始运行的时候。而“名亦既有”，指人有了等级差别，就各自有了“有”“自私”和贪婪，就失去了朴，也忘了“自宾”。这就是管理学中的普遍性两难，因为无梯级则无法提升管理效果，回忆下公司变大后的层级增加带来的管理问题就可明白了。此时需要结合对有无玄同的变换公式的理解和形而下的措施来解决，以找回朴的初心，也是极限小的众妙之门。本文则落到了“知止”这样的变换公式上。

“知止”，就是止于至善，就是“以小曰明”的洞察，找到有无玄同之和。“道之在天下，犹川谷之于江海。”改革开放就是从客观需求出发，在“有为”的“无”中增加了“无为”的“有”，带来了市场配置效率的大提高，由此解放了生产力。

原文

使我介然有知，行于大道，惟施是畏。

大道甚夷，而人好径。朝甚除，田甚芜，仓甚虚；服文采，带利剑，厌饮食，财货有余。是谓盗夸。非道也哉！

译文

假如我稍微地有了认识，行走在大道之上，唯一担心害怕的就是走上歧途。其实大道十分平坦，可是有的人偏要舍弃大道而寻觅小路。朝廷已经非常败坏，农田也已荒芜，仓库都已空虚，还穿着华丽的衣服，佩带锋利的宝剑，精美的食物早已吃厌，搜刮侵吞了大量的财货，这就是盗魁贼首啊！其所作所为实在是不合天道啊！

介，商代画的是披甲人，《诗·大雅·瞻卬》有“舍尔介狄”。“介然”，在解读《道德经》的著作中里一般解为“稍微”，曾仕强先生翻译成“忽然”，我却选择了“坚定”的意思。《荀子·修身》里有句：“善在身，介然必以自好也。”这里的“介然”就是坚定，不动摇的意思。

介 jiè 见纽、月部；见纽、怪韵、古拜切。

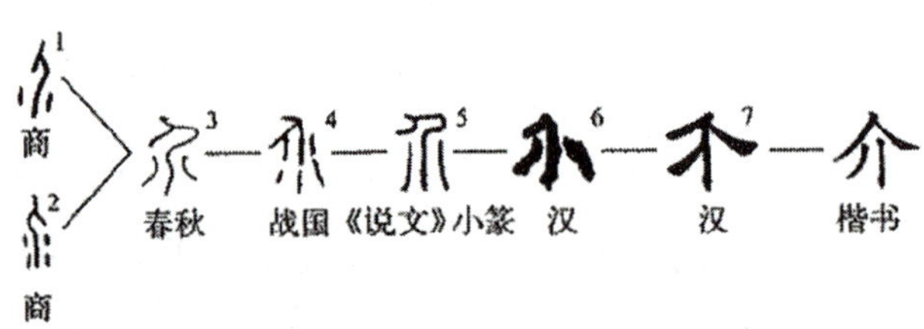

1、2《甲文编》29页。3《类编》9页。4《战文编》56页。5《说文》28页。6《马王堆》39页。7《甲金篆》64页。

回到本章，老子说自己坚定地知道，做“有道者”。“惟施是畏”中的“施”字，方为旗帜，右上为人，右下的“也”为女阴，合并后的意思是大张旗鼓地施舍和蔓延、延续。《诗·国风·周南·葛覃》中有“葛之覃兮，施于中谷”，从蔓延又延伸到本章的寻觅小路之意。

哲学家维特根斯坦说："我的语言的界限意味着我的世界的界限。"洪堡认为："语言的界限限制人类的精神和思考方式。"西方哲学家不能理解的是，在中国，文字脱离发音的易变而单独存在。之所以如此，起源于地中海高度流动的贸易文明，他们使用的是表音文字（字母类），必须附着在语言上存在。因为这种源文字在交流中被不断改变，同时写法需要被读法所不断地扰乱，不具备稳定性和自洽能力，一直在演化，不利于文化传承，但是适合阳性的强逻辑的自然科学去交流和发展。西方言语中心主义者认为我们这种文字是落后的（从自然科学角度看确实如此），这是很浅薄偏狭的观念。苏美尔、古埃及、玛雅和纳西族东巴人的文字和汉字作为自源文字，只有汉字被真正保留和发扬光大了。汉字包含着我们对人和世界的认知，其存在超越了语言本身。这种表意文字（严格上说是意音文字，融合了表音文字的一些特点）不适合自然科学，但时空内涵的折叠度很高，其艺术之美令人心醉，也更适合表达不确定性和非逻辑的阴性学问。《淮南子·本经训》曾有："昔者仓颉作书，而天雨粟，鬼夜哭。"

老子看到了"大道甚夷，而人好径"，带给了我们每三百年一次血酬循环的历史周期律[1]，但文字的强大附着力给予的传承（读音已经变化得太大）和内卷状地域的特殊性，给了中华民族绵延五千年的律动之美，这只能用心才能感悟到。

---

〔1〕出自历史学家吴思2003年出版的《血酬定律：中国历史中的生存游戏》一书。该书讲述了中国历史上各个层面的政治和生存博弈。血酬，指流血拼命所得的酬报，体现着生命与生存资源的交换关系。血酬的价值，取决于所拼抢的东西，此即"血酬定律"。

原文

以正治国，以奇用兵，以无事取天下。吾何以知其然哉？以此：

天下多忌讳，而民弥贫；民多利器，国家滋昏；人多伎巧，奇物滋起；法令滋彰，盗贼多有。

故圣人云："我无为，而民自化；我好静，而民自正；我无事，而民自富；我无欲，而民自朴。"

译文

以清静无为的正道来治理国家，以奇巧诡秘的方法来用兵，以不扰害人民来治理天下。我怎么知道是这样的呢？根据在这里：天下的法禁多了，百姓就越加贫困；民众的锐利武器多了，国家就越混乱；人们的机巧多了，邪风怪事就越容易发生；法律越是森严，触犯法律的人便越多。所以有道的人说："我若'无为'，百姓就会自我化育；我好静，百姓自然就会走上正道；我若无事，百姓自然富足；我无欲望，百姓自然就变得淳朴。"

我们可以按"人书金字塔"将《道德经》的文章从上至下分为三个层次：公理级的比如第一章，定理级的比如第二章，变换公式级的比如本章。《道德经》是老子被逼着写的，但是他还是尽力想帮助我们认知生活，让"民自化、自正、自富、自朴"。我们学习生活也要找到正确的方法，"人书金字塔"就是我自己的经验和老子的开示相结合而形成的。《道德经》的文章层级越高，越简洁越难懂。我磕下第一章后会深入分析到枯涩的深井几乎压倒了我的身心；文章层级越低则越通俗，如本章就是代入验算，价值越低，越不值得咬文嚼字般地分析和记忆。

提高认知力，首先要从摆脱对相对浅薄的第四层级课程的膜拜开始，比如为了求幸福，流行的"纳瓦尔宝典"虽然好读，却并不是最有益的教材。把一个人的认知能力的第二格提高的方法，是要尽量思辨出向上的道理。但是各种速度摘要都把书进行了总结归纳和表彰，促进了读者记忆，却不鼓励读者反思。我们这些填鸭式教育中卷出来的幸存者，往往本就不善于思辨，被书或者被成功学牵着鼻子走，盲目地去背诵强记别人的变换公式甚至代入演算范例，不知道学会分析这些公式产生的原发场景和适用范围，积累了一肚子的知识却无法转化，沤成了酸腐。如果不能把认知习惯改变，看越多的书就会越低效，甚至还会导致永远无法觉醒。可见书的厚度未必是阶层提升之梯，甚至变成了阶层攀登背包里的重物。

初入职场面对不确定性，绝大部分普通人的认知水平都是零。这是因为：十年寒窗的“填鸭式”教学和习惯于科学的强因果，造成了不善于思辨的盲从，把学业的成功都理解为自己的志气和努力，理解的世界为非黑即白，并以强烈的“有”而极度本我和自私，自信基于“不知道自己不知道”。所以对自己原生性格里的弱点毫无克制，也不知道认知这件事，不知道如何自省和改变，其焦虑往往失去了方向变成了内耗。

当一个人在三十岁左右，摔了很多跟头，偶然开悟了，或者看到了一本促进思辨的好书，知道了“自己不知道认知”这个事，突然就打开了新天地，学会了如何自省和向上思辨，学会面对不确定性和人性，开始归因于己，不再刚愎自用和抱怨，这个才是三十而立的核心原因，而不是工作中的技能醇熟。

开始自省的人才是可以逐渐担当责任之人，这是一个人启动认知升级的发端，其身上的有和无，焦虑与快乐由此开始“玄同”。这个过程大部分是十分漫长和煎熬的。能不能过得好一些、快一些，要看自己是否能找到一些减负和提高效率的方法，但是过程不可跳跃。

值得注意的是，对比一下是“辨”而不是“辩”，看上去都是“反者道之动”的逻辑反推，都很辛苦努力，但前者用了心，后者自满在口，这就是我曾经说的辩论手并不能过好自己生活的原因，因为他丢了阳明先生说的初心。

一个人到了四十不惑之后，最大的特征就是开始悦纳和取舍，在敢于带痛（强）但同时借势修复（柔）自己的性格的同时，有奋进求知（强）但不苛求生活完美（柔），强柔二者阴阳玄同。初步开始平视内外，平和包容之心使得他内耗进一步减少，理性而冷静，人生效率进一步增加。

可惜，刚到了这种认知提升的加速阶段，人就如我般到了半百，突然觉得只有时间最珍贵，因为认知之快乐变强了。因为开始真正珍惜时间，人生的减法做得更加深入，变得简单专注，并追求疯魔般的极致，暗合了西蒙学习法[1]而得大突破，并且突然理解了梵高的欢癫和孔子面对《易经》的物我两忘。此时，马斯洛的金字塔邪道终于被摧毁，每一层的价值都是认知快乐之余的“顺便”的附赠品。对过去、现在和未来，没有了悔恨心、比较心和焦虑心，觉得自己和生活都越来越有趣，旁边人的反应也验证了这一点。

人一旦开了窍，随着认知力的增加，就很容易看穿万般事物背后的真相：最初级就是“每人都有屁股，万事都是生意”，但绝不止于此，同时能向上思辨到至少定理级的高度，甚至偶尔人品爆发触摸到“道”的原理。这样的人开始真正学会实事求是，拿得起放得下，致良知之下，菩萨心肠，雷霆手段。

回到原文，开篇八个字就是守正出奇，比如王阳明鄱阳湖的用兵[2]，令未能开悟的“刍狗”们看得是亦正亦邪、高深莫测。“奇”字，音 qi，出乎意料的意思。《道德经》第五十八章，是“奇”唯二出现之处——“正复为奇，善复为妖”。正奇，恰好又是一对阴阳矛盾体开始了玄同，前阳后阴。“二生三”就是一个人身上各种矛盾体进入玄同旋转的开始，所谓生命的车轮的转动，也是太极圆的转动。守正出奇用在管理上，强调的是认知三格的第一格不能错，再以第二格的格物之力，促第三格的破格。第二格和第三格也是一种阴阳玄同，前阳后阴，如老猫和小猫的组合。一个人经营时间也要遵循“二八原则”：总体来看，80% 时间保证常规业务稳定运行，20% 创新求变或以升维破局战胜变化。在危机发生和持续的局部时间点来看，恰是相反——在应急中需要保留 20% 的精力维持常规运转，80% 集中于解决突发压力，正如太极图所显示的“抱阳守阴”并且旋转往复那个样子。

“奇物滋起”，又是一个奇。“奇物”对应“伎巧”，这里指的是邪门歪理。“滋起”，就是过于繁盛，破了阴阳之和，所以成了问题。我自己在咨询公司从业二十年，理解这类业务生存的难题和需要，我对咨询人成长的思考可以参看本书后附文章《一

[1]“西蒙学习法”是指诺贝尔经济学奖获得者西蒙教授提出的一个理论：对于有一定基础的人来说，只要真正肯下功夫，在 6 个月内就可以掌握任何一门学问。

[2] 1519 年，明朝宁王朱宸濠在南昌起兵反叛，王阳明领兵平叛。期间他运用攻心计、反间计、围魏救赵等计，与宁王在鄱阳湖进行决战，以少胜多，火烧宁王军队，取得大捷，最终平定叛乱。

个上岸咨询人的启示》。E20 的咨询服务，以圈层制摆脱了咨询公司商业模式的缺点。咨询业作为舶来品引进国内后，类似 PPP，出现了南橘北枳的局面。咨询公司一方面在开拓项目时过度承诺，低价竞争以干掉竞争对手，一方面在执行中尽量复制，以最大限度降低成本。为了吸引客户大造各种时髦词汇和尽量复杂的制度工具，最后为了尽快拿到钱，发动各种商务手段草草通过验收。每一本咨询报告都只能放在柜子里成为一些应付上方集团流程所必须的附件而已。为 GE 提供战略咨询服务的那几年，麦肯锡的报告深深地给我上了一课，无论是投入资源在昂贵的数据采集上，还是数据分析的强逻辑，都令我惊叹莫名，也为我的咨询生涯打开了全新的一扇窗。究其根本，我国的咨询业内卷只在出奇，没有守正，发心不在客户价值而只有生意，“佛魔一念”，差之毫厘、谬以千里，嗟乎！

伊壁鸠鲁是老子的同盟

《道德经》第十四章

《道德经》第二十九章

《道德经》第十六章

《道德经》第四章

原文

视之不见，名曰“夷”；听之不闻，名曰“希”；搏之不得，名曰“微”。此三者，不可致诘，故混而为一。其上不皦，其下不昧。绳绳兮不可名，复归于无物。是谓无状之状，无物之象，是谓惚恍。迎之不见其首，随之不见其后。

执古之道，以御今之有。能知古始，是谓道纪。

译文

怎么看也看不见，我们把它叫作“夷”；怎么听也听不到，我们把它叫作“希”；怎么摸也摸不着，我们把它叫作“微”。这三者的形象难以区分开来，它原本就是混沌一体的。它的上面并不显得明亮，它的下面也不显得昏暗，它绵延不绝而又不可名状，又总要回到看不见的虚无状态。这是没有形状的形状，没有具体物象的形象，这就叫作“惚恍”。从前方去接近它，看不见它的头；从后面去追赶它，看不见它的尾。根据“道”来考察现在的具体事物，我们就能了解宇宙的原始，这就叫作道的规律。

“道可道，非常道”，老子为了描述这个不能描述的“道”，用了本章三分之二的篇幅，写得恍恍惚惚。懂西洋画的知道，为了突破所谓的写实而描述出真实的眼中世界，印象派出现了。对照这里，就是扬弃了《论语》中的逻辑模式但依然要依靠文字，扬弃了写实的光影画法但依然要采用画笔。

“执古之道，以御今之有”，老子在这里强调的，还是他入世修行的立场。《道德经》，就是帮助中高层管理者知古始、知道“道”的纲领。纪，指丝缕的头绪，引申为纲领法则。有了这样模糊的、无法描述的纲领法则，我们到底该如何学习它呢？继续看下一章。

原文

将欲取天下而为之，吾见其不得已。天下神器，不可为也，不可执也。为者败之，执者失之。故物或行或随；或嘘或吹；或强或羸；或培或堕。是以圣人去甚，去奢，去泰。

译文

想要治理天下却用强制的办法去做，我看他不能达到目的。“天下”是神圣的东西，不能采用强制的办法，不能加以把持，否则一定会失败；用强的一定会失去，意于把持的也会失去。世人秉性不一，有的前行，有的后随；有的气缓，有的气急；有的刚强，有的羸弱；有的自爱，有的自毁。因此，有道的人要去除那种极端的、奢侈的、过度的措施。

对照本书第一篇对《道德经》第五章中“天地不仁，以万物为刍狗；圣人不仁，以百姓为刍狗”的解读，本文说的是，要有所作为，但不能强制。这个类似生态学的多样性，只有保持多样性，才能使社会（包括企业）成为神器。如何做到不强制？因为“执者失之”，所以需要心中先破执。佛学中常说，破执即破除有实我、有实法的执见。“去甚，去奢，去泰”，意即过犹不及。之所以会“过”，是因“欲”过度，从而成为“执”。

我之前讲过用快乐和好奇作为药引子来实现与焦虑共舞、平视欲望的方法，但似乎还缺一角拼图，为什么是“快乐”这把钥匙？如何把握好快乐的度，打开认知三格的循环升维之门？这里继续尝试回答这些问题。

世人在攀登“马斯洛金字塔”间隙，会通过各种各样的方式来奖励自己，或饱餐畅饮，或通宵达旦欢唱，或肆意玩耍、纵情于声色犬马，然而，过度用力的感官享受并不能带来真正的放松和快乐，反而在之后会加重身体的负担，并带来加倍的迷茫与空虚。这就是伊壁鸠鲁笔下的“动态快乐”，是欲望的满足、娱乐和享受，是疲惫的。与之相对的是“静态快乐”，是痛苦的消除，是舒缓平稳，本自具足。在他看来，没有原本就是不好的快乐，只是有些快乐的产生伴随着比快乐大许多倍的烦扰。一切感官享受，只有在不妨碍身体健康和心灵宁静的前提下才能被当作快乐。这里面包含两组“玄同”，一组是“动态快乐”和“静态快乐”，另一组是“静态快乐”里面蕴含的“身体健康”和“心灵平静”，均是前阳后阴。

对于前者，我们并不完全否认动态快乐。相反，动态快乐增加了快乐的种类，丰富了人生的体验，提供了回忆和期待的养料。对于后者，静态快乐拒绝身体的极致享受，而仅仅是保证身体的不饿、不渴、不困、不倦、不痛、不痒。心灵不宁会损害身体健康，身体抱恙会扰乱心灵宁静。把握快乐，无非就是不停地调节“动静”之间、“身心”之间的砝码，小心翼翼地维系着这两组平衡，同时完成一次次“既要又要还要”的打怪升级。

更进一步讲，伊壁鸠鲁和老子所推崇的快乐是清醒的静态快乐，始于自我觉察，行于认知求索，终于悟道觉醒。毋庸置疑，那些在人类历史上闪耀着熠熠光辉的哲学家、思想家收获了高阶的静态快乐——认知之乐。我们注意到，哲学（philosophy）这个词本身很有趣，它起源于希腊语 philosophia，“philo”是爱，“sophia”是智慧，连起来就是“对智慧的热爱”。正如傅佩荣所说，哲学的爱好智慧，不仅仅是理性地追求，更重要的是自我的修炼，慢慢摆脱本能的冲动和欲望的困扰。我计划在下一本书中展开哲学相关地探讨。

在对《道德经》第八章的解读中讲到，通过向上攀升“认知之梯”，将“马斯洛金字塔”替换为“人书金字塔”，可以解决被欲望裹挟、被执念驱使的苦楚。追求认知的提升来破执，实现“二生三”下的升维，这个升维又还原到了格局的提升，有了更大的格局，又才会有更小的本我。正如马克思在《青年在选择职业时的考虑》结尾处所写，如果我们选择了最能为人类福利而劳动的职业，那么，重担就不能把我们压倒，因为这是为大家而献身；那时我们所感到的就不是可怜的、有限的、自私的乐趣，我们的幸福将属于千百万人，我们的事业将默默地、但是永恒发挥作用地存在下去，面对我们的骨灰，高尚的人们将洒下热泪。当然，像马克思这样伟大的思想家千年难遇，但对于平凡的我们，应该为这般高尚、热烈、纯粹的奋斗精神，以及“无私”“忘我”的至高格局而深受感动，做出改变。有趣的是，马克思的博士毕业论文研究的就是伊壁鸠鲁的自然哲学。

为什么企业家需要大格局？德鲁克在他的划时代书籍《管理的实践》中重点提出了一个问题（很像老子的思路，只是更具有典型的西方逻辑推演的风格）：企业的宗旨是什么？他由此批驳了企业是谋求利润最大化的组织的观点。在他看来，企业的宗旨就是（通过营销和创新）创造顾客。而由于企业是社会的一份子，所以企业的目的也必须在社会之中。我之前也说过，企业家的格局（格局就是社会性的）是制约企业发展的天花板。企业家认识到企业的社会属性，有敬畏之心，破自己私欲之执，平衡好有和无，才能成就伟大的企业。

《道德经》第十六章

原文

致虚极，守静笃。
万物并作，吾以观复。
夫物芸芸，各复归其根。归根曰静，静曰复命。复命曰常，知常曰明。不知常，妄作凶。
知常容，容乃公，公乃全，全乃天，天乃道，道乃久，没身不殆。

译文

使心灵空明虚寂到极点，使生活的清静达到极致。在万物都蓬勃生长的时候，我从中仔细观察它们生死循环的道理。天下万物虽然纷纷芸芸，但最终都将回复到它们的本根。返回本根就叫“静”，静叫作复归本原。复归本原是万物运动与变化中不变的律则，认识和了解万物运动与变化都依循着循环往复的律则，叫作“明”。不了解这个不变的律则，轻举妄动就会有凶险。了解了这个不变的律则的人，就能做到宽容，做到了宽容就能坦然大公，坦然大公才能无不周遍，无不周遍才符合自然，符合自然才能符合于“道”，体道而行才能长久，终身可免于危殆。

《论语》之所以年轻的时候就可以读懂，因为字里行间均是用逻辑思维就可以理解的，用脑即可。而《道德经》有一些不同，必须要有一定的“心观”能力。如何得到“心观”的能力？就是致“虚”，放空，放下私欲，放下执念，“致虚极，守静笃”，类似禅修。难免要通过逻辑思维去思考和学习达到这个境界，往往还需要结合一定的阅历和命运的冲撞才能达成。

“万物并作，吾以观其复”，就像一个人的思辨力达到了一定水平，看身边任何事物都可以找到逻辑规律和提升其工作能力的方法；一个人一旦能够达到“心观”的境界，观万物也可以“得道”。我有位年轻时候就通了佛学的同学老唐，他和我说，学佛未必是在读书时，走路、打太极、休息，无时无刻，都可以去感受佛。这时候，生活应该会陡然丰富起来，可能也就不需要那么多俗世里的修行和攀爬。可惜绝大部分人都没有这个能力，即便是年轻时候就学过佛的王阳明。他在 21 岁的时候“格”了七天竹子，大病一场也无所得，“亦以劳思致疾。遂相与叹圣贤是做不得的，无他大力量去格物了”。后来，他却创立了心学，影响了日本文化，也影响了稻盛和夫。“及在夷中三年，颇见得此意思。方知天下之物本无可格者，其格物之功，只在身心上做。”王阳明悟出了格物核心在格自己的心，格局需要建在格物前。

事实上，王阳明的“龙场悟道”[1]，背后隐藏着大量的坎坷：明武宗正德元年（1506 年），34 岁的王阳明因反对宦官刘瑾，被廷杖四十，谪贬至贵州龙场（贵阳西北七十里，修文县境内）当驿丞。生活经历尤其坎坷，此时生活中充满了“既要又要”，让王阳明完成了认知三重修炼的第三重，破格后循环升级又提升了阳明先生认知中的格局，创立了心学。对于俗世间的绝大部分人，连阳明先生也一样，阅历是他认知升维的必要养分，这才是“知行合一”运行的完整逻辑：知和行如阴阳，知为阳，行为阴，知来自行，知易行难，两者又不可分割。

“复归其根”，得以心观，确实不易，普通人还是得从生活中来到工作中去，偶尔深夜去深度思考跳脱俗世，就已经大有裨益了。大星宿如阳明者，则可以比常人更快地摆脱俗世的修行，在万物并作中即可观其复，其认知的提升效率确实已非常人可比。和老子一样，阳明先生依然还要经常回到尘世间来修行，比如正德十四年（1519 年），47 岁的阳明主导的鄱阳湖大战。可见，老子和阳明强调的修行，

---

〔1〕龙场悟道，讲述的是 1506 年，王阳明因反对宦官刘瑾，被谪贬至贵州龙场。一日，在农场中，他忽然顿悟心是感应万事万物的根本这一心学核心，后世便将这一事件包括过程称为“龙场悟道”。

都是在人世间的，是实实在在“有用可用”的学问。虽然，这里的“用”不是他们的目的，而只是寻认知过程中的伴生品，就是我爱说的“顺便”。

这个寻认知的格物过程，老子用了几个递进：从复到根，从观察规律到思考根源，即反复问自己为什么，用到管理上就是反复反思并习惯于做菜谱；从根到静，静指完全静止，静到心如死水，类似面对死亡。管理中则是把问题的根源不断向上思索后，就会更容易做到处乱不惊，因为从格物中能得到快乐的安慰；从静到复命，当一个人能够真正面对死亡时才会明白命的含义，管理者心态平和，自然就能看透很多问题；从复命到常，明白了生死循环的道理（复命），自然就知道“常”是什么了。这里，常就是“道”的另一个分身。明白了常，就是达到了明的境界。在这个过程中，静贯穿了始终，直抵道的本源，得认知之乐，恰为我们刚刚讲到的伊壁鸠鲁的静态快乐。可见，老子与伊壁鸠鲁在快乐教的教义方面也是有隔空共识的。

后面又是连续的递进，“知常容，容乃公，公乃全，全乃天，天乃道，道乃久，没身不殆”，如大江东去，一气呵成，很好理解。

《道德经》第四章

原文

道冲，而用之或不盈。渊兮，似万物之宗。挫其锐，解其纷，和其光，同其尘。[1]湛兮，似或存。吾不知谁之子，象帝之先。

译文

大道是空虚无形的，但它发生作用时却永无止境。它如深渊一样广大，像是世间万物的宗主。它不显露锋芒，解除世间的纷乱，收敛它的光耀，混同它于尘世。它看起来幽隐虚无却又实际存在。我不知道它是从哪里产生出来的，好像在天帝之前就已经有了。

〔1〕据陈鼓应《老子今注今译》（中华书局2020年版）介绍，“挫其锐，解其纷，和其光，同其尘”四句疑为《道德经》第五十六章错简重出。

“冲”这个字，在《道德经》中很重要。从《说文解字》中看，就是将水向下倒而使得水流变急，这是一个利用自然的重力由静转动的过程。后面几句很好理解。“和光同尘”，里面是一种大慈悲。要想解释清楚“和光同尘”，就必须讲明白圣人之于百姓的感觉。光为阳、尘为阴，一个初具才华和认知的能人如何最终能获得成功并成为有道者，容易被忽视的也是关键所在，恰恰在于其如何与普通人相处。与高人相处，这类才俊因为备受重视，一般都能处理好。就像光与尘的相处，我们看到的光其实来自尘的反射，光不需要凸显与尘的不同和高贵，且没有尘，光则不易见。组织管理中能者如光，以自己刻意区隔于其他人乃至不和谐，不会得到有道的上级的认可。

以电影《阿凡达》为喻，阿凡达人在他的星球上，看到了各种生物，会如何感觉、如何做？首先，他觉得生物的状态无所谓好，无所谓坏，是一种平常心，没有自己生而为人的优越感；当然，他也看到人与这些生物的区别，看到人可以思考和控制更多的东西，这些生物在这方面大多是不如他的；同时，他还会发现，在某些感知方面，某些生物远远超过他，有的值得学习；他还会看到，在面对威胁时，作为个体，人比生物更容易应对，于是圣人能与各种生物交流。他会用心和自身的垂范去影响生物，导引他们看到更多的东西而提高生存的质量；同时，他也在他们身上和交流中学到更多；此时，到了最关键处了，这个（圣）人会用上帝一般的模样去布道和去强制这些生物做改变吗？不是，他俯下身躯，匍匐在自然的怀抱里，用触角接通他们的感知，用着他们的语言，他表现得既和他们相同，也有所不同……

讲到这里，我恐怕也不仅仅是在讲“和光同尘”了，一个“有道者”水平的管理者，如何和下属们沟通，去影响整个组织，又能和谐地融入他们，激发整个组织的善意和每个人与组织的共同成长，这个《阿凡达》里被我篡改的画面，应该可以形象地展示在大家眼前了。

孔子入周处的一生所爱

《道德经》第七十五章

《道德经》第七十九章

《道德经》第七十章

原文

民之饥，以其上食税之多，是以饥。
民之难治，以其上之有为，是以难治。
民之轻死，以其上求生之厚，是以轻死。
夫唯无以生为者，是贤于贵生。

译文

人民之所以会遭受饥饿，是因为统治者榨取吞食赋税过多，因此人民才遭受饥饿。人民之所以难以统治，是因为统治者政令繁苛、强作妄为，所以人民才难于统治。人民之所以会轻生冒死去触犯法律，是因为统治者为了奉养自己，把民脂民膏都搜刮净了，所以人民才轻生冒死。只有那些不去追求生活享受的人，才比奉养奢厚的人更胜一筹。

绝大部分企业家在初步成功后都开始“适度”享受生活，并没有去提高自己的认知和德行，自然慢慢也就失掉了民心，于是他们又抱怨中国创业环境太差，人的素质太低。万事归因于己，有几个老板能做到一直和团队同甘共苦呢?

《史记》记载孔子第三次适周，将问礼于老子。老子曰：“子所言者，其人与骨皆已朽矣，独其言在耳。且君子得其时则驾，不得其时则蓬累而行。吾闻之，良贾深藏若虚，君子盛德，容貌若愚。去子之骄气与多欲，态色与淫志，是皆无益于子之身。吾所以告子，若是而已。”孔子去，谓弟子曰：“鸟，吾知其能飞；鱼，吾知其能游；兽，吾知其能走。走者可以为罔，游者可以为纶，飞者可以为矰。至于龙，吾不能知其乘风云而上天。吾今日见老子，其犹龙邪！”

本书中我致力于将“无”合理地运用于管理，里面有着一个组织行为学的基本道理。我在这里就将组织（资方）和个人（供方）作为一对阴阳，再做一次分析：

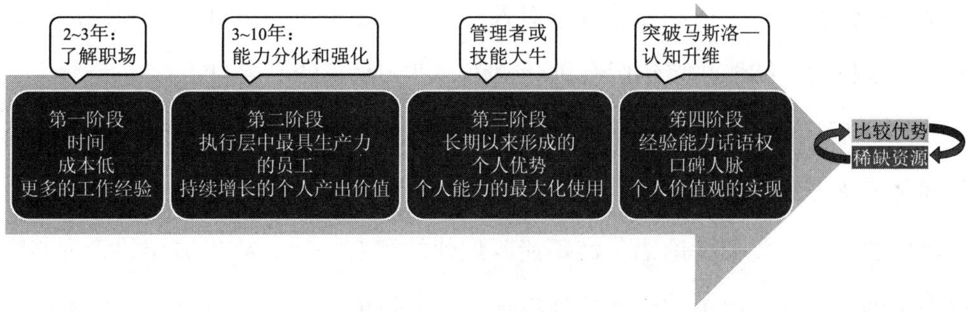

欲望是构建人与人之间关系的基本力量。所以，在满满都是“有”的市场经济中，我们的成长是在社会中做价值交换满足他人之“有”从而换取果腹蔽体之需，顺便提升自己的认知。前者是获得后者的必要条件，不能倒置。因为能换位思考理解别人的“有”，恰是自己做到了一种“无”的智慧。职业规划的基础，首先是尽量找到自己的比较优势，来说服用人单位录用自己，投入工作，获得工资，以满足马斯洛最基础层的需要，更重要的是换取和积累到自己的稀缺资源，为突破到下一层次奠定基础。这里面就是经济学的稀缺性原理，所以走复合优势路径，比生磕单项冠军，更适合能力一般也无特长的普通人来规划自己的职场发展。

比较优势是对资方能给予的价值，是个人禀赋向外的投射，为阳；稀缺资源是个人在职业成长中的自己的利益所在，向内吸取而得，为阴。此二者为“玄同”。学生初入职场，刚从比拼同质性的“一”态的学校教育中拼杀出来，在单位发生“一生二”，处于学徒状态而且时间成本低是他唯一的比较优势。交换到工作经验后成为优秀的高效率员工，就会被赋予更多的责任，比如配合管理者参与一定的创新讨论乃至成为基层管理者等。到了第三阶段，正式作为中层开始进入“三 Yu”文中说到的管理事务中，除了少数“器”之技能超优者，走“总工”路线不需要太关注人的管理以外，这个时候他的自由度大幅提高，个人能力出现挥洒态的萌芽。此时，他已经35岁左右了，这种挥洒也是一种责任下的自由：他必须开始自主完成一些“既要又要”的两难任务，这些往往是大小危机，所以要明白“祸兮福之所倚”而敢于“处众人之所恶”，并且发动认知第三格，做知行合一的破局。这样的积累多了之后，大脑计算机套用程序包层次越来越多，就可以达到偶尔的直觉“心观”力。如果配合认知的价值观重整，借着在管理中对人性的有无玄同的深入体会，和偶然与必然玄同的反复折磨，就能在多年后有机会顿悟，进入真正的心灵自由。

35 岁之后，由于绝大部分人尝过了挥洒和自由的滋味，对不确定性之美的体验和认知之欲逐渐展开，但是他自己未必自知，只是觉得越来越不满足，尤其是具有优异潜质的员工。类似《论语》就不能匹配他的需要一样，靠机械化的管理制度模式已经走到了尽头，因为完全无法使得他找到心灵的安定，靠制度和常规奖惩想启发潜能更无所谈起。高级管理者走"有道者"去"奉"和激发他们的认知之"有"就变成了必要的任务。如果因为不确定性之美所打造的各种差异化能力迸发，将完全超越各种制度设计时的预计乃至想象。如果不能激发这部分力量，无论企业家本人如何优秀，任何企业都将无法成就卓越。

个人职位升迁后，他所负责面对的外部的势的不确定性越来越大，其个人的自由决策幅度也越来越大，由此被打造的（同时也是被要求的）个性的复合度和独一性也越来也大。整个职场竞争就是异质性需求被逐渐强化的竞争，与学校的同质性竞争形成了迅速切换。年轻人不理解这种转换，在学校中没有做充分准备，陷入了常见误区。我们只会为高考及之前去抢跑，却学不会为职场而抢跑，而博士之路也可以看作是对不确定性的放弃应对的选择。当前普鲁士模式的应试教育体系，导致了同质性竞争带来的强因果认知，培养了精神世界的"同一"的就业大军。企业管理中的强控制模式，和职场里的集体主义鸡汤，都是在盲目压制所有的"有"，类似《寂静的春天》里，化学药品（惩罚）和化肥（奖励）消灭了生物多样性。于是，我们就业的孩子缺乏差异化能力，以为靠努力和服从就能获得提升，不但陷入马斯洛的低端痛苦漫漫不得解脱，而且即便熬住留下的也变成了废柴。

可见，提倡全员修认知，管理层做有道者，是唯一的恶性循环的解扣之法。深谙佛学的好友孙晓航看完我对"认知三格"的定义，认为每个人（每个企业）的基因以及成长经历是构建"认知力"的内因，就是佛家说的"业力"。深以为然。回溯上文，我们的企业家的"业力"，做得如何呢？

原文

和大怨，必有余怨；报怨以德，安可以为善？
是以圣人执左契，而不责于人。有德司契，无德司彻。
天道无亲，常与善人。

译文

很大的仇怨虽经调解，总还是留有余怨。用德来报答怨恨，怎么说得上是最好的解决办法呢？因此，有道的人保存借据的存根，但并不以此强迫别人偿还债务。有德的人就像持有借据的人那样宽容不索取，没有德的人就像掌管税收的人那样苛刻刁诈。自然规律对任何人都没有偏爱，不分亲疏而常常伴随有德行的善人。

之所以人生总有很多失误，因为普通家庭的家长到了“知天命”，明白了精神世界的思考方式的时候，孩子也已走上社会，而学校里只是教会了我们物质世界的思考方式。本书从《道德经》里希望给大家解读的，就是精神世界的方法论。我提取出来的最重要的认知有三个，第一个是“人书金字塔”；第二个是“阴阳全谱论”；第三个，就是这里的适用于精神世界的“唯心计算式”。

“和大怨，必有余怨”，大怨一旦发生是不可能完全解决的，生活中即便是深爱的夫妻间一旦发生了伤害，责任方要清楚后患是无法根除的，因为心灵不是物质。在精神世界的“唯心计算式”里，无穷小就是无穷大，精神伤害是无法用物质世界的减法来消耗或者用等号来抵消的。唯一的方法就是不让它发生，尤其是在年轻的时候越早知道这个道理越好。万一不幸无法避免，要理解对方可能永远无法释怀，无论多久都会同样痛楚，面对苛责，你只能无限期地自责，切不可辩。

揪着这个“余怨”深思下去，对个人的成长有十分重要的指导意义。社会一旦对一个人形成了成见，也是不易消除的。阶层固化的老问题，在精神世界的因素就叫文化阶层，这种阶层并不完全等价于家族的社会地位或经济水平。家长从小给孩子做的精神表率，制约了孩子在文化阶层的攀登，又影响到了与之阴阳玄同的物质世界和社会阶层。

“以德报怨”，是孔子反对的。《论语·宪问》记载：“以德报怨，何如？”子曰：“何以报德？以直报怨，以德报德。”在孔子看来，应该用公正、正直来报答怨恨，用恩德来报答恩德。对于“怨”，孔子选择了针锋相对，他的一生就是如此。老子却有不同意见，首先别指望以德报怨完全管用，还是要防患于未然。同时强调“有道者”不要求周围人的有同等回应，还是那句老话“严于律已，宽以待人”，做好人是做给自己的。有德之人的宽容不但在钱财得失方面，还在于对他人的操守是否会苛责，对他人德行的锱铢必较也是失德的，这就是符合“唯心计算式”的计算法。

“天道无亲，常与善人”，一看到这句自相矛盾的话，就可以知道这是老子给我埋下的题眼。让我们倒推到全书，重新再读“天地不仁，以万物为刍狗；圣人不仁，以百姓为刍狗”。这两句是一个意思。此处深入理解，很类似佛学的百货店的样子。即百货店琳琅满目，十分丰富，这是“道”准备的各种报应。百姓进去可能会花眼，但“道”如百货店一般不为所动，由你自取。你修心提高认知，就能取得更上成的回报，你心存恶念或贪图享乐，则就会因小失大在店前就被劣质的光怪陆离给吸引，也会受到相关因果报。

本书已快到结尾，回顾开篇我无意中选择的两篇文章，其中涉及的“奉、虚和不仁”，是《道德经》中相对最容易作为抓手的几个要点。回顾全书的写作，难点首先是高中以来不读古文的我起始水平很差，其次是《道德经》全文内涵重复度80%，不易成书。我偶然选择的乱序模式不但适合读者逐渐深入，也刚好适合了我自己能力的提升。解读《道德经》的三个月里如同坐过山车，在写作上却像做“油画”，一遍遍抹上色彩，越挖越深，也越来越立体，一定是冥冥中有“道”的指引。如心学所强调的要“致良知”——发心如果是对的，就可以尽快按计划先干起来；干的是善事，慢慢地各种支援就会如福报而来；随着自己的能力提升，后面难的也就变成了容易的。这就是先易后难的典型范例。

原文

吾言甚易知，甚易行。天下莫能知，莫能行。
言有宗，事有君。夫唯无知，是以不我知。
知我者希，则我者贵。是以圣人被褐而怀玉。

译文

我的话很容易懂，很容易实行。可是天下却没有人懂得我的话，没有人照着去实行。说话是有宗旨的，做事是有根据的。可正是由于人们不理解这个道理，所以不了解我。懂得我的人很少，能取法于我的人就更难得了。所以有道的人总是外表穿着粗布衣服，而怀里却揣着美玉。

大学毕业三十三年以后，我第一次开始读古文。为了解读《道德经》，六点来到办公室，面对赵孟頫笔下的老子画像搜脑刮肠时，我不由想起多年前长跑时路过孔子入周问礼碑的某个遥远的凌晨。洛阳市第一高中每日五点多的出操锻炼，给了我至今能勉强抗住本次磕经磨难的体魄，在校门不远处看见了我的一生所爱——孔子入周问礼碑，用物理竞赛在中原高考地狱模式中逃出生天，福祸相依却变成了专业失控的青年迷茫。央企里五次调头才扒住环保行业的小港，更有价值的是在这二十年的摸黑里琢磨出了“三 Yu”。回头看我们的一生好像是失去了声呐的潜艇在大西洋底险象环生，原因恰是不能在年轻时候去真心理解孔子和更早去接触老子，白白跑过了六百次的孔子问礼碑。那时候破旧的巷子里这三千年的古迹并没有围栏，经常喘着气过去摸摸那个碑面的断裂痕，谁能想到后来会写那么多他们两位圣人思想碰撞的细节。问礼碑纪念的是孔子向老子第二次和第三次问礼，公元前 530 年和前 518 年于周朝都城洛邑，问答细节不表。《史记》记载第三次问礼后，孔子曾感叹：“吾今日见老子，其犹龙邪！”

写到这里，突然有点感慨，竟然马上就把八十一难要过完了，在经历磕下了第一章后连续近三周失去睡眠、心跳 110 和最后的“大”出血事件后，竟然对所经过的这番魔鬼训练颇为不舍。经历了这三个月对《道德经》的深研和对自己脑力的锤炼，中间我曾多次出现幻觉，仿佛就站在那个幽默大度睿智平易的老子面前，尤其是读到本章的时候。“道”在英文中翻译成“TAO”，和我护照上的名完全一致，XT，在我的手机里挨着显示了薛涛和玄同。老子开篇就说，“道可道，非常道，名可名，非常名”，我想，这些都是我与这位老者的缘分吧！

老子写《道德经》五千字，应该是从上古《易经》中短短的几个符字和图形的延伸悟道而来的，我解《道德经》，用了二十万字，二十多倍。时而有同事因不解，询我某微细处，大概需要十分钟讲解就豁然开朗。通俗和严谨本就是一对阴阳玄同，克服兼顾之难也是一门学问，正如老子说的“知我者希”。本质上，恰是因为《道德经》是无用之用的上等之学。现代社会君子太“器”，迷失了心力，恰恰是因为都只知道去学有用之学。18 岁和 50 岁两次深研无用之学，艺术之美与道之美穿越了 32 年而相拥。明代高僧释德清认为本章才是最后真言，示苦行相，涅槃相，而在同济院墙外，百倍于合理量的出血重现三次，吓退了我妄想通过《易经》继续触摸天机的非分之念。圣人如孔子五次问礼老子，都依然受困于未能洞察人性的抱“有”负“无”，可见想懂“道”是多么难，能读懂《道德经》并实践之，其难也是其易，知易行难。

在人类历史中，一个国家长时间地快速增长都是不常见的，更常见的是人类社会在一定时间的不断地盘整、摸索等。因此，对于个人来说，能见证我们改革开放后 30 年的快速发展的大时代，确实也是偶然的。

然而，我看路人泣歧悲染[1]，管理者进退失据，不由想起国学大师陈寅恪所说的，“我们这块土地、这些人，终其一生，大多所行，不过苟且二字。所谓风光，不过苟且有术；行路坎坷，不过苟且无门。基本不过如此而已。”不以“道”修认知，也许就是一种苟且，老子已明明手握人生跨入自由的钥匙，“吾言甚易知，甚易行”，却也不得不感叹，“天下莫能知，莫能行”。

〔1〕泣歧悲染，形容悲叹人们易受外界世俗影响而迷失方向。

扒皮青蛙找回了蛙皮

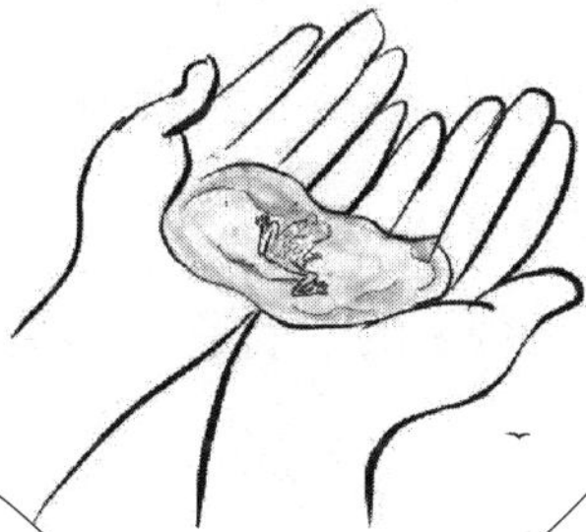

《道德经》第三十七章

原文

道常无为而无不为。侯王若能守之，万物将自化。化而欲作，吾将镇之以无名之朴。无名之朴，夫亦将不欲。不欲以静，天下将自正。

译文

“道”永远是顺其自然的，却又好像没有什么事情不是它所作为的。侯王若能遵循道的原则，无为而治，天下万物就会按自身规律正常发展。当它的自生自长产生贪欲时，我就用道的真朴去整治它。用道的真朴来征服它，就不会再起贪欲之心了。没有贪欲自然会清静无为，天下万物将自然而然走向稳定、安宁。

“无为而无不为”正式说明老子不是躺平派。“化”是题眼，左边一个正立的人，右边一个倒立的人，代表着变化。对于变化，商代用人的颠倒来表征，可见不确定性主要就是由“人”性所带来的，就是“人心隔肚皮”。即在侯王不违反“道”的管理下，万物（百姓）自己会正常发展。

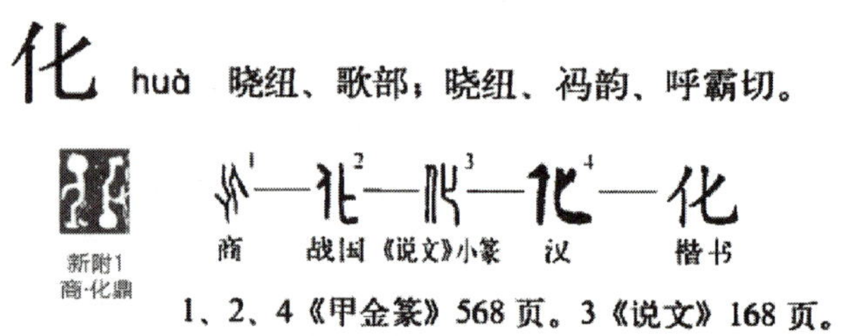

《道德经》第一章里的“此两者，同出而异名”，指的就是“有”和“无”不可分离，相互转化，有时候也会失和，这里解释了原因：在正常发展中，人会化而欲“作”。“作”，是不是按我们现在的用法，应该读第一声？不是。在“无为（违道）”的治理下，不存在不正常的欲望之不可控，应该是正常的欲望的升级带来的“作”。这个升级大家应该想到了，就是马斯洛金字塔。

而老子要用“无名之朴”来对冲它。无名之朴是什么呢？一定要去认真看《道德经》第一章。那里没有一句话是多余的，是整个《道德经》的灵魂，以至于我写完第一遍《道德经》后才攒够了能力去尝试解它。解读完第一章，却不得不又回去把以前完成的内容改了几遍。“无名，是天地之始”，就是有无二分前的无，就是初始，从管理学的角度，可以理解为我们常说的回到“初心”。

回到我们最根本的初心，我们选择持续向上升级、攀登马斯洛金字塔的本质原因是什么呢？这和问“人何以生而为人”是一个问题。每一个贤哲都会尝试回答这个问题。

我们看看西方人从古至今的代表性说法：苏格拉底说，认知你自己；卡西尔说，人是唯一不断探究自身的存在物，而意义恰在于此；叔本华说，人生根本没意义，就是一团欲望，不满足就痛苦，满足了就无聊，来回摇摆，最后一场空；而罗素则说，对爱情的追求、对知识的渴望，对人类渴望的不可遏制的同情，这三种纯净但无比强烈的感情支配我一生。

这些回答是纷乱的，我们还是要用“认知三格”来面对他们的回答。藐视所有应用演算和变换公式，敢于启动对贤哲所声明的定理的思辨乃至达成对公理的顿悟，是认知的高境界，而达至此处的“行”的意义远大于“知”。每个人的书和声明本身皆为表象，其个人的人生作为内在，前者为阳，后者为阴，一并去理解这两者的玄同，才能得到真实的信息。对《论语》如此、对《道德经》如此，对我这本书也是如此，这才是如何不读死书的无上奥秘，这也是《道德经》利用对我的训练告诉我的：先贤们的回答是什么很重要也不重要，每个人都有他的立场，每个人的回答也都来自他的人生，后者作为样本是读活书的关键。《论语》用孔子做了样本，《道德经》是老子本人做样本。于我的书而言，我也是理解书的样本。进而言之，思考上述思考背后的方法论，可以感知到“玄同”本身对认知的无上价值。

回到这四位：罗素最鸡汤也相对浅显，他本人过得也相对幸福安康，所以福祸相依，幸福使得人相对浅薄；叔本华最悲观，背后是他与自己无法和解的人生；苏格拉底最深刻，因为他勇敢面对了死亡；卡西尔则相对普通，进一步诠释了苏格拉底的理解。

就我的理解，叔本华在痛苦中触摸到了公理，其他人讲的只是定理，即公理的结论。这个公理就是“人就是一团欲望”。每个人用自己的认知和选择的玄同，谋求并逐渐去定义自己的人生，也找寻自己及推而广之的人存在的意义，即人的最原始的“初心”。

《道德经》第二章在一堆矛盾体的玄同之后，结论为：“是以圣人处无为之事，行不言之教，万物作焉而不辞，生而不有，为而不恃，功成而弗居。夫惟弗居，是以不去。”我在最初解读时没有明白老子的原意，而此处才得其真传。老子说的是，圣人不该替你的人生下定义，你不要相信任何人说的，你读懂了我的玄同，自己思考才是对的，只有自己找到这个定义背后的人生价值和幸福，你才可能得到它。通晓佛学的朋友孙晓航告诉我，这就是禅宗的“起疑”，看来过程是“阴”，结果为“阳”，而对于大部分人的状况，阴好于阳，无胜于有。

我以为，人生而为人的动力、快乐和痛苦都只能来自欲望，因此，我们才有意无意去攀登（也有人无奈地滞留）马斯洛金字塔的各层级。如果我们把最大的欲望校准为认知之乐，由于这种欲望的满足不太依赖外部，而更多来自内部，我们就可以不那么害怕来自“因缘和合”的偶然，我的欲望的持续不满足和被满足就几乎变成了必然。由于对人生意义的探究本身很难被彻底满足，所以这种欲望就可以持久到超过我们肉身的存续，我们就不会有欲望之阶被满足后的空虚与痛苦。当然我们最好还是尽量保留些小欲望在各较低层级上，这也叫“和光同尘”。我们像弥勒佛一样，一半在寺中（出世）享受其认知之乐；一半在人世间，将自己为人的义务变得更加简单快乐。涉及人生选择之时，“有意”和“无意”在玄同，痛苦快乐在玄同，外部内部在玄同，必然偶然在玄同，入世出世在玄同，前者为阳，后者为阴，我们在做决定的时候更容易忽视后者。而到选择后的执行过程中，常常又阴阳互换：“有意”被忽视所以才要回归初心，能将痛苦转化为认知之快乐而不知其苦的奋斗才可能成功，能将外部资源化入内部能力的组织才能卓越，重新重视必然因果的逻辑才能挖掘最大效率，个人能在积极的入世修行中达出世之境且心稳如泰山才是众生之福。中国禅宗祖师元祖慧能曾在《坛经》中言：“佛法在世间，不离世间觉”，并由此成为王阳明的“精神导师”。所谓玄同，就是“动善时”过程中不断地“反者道之动”，而玄之又玄，就是辩证循环的递进乃至升维。

思考到这里，我已经取走了独属于我的思辨之快乐，我也“奉”出我的结论，辅以我的快乐，供读者参考。在读这本书之外，去看我的一生，看我的推导过程并质疑我的思辨而去思辨，才是取走“奉”的正确姿势。

我否定了我之前的段落，即无名之朴指的是“道的真朴，用来消除太多的自私和贪欲”。那个水平，只是老子做的《道德经》这个电玩游戏的初级难度，我自认为我达到了他设置的中级水平。《道德经》提出的无名之朴，是一种动态的“旋（玄）回”过程，万事要从二回到一——从有名无名之分，回到无名之朴，这就是辩证上升过程的貌似回到原点的升维。

所以，回到初心本身的动，配合初心一直在那里的静，这一对矛盾的玄同，揭示了生命的意义。如何回到无名之朴，当你想到这个问题并且尝试解决它的时候，你就已经开始探究最原始的公理，思考人生意义便是你的欲望。此时，低阶欲望的患得患失之苦已经被忘记，你就做到了回到初心——“无名之朴，夫亦将不欲。不欲以静，天下将自定”。也许最终你拿出来的是罗素的结论，老子也是类似的结论，《道德经》第十三章有言，“及吾无身，吾有何患？故贵以身为天下，若可寄天下”。说明老子和罗素过得一样好；即便你人生很倒霉，拿出的是叔本华的结论，你也不再会以马斯洛低阶之欲的痛苦来折磨自己；即便你什么也没想出来，反正大家难免都是被折磨和走向死亡，至少死的姿势好看一些。

“镇朴”，是我们在马斯洛金字塔的自我实现的尖上去镶了一个金尖，就是“企图”对道有所认知。因为马斯洛的自我实现已经是最高最小的，这个金尖只能体积无限小，质量无限大，它类似三体里的二向箔，压扁了马斯洛的邪恶的欲望金字塔，成了二维，并散入了其中，在各层都有认知之乐存在，“朴散则为器，圣人用之”，“常无欲也，可名于小。万物归焉而弗为主，可名于大。是以圣人之能成大也，以其不为大也，故能成大”。

“镇”字，有小趣味，让人想起托塔李天王的法器。小篆的本意也是用金属制品去压，有意思的是右边的“真”字，作为读音偏旁。这个“真”字的巧合也让人浮想联翩，道教将得道的人恰好称为真人。许慎《说文解字》认为“镇”的上部是一个人，中间是“目”字，表示眼睛，下面的“一”字和“八”合并表示仙人登天乘坐的器具，合起来表示一个得道升天的人。也有说下面是鼎，上面是龟壳，火烤龟甲占卜凶吉辨真伪。

眞(真) zhēn 章纽、真部；章纽、真韵、职邻切。

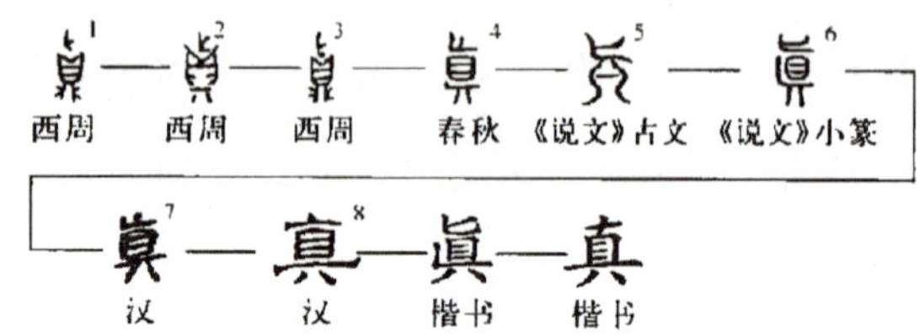

1、2、3《新金》1118页。4、7、8《甲金篆》567页。5、6《说文》168页。

在组织管理中，无论有多美好的开端，公司逐渐都有“熵增”现象。组织文化的建设，需要一直不懈地努力才能维持，需要“治之于未乱”（《道德经》）第六十四章），需要“见小曰明”（《道德经》）第五十二章），提前发现问题并不停地纠偏。“冰山一角”一词，是一个形容对世界认知程度的最好的形象，我们永远要提醒自己，我们的认知对比我们的无知，永远是水面的冰山对比水下的部分，如果在水面上面发现了一丝一毫，那么，就代表了冰山下的问题已经有相当规模了。现代管理学中的“墨菲定理”，就是强调不可忽视小概率事件——凡事可能出岔子，就一定会出岔子。对该定理的运用不能仅限于防范航天飞机爆炸这种重大安全问题上，优秀的管理者恰恰会在貌似最不起眼、最不实际的组织文化上运用它。

进一步思考，在组织管理中有个重要的认识误区，就是高喊着管理无死角，要把“治之于未乱”运用在一切场合，这是不可能实现的。这种口号型的管理方式恰恰是“语言腐败”滋生的典型表现，真要落实则会导致管理者疲于奔波去抽查每个细节，检查频率甚至要无限加密，最终不但使得管理者失去属下的主动作为和潜能发挥的机会（因为过度检查的代价是失和），也使得管理者无暇充分顾及他培育队伍和定战略两大最基本的任务。除了对于公司 20% 的绝对重要的关键性任务需要管理者亲自关注，一般性的任务如果在既有制度下依然难免出差错，应该把足够的精力放在举一反三地做菜谱上面。根本性地解决熵增，需要从根源上克服内部的“有”越来越多的问题。做“有道者”，积极地“知行合一”来修道，并与“奉”相结合，实现“三 Yu”的境界，才是最终极的方法，这就是“无名之朴，夫亦将不欲。不欲以静，天下将自正”。

薛涛

《圆觉经》中，佛说“妄认四大为自身相，六尘缘影为自心相，譬彼病目见空中华及第二月。”这一句给我的最大体会是，根本没有公理真理，世界因“我”而存在，我要自己去找它，找的过程，就是“我”存在的意义，也是世界于“我”存在的意义。

孙晓航

其实，《圆觉经》中这一句话体现了佛教中的世界观，大意是＂如果我们虚妄地认为身体是由物质构成的，认为所了解的世界是源自于心的思考和认识，就像用得了病的眼睛看到空中有花和第二个月亮，其实都不是真的，只是因为眼睛有病。”

其实，说的就是《心经》中的核心观点：凡所有相，皆是虚妄，若见诸相非相（当你明白所见到的一切事物和所谓真理都不可以用感官、思辨去认知到的），即见如来（“如来”指世界的本来面目）。

薛涛

再看看西方人从古至今的有代表性说法：

苏格拉底说，“认知你自己”；

卡西尔说，“人是唯一不断探究自身的存在物，而意义恰在于此”；

叔本华说，“人生根本没意义，就是一团欲望，不满足就痛苦，满足了就无聊，来回摇摆，最后一场空”；

罗素说，“对爱情的追求、对知识的渴望，对人类渴望的不可遏制的同情，这三种纯净但无比强烈的感情支配我一生”。

这……些回答是纷乱的，我们还是要用认知的三格来面对他们的回答。敢于启动对贤哲所声明的定理甚至公理的思辨，是认知的高境界，而此处行的意义远大于知。

每个人的回答本身为表象，其个人的人生作为内在。前者为阳，后者为阴。一并去理解这两者的玄同，才能理解他们传递的信息。对《论语》如此、对《道德经》如此，对我这本书也是如此，这才是不死读书的无上奥秘。

而这个奥秘，也是《道德经》利用对我的训练告诉我的：先贤们的回答是什么很重要也不重要，每个人都有他的屁股（详见本书第十三篇），每个人的回答都是他的人生，我们要学会从这阴阳之“和”里认知世界。《论语》用孔子做了理解他的样本，《道德经》是老子本人做了样本，我的书，是理解书的样本。由此可见，思考上述思考背后的方法论，可以感知到玄同本身对认知的无上价值。

薛涛

回到上面说到的四位：
罗素的最鸡汤也最浅显，他本人过的也是相对幸福安康，所以福祸相依，幸福使得人相对浅薄；
叔本华的最悲观，是他自己无法和解的人生作为样本；
苏格拉底的最深刻，因为他勇敢地面对了死亡；
卡西尔相对普通，进一步诠释了苏格拉底的理解。
而就我的认知，叔本华在痛苦中触摸到了公理，其他人讲的只是定理，即公理的结论。
《道德经》第二章中，老子在列出一堆矛盾体的玄同之后，结论是：“是以圣人处无为之事，行不言之教，万物作焉而不辞，生而不有，为而不恃，功成而弗居。夫惟弗居，是以不去。”在解读中，我还是没有明白老子的原意，而在此处才得了真传。
老子说的可能是圣人不该替“你”的人生下定义，“你”不要相信任何人说的，“你”读懂了《道德经》的玄同，自己思考才是对的，包括自己找到这个定义背后“你”人生的价值和幸福。

孙晓航

对自己和世界运作法则的探究就是禅宗的“起疑”。但我个人不太认同你对四位先贤的评判。
第一，这些只言片语并不能真正体现四位先贤主要的认知结论。
第二，他们分别说了自己对世界不同层面和角度的认知和建议，正如瞎子摸象的不同位置，既都是象，也不是象。但从这四句话来讲，卡西尔说的更接近实相。
“起疑”是探索生命真相的原动力和修证方法之一。
但佛学中讲“言语道断，心行灭处”，如果一直用语言和思维去探索“道”之真相，是不可能的；我们的心离开所谓的“感知、逻辑和意识”，才能明白真理，远离烦恼。

薛涛

考试高手都知道的一个秘籍：大题做不出来的时候，在前面做几个大概的推导，中间做不下去的地方摆公理，结尾尽量往前做倒推的推导。虽然你不全会，这样就可以让考官以为你会，自行脑补，就觉得你非常厉害，就给分了。
你看，什么事里面都是有道理的。

孙晓航

其实，我不太赞同这种功利的考试攻略。这种方法本质上是外求别人的认同，获得世俗意义上的成功。缺乏真诚和自信。
为何你在微信朋友圈里说，最近你比较“烧脑”的文章点赞人比较少，我理解是缺乏共鸣。
一方面，有可能真是你认为的曲高和寡；另一方面，也有可能读者对这类用各种深奥词汇和概念堆积而成的文章不太认同，认为你在管理上有高人一等的优越感。
其实，这背后既有“我执”，还有“我慢”。
大道至简。用大家读起来都能产生共鸣的方式，来表达你所理解的“道”和“术”是最有影响力的，比如在前几年你写的一些培养人才和管理学文章，也许以你现在的理解，其高度和深度不够，但是它更能契合受众的需求和理解力。一千个人眼里有一千个哈姆雷特，以上只是个人意见，不当之处，请多指教。

薛涛

受教了，你的话直击本质。而我的本质是什么都不信。是轻浮的快乐，使“我”成为现在的“我”。或者叫轻浮的性格持续坚定地追求快乐。
这本书的价值在于，探寻一个普通人如何快乐，而不是成功人的快乐。无论世俗的成功，比如纳瓦尔；还是精神的成功，比如先哲。这些都让普通人望而却步不愿去学。
那么，我这么普通的人，成为现在的“我”，也许可以成为参考。这就是我否定先贤的原因之一。
其次，敢放下对先贤的敬畏，你才能平视先贤，才能与之平等，而自己得自在。我们普通人，不可能有精力和时间在学术上超过先贤。那么如何与他们平等？这是个难题。很多人不懂，就读成了书呆子，比如孔乙己。
我宁可是人生的程咬金，这也是我的性格使然，性格也许不会大改了，但要顺势而为。
无意中按这个方法，我获得了快乐。

孙晓航

没有永远的“我”，只有此时的“我”。
相信以你对真理的探求欲望和悟性，今后，在不同的阶段，你对“我”的定义会越来越不同。
私以为，如果要挑战和否定先贤，首先应该对先贤的思想进行系统的了解，而不是断章取义地按“我见”去理解。
当然，你骨子里先天有一种对权威和固有体系的“反骨”和胆量，一般能力大的人，胆子和创新力才大，一方面，这是好事儿，不破不立；另一方面，这类人“我执”“我慢”心也很重，这也是我最大的问题和习气。“谦”卦是易经六十四卦中的最上卦，说明谦是最有益的处世为人之道。
近年来，我越来越觉得先贤的高度和层面非我此阶段可以达到的，所以在学习他们的思想中，得到很大的快乐和成长。与世俗层面的成功与不成功，普通与不普通没有关系。
关于你谈到的“顺势而为”，现在我明白了，我以前所认为的“随缘”和“顺势”只是在随顺自己的业力和习气。真正的“随缘”和“顺势”是了解“因缘”和“大势”的真相，才能够随顺天道，踏上解脱烦恼之路。

薛涛

其实，无所谓对错，过程才是关键，这太美好了。
你的质疑解决了我两个问题：
其一，我确实只深读过几本书，也没时间研究哲学和其他的学问，我的工作和生活要求我不能如此。但是我需要和大家分享我的经验，一个普通人如何快乐。
那么，如果我刚开始就说，大家就会选择不信；我一直不说，大家后来会选择不信；写完全书我再坦白，如果还有信的，就是真信。
其二，成书的目的，发心是为了管理。那么我们的管理中，上级对下级有多少是谎话？太多了。有多少是不说的？也太多了。我的管理，没有前者，只有后者。我的团队，十年来，发现我不说的，也不是谎话，这是团队爱我的关键，是我快乐的源泉，是 E20 迷人的来源。

薛涛

确实不是为了治学而写书，我也没有这个能力。“我”是芸芸众生中的普通的“我”。这本书，应该和纳瓦尔宝典的目的相同。只是，他太成功。也恰恰是先贤和纳瓦尔们太成功，我们才不信他们。

而我不算成功。普通人如何快乐？虽然本书也没有直接的答案。但我想说的是，学习我这个普通人的大胆和反思的习惯，也许就能找到快乐，既能做好管理赚到钱，又能过好人生并惠及家人，这个才是普通人应该有的目标，这就是我的快乐教。

孙晓航

每个人都不同，生活在自己的经验和认知层面（佛学所谓业力），看见和选择的是与自己心性相合的观点和建议。

相信你的体验和书会影响很多和你相应的人，做到让他们和你一样快乐地工作和生活。

最喜欢你开放的心态，所以和你可以知无不言，言无不尽。一直认为你的管理学契合了人性中很多的需求，是我学习的榜样。

如果我偏颇的观点，能转化为你甘甜的蜜糖，那也是因为你自己的悟性和开放性。

薛涛

这也是为什么说所有性格都是好的，都是阴阳的平等，他们对自己也是好的，只要你上善若水，他们对彼此也是好的，就会有长短互补。

我因为你的质疑想明白了更多，也为全书画了最好的圆。

我猜辩经，应该就是这样的美好吧！

预告篇：流水拾花录

“流水拾花录”是本书作者想出的词儿，让人想到了古龙的小说《浣花洗剑录》，都体现出一种对美的事物的强烈感知。

流水拾花，顾名思义，捡拾流水里的花朵，具有浓厚的象征意义。事实上，流水拾花，是围绕《薛涛解析管理之道与认知之得》的一系列解读、启发、感悟，来自薛总朋友圈、行业圈层以及E20员工等。

按照作者的说法，流水，即上善若水。拾花，是寻求生活中的美好和意义，是在挑战中找到希望和出路，也是保存、收藏生活中的宝贵瞬间或体验的努力。而且拾花的同音词还挺多，其含义都能丰富“流水拾花”的深意。

所以拾花也是：

史话，确实有很多过去、现在、未来对这本书的解读的历史记录；

石化，用大家的笔，将《道德经》的解读形成碑林一般来保存；

实话，真诚且具有无比巨大的力量，所有的理解都是真诚的，坦白的，认真的，才能触及“道”的本意；

诗画，流水中的花，如诗如画，无比的美，这样的意境体现出热爱大自然的善意；

世华与实华，看透事件的繁华，看清楚本质；

湿化，书中文字是干燥的，因为密度太大，太有逻辑，尝试用更多的文字来湿润它，以便于大家可以用心去领会它；

饰花，书是教材，以书为主，“流水拾花录”是教材的“五三”教辅书，衬托教材的同时也在互相成就，教材为阳，教辅为阴，它们是玄同；

食化，即作者一直倡导的读书方面的“接化发”，不读死书，“流水拾花”辅料恰恰是山楂丸，略有酸甜，帮助读者消化，并将书的精髓继续传递下去；

诗华，作者努力写出好书，读者受到启发，好的文笔光彩繁盛，在奉的同时成就自己，就是不负韶华……

作者坦承：《薛涛解析管理之道与认知之得》普遍反映太难读，也很正常：佛祖一句，老子十句，我写千句，言十万句，可能明白。

教材不能老改，教辅自由改。受此启发，作者联手多位善读、善思读者出版《管理学之道与实践》的电子教辅书《流水拾花》，本书出版后将逐渐面世。

作者以善、奉、怼三面评论，逻辑出击，戏谑文字，再加上诸位读者读完后输出的更通俗的文字，两者结合，《道德经》一定会更好读，大家可以一起期待。

善、奉、怼正好是作者提出的匹配老子的佛家三大偶像的特点：

弥勒佛，前身布袋和尚，唐末宁波奉化人，岳林寺修行。乐善包容，快乐为本，有大慈悲，守庙门而不入，适出世入世同修。

济公活佛，浙江天台人，先入国清寺，后入灵隐寺。知百姓疾苦，深入人间，和光同尘，奉一切可奉之心，度一切可度之人。以善为本、适合管理学深究。

斗战胜佛（怼战胜佛），连云港猴，生平不可考，师傅是老子化身的菩提老祖，一个字，牛，两个字，牛怼，怼一切不平之物、虚伪之人。以恶为基、可学以作文刀笔吏、成就大自由。

善、奉、怼，三佛，以及薛总说的“读书没有好的发心，不如学鲁智深”，结合在一起，将书的特色，以及薛总本人的性格特征完整展示。

一杯醇香的好茶，每个人都能在其中细细品出独特的味道。薛总这本书，也如茶，需要细读，不同的人也能读出不同滋味。最终成就一份教辅，一个别册，一本“流水拾花录”，与《薛涛解析管理之道与认知之得》相映成趣，源源而来。

附：《道德经》里的成语

玄之又玄（1）无为而治（3）天长地久（7）金玉满堂（9）功成身退（9）目迷五色（12）受宠若惊（13）视而不见（14）听而不闻（14）不可名状（14）涣然冰释（15）相差无几（20）飘风骤雨（23）天大地大（25）天道好还（30）自知之明（33）淡而无味（35）欲取姑予（36）无中生有（40）虚怀若谷（41）大器晚成（41）知足不辱（44）知止不殆（44）大辩若讷（45）大巧若拙（45）出生入死（50）和光同尘（56）清静无为（57）祸兮福所倚，福兮祸所伏（58）根深蒂固（59）轻诺寡信（63）千里之行，始于足下（64）慎终如始（64）哀兵必胜（69）被褐怀玉（70）天网恢恢、疏而不漏（73）损有余补不足（77）小国寡民（80）鸡犬之声相闻，老死不相往来（80）安居乐业（80）美言不信（81）

附录

一、浅谈环保人职业发展（上）：将、侠、王和因玩而坚韧

浅谈环保人职业发展（上）：将、侠、王和因玩而坚韧

二、浅谈环保人职业发展（下）：管理三 yu 决与新三板

浅谈环保人职业发展（下）：管理三 yu 决与新三板

三、《从王凯军新书里学管理和看个人成长》

从王凯军新书里学管理和看个人成长

四、薛涛：一个上岸咨询人的启示

薛涛：一个上岸咨询人的启示

五、《再谈环保人职业发展：用三商五识作职场修道士》

再谈环保人职业发展：用三商五识作职场修道士

后记

这本书从临时起意的 7 月 1 日写起，第一阶段用了近 60 天。在前 5 天的兴奋和挥洒后，后期逐渐进入枯坐苦熬。40 多天的时候，在把其他 80 章潦潦啃完之后，我攒了勇气再去冲锋第一章：战役持续 3 日，合计只睡 6 小时后真的拿下了。[1]随后进入大通关的高峰阶段，写作也随之高产，但是也整整一周失去了睡眠。到了七夕之后，破关完成，睡眠恢复，头脑清明，反应迅速，看事情爱深究现象后的本质，对时事的评论更加深入简洁，但发圈后能应和的人反而大幅减少了。之前，我担心的是写不出足够的东西，而现在我却回头进行大量删减和修改。出版社有 22 万字的总字数限制，我的焦虑从担心写得太差，变成装不下，变成来不及，这样也好，避免了我的文风如二十四章的“余食赘形”。我不会推迟 9 月 20 日的交稿截止时间，这个刚好提醒我“知止”。本书的第一目的本来就不是治学，而是服务于我的工作，在下行的电梯里能继续与企业家对话。这是一本商学的应用书籍，不必用学术的要求来看待它。

某些高手认为我应该研究完帛书再来胡说，有朋友来和我讨论尼采而我无法作答，有佛学功底的孙晓航问我胆子为何那么大，我也在犹豫该如何坦白我从来不是读书人。晓航的诘问恰好是在我凌晨六点醒来突然通透地全面改完本章解读之后，我们之间断断续续互相不紧搭的对话，刚好为我解开了上面所有的困惑，感恩晓航

[1] 本文完成于 2023 年 8 月 29 日，此时作者完成了对全书的第二次全面修改，其中部分篇章最多历经了四五次修改。

辩经般的对冲，让我一下释然，真的是一种“冲气以为和”。我模仿《论语》，将这个对话附在本章后，又临时决定让本章成为全书的终章。

晓航的意思是我对先贤不尊重，可我确实没有时间和能力去贴近每位甚至仅仅是一位先贤。本章强调，回到无名之朴就是回到初心。我的初心是什么，企业家能解惑，普通人能坚持进步并少吃一些苦，而我能完成工作与生活中里里外外的责任。

“知止”，就是人生中到处的“退而求其次”，这个“次”不是次品的次，而是整体的最优，甚至还可能是尽量多的个体的最优。我突然明白了“止于至善”的“善”是上善若水的善，中庸就是最大的善良，此处省略一万字解释。通过这本书，我想让大家认同的是，什么是读书乃至看待事物的不变的方法论，就是思辨、思辨，不停地思辨，问出一亿个为什么，你就不会读死书，你就能够“接化发”，你就明白了庄子为何说“吾生亦有涯”。

我确实读书少，我在自己生活的优先序里暂时还不会变动它，这个需要继续等待岁月顺水推舟。我选择坦白，是我不再担心大家知道了就会看不起这本书。因为，我将我自己、这本书，以及我体会到的老子希望大家学会的读书方法，这三样东西一起“奉”给大家。在完成本书的时候，我已经得到了我想得到的，比我给出去的多了太多，而大家就像进了百货店凭自己喜好挑选。所以，奉者自呈，被奉者自取。

对于企业家，如果愿意，和我当面对谈一次会更加舒爽。对于普通人，看到我的不学无术而敢平视先贤，也许明白了平视的心态才是自由境的门票，大家都是人，不过如此。为什么所有的人生道理不能被大家相信？为什么市面上有那么多好书（当然坏书更多），却依然没有解决大家的痛苦？只因为那些书的作者太牛，让大家望而却步，不敢想自己可以做到。此时，我站在老子面前由衷敬佩，体会他在这一点上超过了所有先贤：他知道“知我者希，则我者贵”，所以用《道德经》极其特殊的文风，送给了普通人一个解开人生快乐之谜的魔方，而这个魔方，必须自己反复旋转摩擦才可以解开。魔方里面的对于普通人最重要的答案，恰恰就写在本章里面。

晓航说我的胆大来自我轻浮的性格：毛糙、浅薄、不能细致、不能持久、贪玩享乐、不能吃苦，不善钻研、不擅自律、不擅计划。老子让我明白了性格的矛盾体没有好坏，只有顺势而为，将之逐渐变为能看宏观、抓大放小、控制节奏、擅用本能、随性而起、以兴而拼、敢于思辨、勤于分享、坦然真诚，这些恰好变成了对我成长有益的东西。可见，性格和经历也是阴阳，前者为阴，后者为阳。所以这本书也不适合所有性格类型的人，大家还是要在方法论之上再找更加接近根目录的方法论。

我把自己的普通摊在这里，第一次感到坦然：一个是我终于可以对得起焦虑的读者，因为比起其他书，你们很容易就平视我，很容易就反驳我，很容易就把这本书丢在垃圾箱，而恰恰如此，你们就终于可以看到这本书给出的快乐的秘诀。我轻浮的性格本也不能长期忍受不坦然。而我“自欺欺人”地认为，我这样的管理方式就是对的。因为我“以为”，无论公司管理，还是个人交往，坦然就是水的流畅的样子，那么高效，那么美丽。而坦诚，就是这水分子间合理的张力，使得它能够这般流畅。在我十年前第一次看到 E20 环境平台“上善若水”的文化标语，我还没有知觉，但现在，我理解了我们相向而行，可能是偶然中的必然。

我也终于与自己和解了，我在管理上经常不能坦诚：我不会说谎，但是好像我在忽悠，有些事情我又好像故意没说。看来我的团队不会因此不信任我，所以我是自信的：读者即将在这本书里看到的我，那么的普通，那么的不完美。但是读者们应该可以感受到我的真诚。写到这里，我不再焦虑，之后的 20 天，我随时可以放下，因为写到本章，我已经付出了我的所有。此时我放下了笔，在我心里，那只手术台上被扒了皮的抽搐的青蛙，变回了青蛙王子。